GranDIOSo

JOHN BEVERE

AUTOR *BEST SELLER*

GranDIOSo

La manera asombrosa
en que un sano temor de Dios
transforma tu vida

GRUPO NELSON
Desde 1798

*Mi magnífica esposa, mejor amiga y
amor verdadero, Lisa Bevere.*

«La mujer que teme al Señor, esa será alabada».
PROVERBIOS 31:30

*Escribí este libro durante nuestro cuadragésimo
aniversario de matrimonio. Cada año que paso a tu
lado es mejor que el anterior y, si pudiera, me casaría
contigo de nuevo sin dudarlo. No hay palabras para
expresar la alegría y el gozo que traes a mi vida.
Si no fuera por tu amor y tu apoyo, hoy no sería el
hombre que soy. Eres sabia, divertida, encantadora,
fuerte, aventurera y preciosa. Te amo por siempre.*

CONTENIDO

CÓMO LEER ESTE LIBRO

Apreciado lector:

Este no es cualquier mensaje, es un mensaje de vida que te transformará para siempre si lo crees y actúas en consecuencia. Estoy seguro de eso porque estas verdades han cambiado mi vida y la de muchos otros. Cada vez que me piden un consejo, ya sea sobre matrimonio, familia o ministerio, mi primera opción es siempre lo que está contenido en este libro.

Debido a su importancia, he pasado mucho tiempo reflexionando y orando para saber cuál es el mejor modo de presentarlo. Teniendo en cuenta el flujo y la dinámica de nuestras vidas hoy en día (las exigencias de nuestros horarios y el ritmo frenético en el que nos movemos), sentí la necesidad de adaptar y presentar las verdades en pequeños pedazos para que puedas reflexionar de manera más profunda en cada una de ellas.

A primera vista puedes pensar que esto es un devocional, pero te aseguro que no lo es. Permíteme explicarme. Un devocional suele tener diferentes temas para cada día que no tienen por qué unirse para formar un mensaje conciso y sistemático. Aunque este libro puede parecer un devocional, cada día se edifica y amplía sobre el capítulo del día anterior con la finalidad de llegar a ser lo que normalmente se encuentra en un libro completo de literatura de no ficción. La ventaja es que puedes decidir cómo leerlo. Por supuesto que puedes hacerlo en un día o dos, si eso es lo que te gusta; sin embargo, te recomiendo encarecidamente que lo leas en un periodo de seis semanas (un capítulo por día) o en uno de tres semanas (un capítulo en la mañana y un capítulo en la noche).

Al final de cada capítulo encontrarás cinco herramientas que te ayudarán a profundizar más en los beneficios del contenido; nos referiremos a esta sección como «Aplicación personal», y verás que contiene las 5 P:

1. **Pasaje:** Incluiré un pasaje de las Escrituras que es crucial para el mensaje de ese día y que se encuentra en el texto, o uno que no fue mencionado en el texto principal del capítulo, pero que refuerza el tema. Recomiendo de manera especial memorizar estos pasajes.

2. **Punto:** Este es un pensamiento principal contenido en el capítulo y cuya importancia quiero destacar. Leerlo de nuevo reforzará su eficacia y refrescará tu memoria cuando vuelvas a repasar el capítulo.

3. **Piensa:** Esto es crucial. El salmista afirma: «Meditaré en Tus preceptos, y consideraré Tus caminos» (Salmos 119:15). Para meditar o ponderar, lo que hacemos es repasar en nuestra mente cómo se aplica la Palabra de Dios a nuestras circunstancias actuales. Cuando hacemos eso, la Biblia nos dice que tendremos éxito (Josué 1:8, Salmos 1 y 1 Timoteo 4:15).

4. **Ponte a orar:** Habrá también una oración que refleje la enseñanza del capítulo. Es muy importante que Dios escuche nuestra voz y que le demos permiso para cambiarnos de acuerdo con su Palabra.

5. **Proclama:** La Biblia nos dice que en nuestra lengua tenemos el poder de *la vida y la muerte* (Proverbios 18:21). Al proclamar lo que Él declara sobre nosotros, nuestro espíritu, nuestra alma y nuestro cuerpo se alinean con su voluntad para nosotros, que es el modo en que podremos experimentar la vida plena.

De nuevo, te animo a que no leas este libro con prisa, a fin de que las verdades de la Palabra de Dios penetren en tu corazón y en tu mente. Enfocarte en estas verdades a diario durante las próximas semanas hará que las asimiles y se arraiguen en tu vida. Esto es más que solo información; es el camino para acercarnos más a nuestro Dios. También te recomiendo que leas los capítulos y medites en las 5 P de la «Aplicación personal» acompañado de un cuaderno. Escribe tus pensamientos y tus oraciones en el cuaderno cada día para que, cuando vuelvas a leer tus notas, puedas repasar lo que el Espíritu Santo te haya revelado.

Unas cuantas recomendaciones más: en primer lugar, con tu celular o tu reloj, cronometra cuánto tiempo tardas en leer un capítulo, pasar por la sección «Aplicación personal» y escribir en tu cuaderno. No te apresures, no es una carrera. La razón de esto es que, después de haber leído varios capítulos, puedas planificar con tiempo la lectura de los demás basándote en el promedio de tiempo que tardas.

En segundo lugar, intenta hacer de ello un hábito y no dejes que nada interrumpa el tiempo que hayas apartado cada día. Mi esperanza y mi oración es que lo que Dios ha hecho en mí a lo largo de los últimos cuarenta años lo haga también contigo a medida que leas este libro.

En tercer lugar, un mensaje siempre produce mayor beneficio cuando lo enseño a un grupo de amigos o lo repaso con ellos. Elige algunos amigos cercanos y trabajen juntos en esto. Después de terminar un capítulo por tu cuenta, solo tú y el Espíritu Santo, júntate con tus amigos para compartir lo que Él te haya mostrado. Hazlo de modo regular.

Si deseas tener un formato específico para grupos, también hemos desarrollado un currículo de estudio bíblico de *GranDIOSo* con videos y una guía de estudio que puedes recorrer semanalmente junto con tus amigos.[1] Tiene incluso más herramientas para comentar la Palabra de Dios. Las Escrituras dicen: «Entonces los que temían al SEÑOR se hablaron unos a otros, y el SEÑOR prestó atención y escuchó, y fue escrito delante de Él un libro memorial para los que temen al SEÑOR y para los que estiman Su nombre» (Malaquías 3:16).

Oro para que crezcas en tu intimidad con Dios a medida que leas *GranDIOSo*. Es importante leer la introducción en lugar de ir directamente al capítulo 1, ya que esta abre nuestro corazón a lo que estaremos comentando. Cuando hayas terminado el libro, me encantaría que me contaras cómo un temor santo de Dios ha influenciado tu fe y tu vida.

Atentamente,

John Bevere

P. D.: Este es solo un recordatorio para que no te saltes la introducción. Es mi oración que la misma prenda un fuego en tu interior por cultivar un asombro santo y te sumerjas de cabeza en este mensaje.

INTRODUCCIÓN

Temor. Durante años, hemos intentado erradicarlo. Muchos lo han estudiado, han luchado contra él y han hecho campaña para eliminarlo de nuestras vidas. Hasta la famosa frase del presidente Franklin D. Roosevelt hace referencia a él: «Lo único que deberíamos temer es el temor en sí». Nos llegan voces desde todas las plataformas que nos dicen que tenemos que encontrar formas de superar el miedo; y hay cientos, si no miles de libros de autoayuda diseñados para hacer exactamente eso. Desde el final de la década de 1980 es común llevar ropa con la expresión «Sin miedo» estampada de manera atrevida. Parece que persistimos en nuestros esfuerzos por eliminar todo temor de nuestras vidas.

En muchos sentidos, esta cruzada parece lógica, noble y prudente, pero la verdad es que *no todo el temor es malo*. ¿Por qué, entonces, esta obsesión? Yo creo que surge de agrupar todos los temores en una sola categoría etiquetada como «dañino». Pero ¿es correcta esta suposición?

En primer lugar, es importante reconocer que definitivamente existen temores *destructivos*, incluso cuando parecen lógicos. Si tememos perder todo nuestro dinero y nuestras posesiones, es probable que nos obsesionemos con eso y nos convirtamos en acaparadores, venerando nuestro dinero y nuestros activos por encima de todo lo demás. Si tememos perder a nuestro cónyuge, nos aferraremos demasiado a esa persona o sospecharemos de cada cosa que haga. Las dos actitudes conducen al resentimiento y al final dañan la relación. Si tenemos un temor profundo a dejar pasar oportunidades, eso puede hacer que corramos tras emociones y experiencias nuevas, pero a expensas de una comunidad sana, conexiones reales y la preciosa paz que acompaña al compromiso. Si tememos por la seguridad de nuestros hijos, es probable que obstaculicemos su crecimiento agobiándolos o fomentando el comportamiento de hijos pródigos. La lista es infinita.

Por otro lado, el temor *constructivo* produce una sabiduría beneficiosa. El temor a caer por un precipicio muy profundo nos da la sabiduría para no acercarnos demasiado al borde porque podríamos resbalarnos. El temor a la fuerza de un oso *grizzly* nos da la sabiduría para no amenazar a sus cachorros. El temor a una quemadura de tercer grado nos da la sabiduría para ponernos guantes protectores cuando sacamos una bandeja caliente del horno.

Sin embargo, el temor constructivo, aunque es beneficioso, también puede corromperse y estorbarnos. Si no lo controlamos, el temor a una caída también puede impedir que nos subamos a un avión, atándonos a un lugar. El terror sin restricciones a ese oso *grizzly* puede evitar que hagamos un paseo agradable por el bosque, y el temor a quemarnos puede hacer que no encendamos el horno y no disfrutemos de una comida casera.

La pregunta que deberíamos hacernos es la siguiente: *¿qué es lo que más tememos?* Resulta mucho mejor investigar eso que enfocarnos en cómo aniquilar los temores destructivos o manejar los constructivos. Es una pregunta sabia y, si se responde correctamente, hace que todos los demás miedos se sitúen en perspectiva, mejorando nuestra vida ahora y por la eternidad. Ilumina el camino a una vida buena y satisfactoria. La Biblia tiene mucho que decir acerca del temor, y la base es esta: «El temor del SEÑOR es el principio de la sabiduría» (Proverbios 1:7); no una sabiduría cualquiera, sino la sabiduría de Dios. Ese es un buen punto de partida.

Piensa en esto: ¿qué pasaría si el temor (bien enfocado) fuera una *virtud*? ¿Y si el temor de Dios es el camino paradójico hacia una relación auténtica con Él? ¿Y si este temor santo es lo que realmente nos abre las puertas a la plenitud de vida que los seguidores de Jesús han experimentado por siglos? ¿Y si este temor erradica todos los demás temores, como el temor a iniciar tu propio negocio, el temor a lo que hará tu gobierno, el temor a lo que pueda ocurrirles a tus hijos, el temor que sufre un hipocondríaco, el temor que causa enfermedades mentales o depresión...?

Al comenzar este viaje, por favor, permíteme afirmar cuatro verdades:

1. Somos seres humanos y experimentaremos temor.
2. El asombro y el temor de Dios son considerablemente más profundos, más hermosos y más íntimos de lo que muchos se imaginan.
3. El temor de Dios derriba todos los temores destructivos.
4. El temor de Dios es el principio de todas las cosas buenas.

Algunas personas nos recordarán, y con razón, que la Biblia nos dice (unas 365 veces) que «no temamos», y esto lleva a muchos cristianos a pensar que Dios no quiere que temamos; sin embargo, estos versículos se refieren a los temores *destructivos*. Además de esos versículos, yo puedo darte doscientos más que nos animan a «temer a Dios». Y esto es lo triste: en nuestro empeño por intentar eliminar todo el temor de nuestras vidas (incluido el temor de Dios que es una virtud), esa parte de nuestra fe ha sido descuidada, inexplorada, y nos hemos perdido sus beneficios.

El temor del Señor es más glorioso, más grandioso e incluso más gozoso del que podríamos imaginar. De aquí en adelante, quiero enseñarte que el temor bien encauzado, específicamente la virtud de temer a Dios por encima de todo, nos abre el camino a una vida más allá de lo que hayas podido imaginar. Solo entonces podremos enfrentar con valentía todo lo que la vida nos lance. En palabras de Charles Spurgeon: «El temor de Dios es el fin de todos los demás temores; como un poderoso león, persigue cualquier otro temor que está en su camino».[1]

Es mi esperanza que, a medida que leas este libro, puedas sumergirte de cabeza en esta virtud, arrancar la fachada religiosa de lo que no es, y descubrir la bendición de cómo nos mantiene los pies en tierra firme. Sí, no temas al mal, pero descubre cómo la virtud incomprendida de temer al Señor hará que tu vida se convierta en algo increíblemente hermoso.

Comencemos con una exploración de cuán asombroso es nuestro Dios. Lo llamaremos «GranDIOSo».

Un
Dios
grandioso

SEMANA 1

El temor del Señor es su tesoro,
una joya preciosa, dada solo a [...]
aquellos que son muy amados.

—JOHN BUNYAN

1 | EL TESORO DE DIOS

¿Qué pasaría si te hablaran de una virtud oculta que es, esencialmente, la clave de la vida? Una que desbloquea el propósito de tu existir y atrae la presencia, la protección y la providencia de tu Creador. Que es la raíz de toda nobleza de carácter, la fuente de toda alegría, y ajusta todo lo que necesita ser ajustado cuando enfrentas circunstancias difíciles. Abrazar esta virtud con firmeza puede alargar tu vida, darte salud, asegurarte el éxito y la seguridad, eliminar la escasez y garantizar un legado noble.

Suena demasiado bueno para ser cierto, ¿no es así? Puede que estés preguntándote: ¿*Este libro es ficción*? Puedo asegurarte que no lo es; lo que acabo de afirmar es verdad.

Al presentar esta realidad, la mayoría miraría con desdén y replicaría: «¡Una virtud así no existe!». Sin embargo, todas las promesas mencionadas fueron escritas por uno de los hombres más sabios que haya vivido nunca y, además, fueron inspiradas por nuestro Creador; ¡y sus palabras son infalibles!

Sin embargo, antes de dejar esta vida, Salomón vivió lejos del ideal que había descrito porque su corazón abandonó la Fuente de su sabiduría y, como consecuencia, se apartó del camino de una vida buena.

Permíteme resumirte su historia. De niño, Salomón fue instruido en esta virtud y la hizo suya. La nobleza de su carácter se fortaleció, y desarrolló un conocimiento agudo. Destacó rápidamente en el liderazgo y con el tiempo, se convirtió en rey de millones de personas. Después de habérsela pedido a Dios, poseyó una sabiduría asombrosa; de hecho, había muy pocas cosas que se le hicieran difíciles de entender. Escribió miles de dichos sabios y compuso cientos de canciones: «Disertó sobre los árboles, desde el cedro que está en el Líbano hasta el hisopo que crece en la pared. También habló de ganados, aves, reptiles y peces» (1 Reyes 4:33).

Este sabio alcanzó un nivel de éxito, fortuna y fama sin precedente, nunca más superado. Reyes, reinas, embajadores y líderes de alto nivel viajaban desde lugares lejanos para estar en su presencia, escuchar sus consejos, ser testigos de la excelencia y unidad de su equipo, y admirar la innovación que produjo tanta fuerza y riqueza a su nación. Era tan impresionante que una reina no creyó los reportes que recibió antes de visitarlo; sin embargo, después de pasar tiempo con él exclamó: «No se me había contado ni la mitad. Usted supera *en* sabiduría y prosperidad la fama que había oído. Bienaventurados sus hombres, bienaventurados estos sus siervos que están delante de usted continuamente y oyen su sabiduría» (1 Reyes 10:7-8).

Por lo que podemos leer, las personas a las que lideraba estaban felices y eran eficaces en su desempeño. La pobreza no existía; todas las familias del reino tenían su propia casa y huerto. Los historiadores cuentan que las personas «comían, bebían y se alegraban» (1 Reyes 4:20). Gozaban de paz y seguridad.

Sin embargo, a medida que pasó el tiempo, este líder tan notable finalmente se apartó de lo que impulsaba sus logros. Se hizo sabio ante sus propios ojos y consideró que ya no era necesario hacer caso a la sabiduría de esta virtud. Perdió el rumbo y, con el tiempo, se convirtió en un cínico amargado. No fue el único que sufrió por causa de su pésimo juicio; también lo hicieron aquellos a quienes lideraba.

La vida perdió el sentido para él, por lo que escribió declaraciones desesperadas como las siguientes: «Todas las cosas son fatigosas, el hombre no puede expresarlas» (Eclesiastés 1:8) y «Lo que fue, eso será, y lo que se hizo, eso se hará; no hay nada nuevo bajo el sol» (Eclesiastés 1:9). Con más dramatismo aun, también afirmó: «Mejor es [...] el día de la muerte que el día del nacimiento» (Eclesiastés 7:1) y «Lo torcido no puede enderezarse, y lo que falta no se puede contar» (Eclesiastés 1:15). De hecho, escribió un libro entero describiendo en profundidad por qué la vida no tiene sentido; para él, todo era vanidad. Este hombre, en un periodo relativamente corto, se desplomó desde lo más alto del éxito hasta la hondura más absoluta de un pesimismo extremo. Muchos psicólogos en la actualidad lo diagnosticarían como un caso grave de depresión maníaca. ¿Cómo es posible que un hombre viviera dos extremos tan opuestos?

La buena noticia es que su historia no termina en las profundidades del desánimo. Al final, regresó a la virtud más importante de la vida. No sabemos cuántos meses o incluso años pasó escribiendo este libro deprimente, pero el último capítulo nos deja ver un destello de su recuperación. Comienza escribiendo de siete maneras distintas «Acuérdate de tu Creador» (Eclesiastés 12:2-6), y estas fueron sus últimas palabras:

> «La conclusión, cuando todo se ha oído, *es esta*: Teme a Dios y guarda Sus mandamientos, porque esto *concierne* a toda persona». (Eclesiastés 12:13)

La virtud preciada es nada más y nada menos que *el temor de Dios*. El autor, el rey Salomón, declara que es el requisito previo para una vida satisfactoria y abundante. En las Escrituras leemos: «¿Quién es el hombre que teme al Señor? Él le instruirá en el camino que debe escoger» (Salmos 25:12). Este camino no es común porque, lamentablemente, muchos creen igual que el rey Salomón en su momento de oscuridad, que su propia sabiduría es lo que les traerá éxito y alegría. El temor de Dios nos mantiene conectados a la sabiduría de nuestro Creador: el único que sabe lo que nos beneficia y lo que nos destruye.

La importancia del temor de Dios es mucho mayor que la de cualquier otra virtud; tanto, que las Escrituras la identifican como el *deleite* de Jesús (Isaías 11:3); igual de extraordinario: «el temor de Jehová será su [de Dios] *tesoro*» (Isaías 33:6, RVR-60, énfasis añadido). Detente y piensa en esto por un momento: es el *deleite* y el *tesoro* del Dios todopoderoso. ¡Asombroso! Dentro de poco nos sumergiremos en esta realidad asombrosa, pero primero regresemos al rey Salomón.

¿Por qué querría yo comenzar este mensaje hablando de su éxito, su fracaso y su recuperación final? En los primeros años que estuve en el ministerio, un líder sabio hizo una declaración llamativa que se me quedó grabada durante años. Dijo: «Uno de mis principios generales de actuación es no poner a nadie que tenga un historial perfecto en un puesto de autoridad».

Cuando le preguntaron por qué, respondió: «La mejor manera de conocer el carácter de alguien es analizando su respuesta ante el fracaso. ¿Asumió la responsabilidad, se arrepintió y creció después de esa experiencia? ¿O justificó su conducta y delegó la culpa? Eso demuestra si esa persona está lista para tener responsabilidades». Lo que aprendí de esto es: *eso indica si la sabiduría es lo que esa persona prioriza por encima de lo demás.*

Salomón no llegó a comprender del todo el valor del temor de Dios, ¡aunque enseñó acerca de él inspirado por el Espíritu Santo! Por lo tanto, era posible que se alejara de él. Antes de su caída, el temor de Dios no era su *tesoro* o su *deleite*; no era el fundamento sólido de sus motivaciones y acciones. Al tropezar, volverse emocionalmente inestable y finalmente recuperarse entendió más en profundidad la magnitud del poder de ese temor.

De manera similar, el apóstol Pablo escribió:

Disciplino mi cuerpo como lo hace un atleta, lo entreno para que haga lo que debe hacer. De lo contrario, *temo* que, después de predicarles a otros, yo mismo quede descalificado. (1 Corintios 9:27, NTV, énfasis añadido)

Pablo entendía la importancia de atesorar la sabiduría que el Espíritu de Dios le había confiado y no cometer el mismo error trágico que cometió el rey Salomón. Las verdades escondidas del pacto de Dios que pondrían a miles en libertad le habían sido reveladas, pero si no era capaz de ver el valor incalculable del temor de Dios y asirse a él con firmeza, él también acabaría siendo un descalificado cínico sin esperanza: inepto, no aprobado y rechazado como falso.

Aferrarnos al temor de Dios como nuestro tesoro más preciado nos da la capacidad de seguir sometidos a la verdad y, al hacerlo, nos aseguramos de mantenernos en el camino de la vida, el cual produce recompensas extraordinarias.

En una época en la que la mayoría ve el temor como algo perjudicial o dañino, declarar que *el temor del Señor* es una virtud beneficiosa y valiosa parece contradictorio. Sin embargo, basándome en la autoridad de las Escrituras puedo asegurarte que, cuando nos aferramos a él, recibimos el poder de permanecer en el camino de la vida. Ahí experimentaremos una intimidad real con Dios y beneficios que cambiarán nuestra vida; uno de los más importantes es que seremos transformados a imagen de Jesucristo. Por lo tanto, comencemos nuestro viaje para descubrir la grandeza de Dios.

Aplicación personal

Pasaje: «Él será la seguridad de tus tiempos, abundancia de salvación, sabiduría y conocimiento; el temor del Señor es tu tesoro» (Isaías 33:6).

Punto: El temor santo de Dios es su tesoro; también debería ser el nuestro.

Piensa: ¿Qué significa, de manera práctica, atesorar el temor de Dios? ¿Cómo debería enfocarlo? ¿Cómo debería manejarlo? ¿Qué hago para no perderlo?

Ponte a orar: Amado Padre celestial, te pido que, en este viaje de descubrimiento del temor del Señor, pueda entenderlo, vivirlo y deleitarme en él. Que se convierta en un tesoro para mí como lo es para ti. Que me dé la sabiduría y el conocimiento necesarios para tener una vida plena y exitosa; una vida agradable ante tus ojos. De igual manera, que aquellos a los que quiero reciban la misma revelación, y que todos los que interactúen conmigo reconozcan el valor de ese temor. Te lo pido en el nombre de Jesucristo, mi Señor y Salvador, amén.

Proclama: Decido valorar el temor de Dios considerándolo el mayor tesoro de mi vida y, al hacerlo, recibiré la fuerza necesaria para permanecer en el buen camino.

Teme a Dios, sí, pero no
le tengas miedo.

—J. A. SPENDER

2 | TEMORES CONTRADICTORIOS

En el verano de 1994 me invitaron a ministrar en una conferencia de una iglesia en el sudeste de Estados Unidos. Era una congregación numerosa que dos años antes había experimentado un avivamiento de cuatro semanas liderado por un evangelista mundialmente conocido. El avivamiento se había centrado en la bondad, el amor y el gozo de Dios, y había impactado muchas vidas de modo precioso. Sin embargo, lamentablemente, la iglesia se había quedado en la experiencia de ese avivamiento y no había seguido conociendo el corazón de Dios de manera más profunda. En resumen, se habían quedado estancados y desequilibrados.

En ese momento, yo estaba investigando sobre el temor de Dios. Sabía cuán importante era, pero todavía estaba conociéndolo y, por lo tanto, no me sentía seguro para compartir sobre ello en público. Aun así, sentí fuertemente la necesidad de dejar a un lado ese recelo y ministrar acerca del temor del Señor en la primera sesión de la tarde.

Subí a la plataforma y comencé a hablar a la congregación desde mi conocimiento limitado. El hecho de que las personas me observaran, calladas y sin ningún tipo de expresión en sus rostros, no me ayudó. Parecía que mis palabras llegaban a oídos sordos. Tenía razón y así ocurrió; pronto descubriría por qué.

La tarde siguiente, después de la adoración, el pastor principal subió a la plataforma para hacer lo que yo pensaba que sería una presentación rutinaria, pero no fue así. Durante quince minutos corrigió lo que yo había hablado la tarde anterior. Con confianza, afirmó: «El temor del Señor solo aplica a los tiempos del Antiguo Testamento, pero como cristianos no nos ha sido dado un "espíritu de temor"», haciendo referencia a 2 Timoteo 1:7.

Yo estaba sentado en la primera fila, asombrado y sintiéndome en medio de una pesadilla. Mientras más hablaba él, más incómodo me sentía. Continuó: «En el Nuevo Testamento se nos dice: "En el amor no hay temor, sino que el perfecto amor echa fuera el temor" (1 Juan 4:18). Por lo tanto, lo que John enseñó ayer por la tarde es un error, por lo que quiero protegerlos de ello». Y siguió corrigiendo detalladamente mi mensaje por varios minutos más.

Cuando hubo terminado, para mi sorpresa, me presentó y me invitó a subir a la plataforma para ministrar. Todavía recuerdo cuando subía y pensaba: *¿Cómo puedo ministrar a esta gente después de lo que acaba de hacer? Esto no puede estar sucediendo.* Pero sí estaba sucediendo y tuve que recomponerme cuando lo único que quería era salir corriendo de allí. Me resultaba difícil hilar un pensamiento con otro y aún más difícil tener que dar un mensaje lleno de vida a las personas que asistían a la conferencia.

Mientras hablaba, mi mente seguía pensando en su corrección; no podía dejar de meditar en sus palabras. La experiencia fue igual de surrealista que horrorosa. Tuve que tomar el control de mis pensamientos varias veces mientras hablaba para poder seguir el hilo, luché contra los sentimientos que me decían: *Olvídalo, deja de hablar y sal de aquí.* Fue horrible. Después de un mensaje corto, le entregué el micrófono a él de nuevo, regresé al hotel, y me acosté perplejo y sintiéndome como un marginado.

A la mañana siguiente, encontré una obra cerca de mi hotel que estaba en silencio; no había obreros ese día. Oré con humildad, esperando la corrección de Dios. Con sinceridad en mi corazón, pregunté: «Señor, ¿he hecho daño a tu iglesia? ¿He enseñado algo que no es verdad? ¿Estoy poniéndole cadenas a tu pueblo?».

Continué durante un buen rato y, mientras oraba, lo que salía de mi boca comenzó a cambiar. Dejé de dudar de mi mensaje de aquella tarde y me di cuenta de que estaba pidiendo con pasión más entendimiento sobre el temor de Dios. Era un ruego que salía de lo más profundo de mi corazón, y me sorprendió que ocurriera. No sentí que Dios estuviera decepcionado, sino que estaba orgulloso de lo que yo había hecho. Él comenzó a traer a mi memoria muchos versículos del Nuevo Testamento que hablan sobre el temor del Señor. Con el tiempo, me di cuenta de que ya no estaba confundido, y clamaba con fuerza y pasión: «Padre, quiero conocer el temor de Dios, ¡quiero caminar en él!».

Los autores del Nuevo Testamento sí escribieron las palabras que el pastor mencionó, pero también dejaron constancia de otras afirmaciones:

- El apóstol Pablo escribe: «Ocupaos en vuestra salvación con *temor* y *temblor*» (Filipenses 2:12, RVR-60, énfasis añadido).

- De nuevo, indica: «Así que, amados, puesto que tenemos tales promesas, limpiémonos de toda contaminación de carne y de espíritu, perfeccionando la santidad en *el temor de Dios*» (2 Corintios 7:1, RVR-60, énfasis añadido).

- El autor de Hebreos escribe: «Tengamos gratitud, y mediante ella sirvamos a Dios agradándole con *temor* y *reverencia*» (Hebreos 12:28, RVR-60, énfasis añadido).

- El apóstol Pedro escribe: «Y si invocáis por Padre a aquel que sin acepción de personas juzga según la obra de cada uno, conducíos *en temor* todo el tiempo de vuestra peregrinación» (1 Pedro 1:17, RVR-60, énfasis añadido).

- El apóstol Judas declara: «Tened misericordia con *temor*» (Judas v. 23, RVR-60, énfasis añadido).

- Y Jesús nos exhorta así: «Y no temáis a los que matan el cuerpo, mas el alma no pueden matar; temed más bien a aquel que puede destruir el alma y el cuerpo en el infierno» (Mateo 10:28, RVR-60).

Podría continuar, y de hecho lo haré según avancemos, pero espero que entiendas lo que quiero decir: el *temor de Dios* es una verdad del Nuevo Testamento. Estos son solo algunos de los versículos que el Señor puso en mi corazón mientras oraba.

Me di cuenta aquella mañana de que el pastor había confundido el «espíritu de temor» con el «temor del Señor». Hay una diferencia enorme, y el mejor ejemplo es lo que ocurrió cuando Moisés guio al pueblo de Israel al monte Sinaí para tener un encuentro con Dios.

Cuando llegó toda la nación, Moisés subió primero para encontrarse con Dios él solo. El Todopoderoso reveló el propósito que había detrás de su poderosa liberación:

> Así dirás a la casa de Jacob, y anunciarás a los hijos de Israel: Vosotros visteis lo que hice a los egipcios, y cómo os tomé sobre alas de águilas, y os he *traído a mí*. (Éxodo 19:3-4, RVR-60, énfasis añadido)

El motivo principal por el que Dios los liberó tan poderosamente era atraer a *todo el pueblo* hacia sí. Él anhelaba estar con ellos y reunirse con ellos para que pudieran conocerlo como Moisés lo conocía. Sin embargo, tres días después, cuando Dios descendió al monte para presentarse a ellos, el pueblo respondió retirándose rápidamente. Aterrorizados, clamaron a Moisés: «Habla tú con nosotros, y nosotros oiremos; pero no hable Dios con nosotros, para que no muramos» (Éxodo 20:19, RVR-60). Intentando consolarlos, su líder les respondió: «*No temáis*; porque para probaros vino Dios, y para que *su temor esté delante de vosotros*, para que no pequéis» (Éxodo 20:20, RVR-60, énfasis añadido).

A primera vista pareciera que Moisés se está contradiciendo: «No temáis» porque Dios ha venido «para que su temor esté delante de vosotros». ¿Estaba dando indicaciones opuestas? La respuesta es no. Moisés simplemente estaba diferenciando entre tener «miedo a Dios» y tener «temor de Dios». De nuevo, la diferencia entre ambas cosas es enorme.

El que le tiene miedo a Dios esconde algo. Recordemos que Adán y Eva, cuando pecaron en el jardín, se escondieron de la presencia del Señor. No fueron los únicos que reaccionaron así; a lo largo de las Escrituras hay comportamientos como este de otras personas que se adentraron en la oscuridad.

Sin embargo, la persona que teme a Dios no tiene nada que esconder. A él o a ella les aterra la idea de estar separados de Dios. La prueba de esto es el hecho de que, a medida que el pueblo se retiró, Moisés se acercó más a Dios. La persona que teme a Dios no dice para sí: «¿Cuánto puedo acercarme a la línea del pecado sin caer?». No, él o ella dice: «Quiero estar tan cerca de Dios y tan lejos de esa línea, que ni siquiera pueda verla».

Por lo tanto, antes de definir el temor de Dios y hablar sobre sus beneficios, aclaremos lo que no es. *No es tenerle miedo a Dios y, por lo tanto, alejarnos de Él.* ¿Cómo podríamos disfrutar la intimidad con alguien a quien tenemos miedo? Alejarnos de Él es lo opuesto a lo que Él desea. En el libro de Salmos podemos leer lo siguiente: «*Cuando dijiste*: "Busquen Mi rostro", mi corazón te respondió: "Tu rostro, Señor, buscaré"» (Salmos 27:8). ¿Ves que es una llamada a la intimidad? Él desea que tú te acerques, interactúes, puedan reír juntos, compartan todo y hagan vida juntos. El salmista también escribe: «Los secretos del Señor son para los que le temen» (25:14). Esta es la realidad: Dios quiere estar cerca de ti y tener intimidad contigo. Entonces, ten por seguro que el temor de Dios no apaga la intimidad; hace justamente lo contrario: mejora nuestra interacción con Dios.

Aplicación personal

Pasaje: «No teman, porque Dios ha venido para ponerlos a prueba, y para que Su temor permanezca en ustedes, y para que no pequen» (Éxodo 20:20).

Punto: El temor santo no es tenerle miedo a Dios y, por lo tanto, alejarnos de Él. Es que nos aterre la idea de estar lejos de Él.

Piensa: ¿Cuál era el objetivo principal de Dios al sacar al pueblo de Israel de Egipto? ¿Cuál es el objetivo principal de Dios al librarme de la esclavitud y las cadenas del mundo?

Ponte a orar: Amado Padre celestial, gracias por librarme del espíritu de temor a través de mi Señor Jesucristo. Te pido que inculques en mi interior temor santo para que no peque contra ti, ya que eso me alejaría de la cercanía que tú deseas tener conmigo y yo deseo tener contigo. Te lo pido en el nombre de Jesús, amén.

Proclama: Dios me ha llamado a tener cercanía con Él, así que no le tengo miedo; pero sí deseo temerlo para no pecar.

Temer a Dios es una de las
primeras y más importantes tareas
de sus criaturas racionales.

—CHARLES INGLIS

3 | ¿QUÉ ES EL TEMOR DE DIOS?

Es imposible definir el temor de Dios en una sola frase, párrafo o capítulo. Es como intentar explicar la amplitud del amor de Dios. Harían falta capítulos enteros, e incluso así nos quedaría mucho para tener un entendimiento completo de ello. De hecho, creo que seguiremos descubriendo las profundidades tanto del amor de Dios como del temor a Él por toda la eternidad.

Dicho eso, permíteme ofrecerte un esquema general de la definición del temor de Dios. Piensa en tu infancia, cuando te entregaban un libro para colorear y unas pinturas. Abrías el libro, escogías una página, y te encontrabas con un contorno esperando ser lleno de color. De modo similar, este capítulo nos mostrará el contorno, pero será necesario el resto del libro para rellenarlo con colores. Si solo leyeras este capítulo, tendrías una idea general de lo que es el temor de Dios, pero te perderías sus verdades transformadoras.

En el capítulo previo establecimos que el temor del Señor no nos aleja de la presencia de Dios, sino todo lo contrario. Un temor bueno y maravilloso nos acerca más a Él, y poner este fundamento sólido es vital antes de continuar.

Algunos dicen que el temor del Señor significa únicamente adorar a Dios con reverencia. He oído a ministros muy conocidos decir eso desde el púlpito, en conversaciones con ellos y en comidas para líderes. A pesar de que esta definición es un buen comienzo, está lejos de ser el cuadro completo. Podríamos compararla con la definición del amor de Dios solo como «paciente y bondadoso» (1 Corintios 13:4). Si lo dejamos ahí, nos quedamos cortos y nos equivocamos.

Cuando Lisa y yo teníamos cerca de cuarenta años, el yerno de un líder muy respetado visitó nuestra casa para hablarnos de una oportunidad de invertir en su empresa. Nos reunimos durante un par de horas, y me acuerdo muy bien de la bondad y paciencia que nos mostró. Observando su conducta, cualquiera diría que era un hombre bondadoso. Sin embargo, después de varios días de oración, Lisa y yo no sentimos que debíamos invertir. Ahora, años después, me alegro de no haberlo hecho porque pasó muchos años en la cárcel por fraude piramidal.

¿Era paciente y amable? Sin duda. ¿Caminaba en amor? Por supuesto que no. ¿Por qué? Porque las Escrituras nos dicen: «Pues este es el amor a Dios, que guardemos sus mandamientos; y sus mandamientos no son gravosos» (1 Juan 5:3, RVR-60). Robar es egoísta y quebranta el mandamiento de Dios de amar a los demás (Efesios 4:28). Un abusador de niños puede ser amable e incluso paciente a la vez que destruye la vida de un joven. ¿Ama a ese niño? ¡Por supuesto que no!

De la misma forma, limitar el temor de Dios a la adoración reverente puede hacer que perdamos el norte y vivamos confundidos. Por lo tanto, dibujemos el contorno para después poder añadir el color con las enseñanzas, los ejemplos de las Escrituras y las historias de los siguientes capítulos. Antes de comenzar, quiero advertirte que al definir el temor de Dios escucharás palabras que podrían darte miedo, pero te aseguro que son todo lo contrario. Escucha el mensaje en su totalidad, y descubrirás que el temor de Dios es un regalo lleno de amor y protección de parte de nuestro Creador, a quien le importamos profundamente. Él quiere estar cerca de nosotros.

Hay muchos versículos del Nuevo Testamento por los que podríamos comenzar, pero creo que este nos sitúa en contexto:

> Así que, recibiendo nosotros un reino inconmovible, tengamos gratitud, y mediante ella sirvamos a Dios agradándole con *temor* y *reverencia*; porque nuestro Dios es fuego consumidor. (Hebreos 12:28-29, RVR-60, énfasis añadido)

Si te fijas bien, verás que se hace referencia a dos términos: *temor* y *reverencia*. Esto demuestra claramente que el temor de Dios no se puede limitar a ser reverentes, porque de esta manera el autor se estaría repitiendo al utilizar el segundo término. Estas palabras no solo son diferentes en español; también lo son en griego: *aidós* y *eulábeia*.

Reverencia es una traducción excelente de la segunda palabra griega. El *Diccionario de la Real Academia Española* define la *reverencia* como «respeto o veneración que tiene alguien a otra persona».[1] Me encantan estas dos palabras, y detenernos a pensar en el significado de *veneración* ¡realmente lleva nuestro conocimiento a otro nivel!

El otro término, *temor*, implica *asombro*. Regresemos a la Real Academia Española para definir el *asombro*. Esto es lo que dice: «Gran admiración o extrañeza; susto, espanto».[2] Su forma verbal, *asombrar*, implica «causar gran admiración o extrañeza a alguien; causar susto a alguien». No te preocupes por las palabras *extrañeza* o *susto*. Aunque el diccionario griego también usa esas palabras, recuerda que el temor de Dios tiene un efecto atrayente, no repulsivo. Por lo tanto, debemos preguntarnos: «¿tienen estas palabras alguna connotación positiva y sana?». Yo creo que las Escrituras muestran que sí, y exploraremos esto a medida que añadamos el color después.

Comencemos haciendo un listado de nuestras definiciones. Temer a Dios es mostrarle *reverencia* y estar completamente *asombrados* por Él.

Temer a Dios es *santificarlo*. *Santificar* se define como «respetar profundamente».

Temer a Dios es apreciarlo, respetarlo, honrarlo, venerarlo y adorarlo por encima de cualquier otra persona o cosa.

Cuando tememos a Dios, comenzamos a parecernos más a Él. Amamos lo que Él ama y odiamos lo que Él odia. (Fíjate que no he dicho que «no nos gusta» lo que Él odia, sino que «odiamos» lo que Él odia). Lo que para Él es importante empieza a ser importante para nosotros también, y lo que no es importante para Él deja de serlo para nosotros.

Temer a Dios es odiar el pecado.
Temer a Dios es odiar la injusticia.

Temer a Dios es alejarnos del pecado en todos los sentidos: pensamientos, palabras y acciones. Es dejar de decir mentiras. Es no decir o aparentar algo que no se alinea con nuestro corazón y nuestros pensamientos. Es hacer que nuestro comportamiento externo siga siendo coherente con nuestros pensamientos, nuestras motivaciones y nuestras creencias.

Temer a Dios es caminar en humildad auténtica ante Él y ante la humanidad.

Temer a Dios es darle la alabanza y la adoración que merece, y ser agradecidos con Él.

Temer a Dios es darle todo lo que le pertenece.

Temer a Dios es temblar ante Él, y estar llenos de asombro y reverencia. Es dar toda nuestra atención a su Palabra y a su presencia.

Temer a Dios es obedecerlo. No es solo un deseo, sino una fuerza interna decidida a hacer su voluntad sin importar el precio. Es estar deseosos y decididos a obedecer inmediatamente (incluso aunque no tenga sentido o no veamos el beneficio) y cumplir su voluntad.

Temer a Dios es abstenerse de la queja y la murmuración.

Temer a Dios es respetar, honrar y someterse a su autoridad directa y delegada. También es obedecer a su autoridad delegada, siendo la única excepción si esa autoridad nos dice que pequemos.

El temor del Señor da forma a nuestras intenciones, nuestros pensamientos, nuestras palabras y nuestras acciones.

Ahora enumeremos algunos de los beneficios del temor de Dios. Estas son algunas de las promesas bíblicas para aquellos que caminan en él.

El temor del Señor es el punto de partida para tener una relación cercana e íntima con Dios. Nos convertimos en amigos suyos y Él nos da a conocer sus secretos.

El temor del Señor es el principio de la sabiduría, el entendimiento y el conocimiento. Nos da visión de futuro y dirección divina clara.

El temor del Señor es el modo en que maduramos en nuestra salvación y somos conformados a la imagen de Jesús.

El temor del Señor es limpio; provoca santidad verdadera en nuestras vidas.

Habitar en el temor del Señor es asegurarnos un legado eterno.

El temor del Señor produce confianza, valentía y seguridad. Cancela todos los demás temores, incluyendo el temor al hombre.

El temor del Señor nos da identidad, nos hace productivos y nos da la capacidad de producir en abundancia.

El temor del Señor provee asistencia angelical, deseos cumplidos, éxito duradero, nobleza, longevidad, días productivos, disfrute en la vida, placer al trabajar, sanidad para nuestro cuerpo, y muchísimo más.

El temor del Señor dura para siempre; nunca se apagará. El temor del Señor es un regalo precioso de nuestro Padre celestial.

Aplicación personal

Pasaje: «Así que, recibiendo nosotros un reino inconmovible, tengamos gratitud, y mediante ella sirvamos a Dios agradándole con temor y reverencia; porque nuestro Dios es fuego consumidor» (Hebreos 12:28-29, RVR-60).

Punto: El temor del Señor es amar lo que Dios ama y odiar lo que Dios odia. Lo que es importante para Él se vuelve importante para nosotros, y lo que no es tan importante para Él deja de serlo para nosotros.

Piensa: ¿Qué implica, de manera práctica, que yo aprecie, respete, honre, venere y adore a Dios por encima de cualquier otra persona o cosa?

Ponte a orar: Amado Padre celestial, por favor enséñame a temer tu nombre, tu Palabra, tu presencia y todo lo que tú eres. Que pueda amar y deleitarme en el temor santo. Espíritu Santo, enséñame los caminos de Dios a medida que sigo aprendiendo de todo esto; que lo que lea no solo sea información, sino que las palabras transformen mi vida a la imagen de mi Señor Jesucristo. Te lo pido todo en el nombre de Jesús, amén.

Proclama: Que mis palabras y los pensamientos de mi corazón sean agradables a los ojos de Dios.

*Todos los aspectos de su carácter
nos infunden reverencia porque
Él es superlativamente santo,
y su nombre es para nosotros
una palabra asombrosa que
nunca debe ser mencionada
frívolamente; nunca debemos
decirla sin una intención honesta
y el corazón postrado ante Él.*

—C. H. SPURGEON

4 | LA PRESENCIA TANGIBLE DE DIOS

Como mencioné, el temor de Dios parece contrario a la lógica. Nuestra mente, al escuchar la palabra *temor*, la asocia con un estado perjudicial e incluso dañino; sin embargo, puedo asegurarte que el temor de Dios es, en realidad, la mayor fuente de confianza, consuelo y protección al alcance de cualquier ser en el universo. Descubriremos esta verdad a medida que avancemos, pero primero podemos dividir el temor de Dios en dos categorías:

1. *temblar ante la presencia de Dios,* y
2. *temblar ante su Palabra.*

Analizaremos las dos, pero comencemos destacando la primera. El salmista declara: «Dios *muy temido* en el consejo de los santos, e *imponente* sobre todos los que están en Su derredor» (Salmos 89:7, énfasis añadido). Fíjate que no dice solamente «temido» sino «*muy*» temido. Esta es una verdad importante: nunca encontrarás la maravillosa presencia de Dios en un ambiente en el que no se le muestra reverencia y asombro.

Esto se convirtió en una realidad para mí en enero de 1997. Me invitaron a hablar en una conferencia nacional en la capital de Brasil, y yo estaba muy emocionado por viajar a ese gran país por primera vez.

El avión aterrizó en Brasilia temprano en la mañana y tuve el resto del día para orar, prepararme y descansar en mi habitación. Esa tarde, mientras conducíamos hacia el estadio, no pude evitar fijarme en la cantidad de vehículos que hacían fila en las carreteras incluso antes de que llegáramos. Como era de esperar, el estacionamiento estaba lleno, lo cual indicaba que la asistencia a la conferencia sería buena.

Me acompañaron al interior del estadio y, después de saludar a algunos líderes, subí directamente a la plataforma. Estaba eufórico, listo para adorar junto a lo que pensaba que serían miles de creyentes hambrientos; sin embargo, mi entusiasmo no duró mucho y pronto me di cuenta de que la presencia de Dios no estaba en el ambiente. Estaba perplejo; era una conferencia para creyentes, y el grupo de alabanza era uno de los mejores del país; entonces ¿por qué faltaba su presencia?

Antes de continuar, permíteme aclarar un par de cosas acerca de la presencia de Dios. Las Escrituras señalan dos tipos. La primera es su omnipresencia. David testifica: «¿Adónde me iré de Tu Espíritu, o adónde huiré de Tu presencia? Si subo a los cielos, allí estás Tú; si en el Seol preparo mi lecho, allí Tú estás [...] Ni aun las tinieblas son oscuras para Ti, y la noche brilla como el día. Las tinieblas y la luz son iguales *para Ti*» (Salmos 139:7-8, 12). Esa es la presencia de Dios que responde a esta promesa: «No te desampararé, ni te dejaré» (Hebreos 13:5, RVR-60).

La segunda es la que se refiere a esta declaración de Jesús: «Yo le amaré, y me *manifestaré* a él» (Juan 14:21, RVR-60). El término *manifestaré* es la palabra griega *emphanízō* que significa «demostrar... darse a conocer íntimamente a alguien». Esto ocurre cuando Dios se revela a nuestra mente y a nuestros sentidos. Jesús dijo: «Porque donde están dos o tres congregados en mi nombre, allí estoy yo en medio de ellos» (Mateo 18:20, RVR-60). Obviamente, no se está refiriendo a la presencia de Dios en todo lugar, pues entonces ¿para qué haría esta declaración? Aquí, Él está hablando de su presencia manifiesta. Esta presencia no estaba en el estadio aquella noche. Siendo consciente de eso, cerré mis ojos y le pregunté al Espíritu Santo: *«¿Dónde está tu presencia?»*.

Cuando abrí los ojos, inmediatamente me di cuenta de algo que se me había pasado, pero que ahora era obvio. La mayoría de las personas no estaban concentradas en la adoración. Algunas, con las manos en los bolsillos o cruzando los brazos sobre su pecho, miraban a su alrededor despreocupadamente o con cara de aburridos. Varias mujeres hurgaban en sus bolsos, y muchas personas simplemente caminaban por los pasillos o salían a comprar comida a los puestos ambulantes. Varios de los asistentes estaban riéndose o hablando entre ellos, y su comportamiento no era distinto al de una multitud que espera a que empiece un espectáculo. *«Seguro que ahora esto cesará y las personas van a concentrarse en la adoración»*, pensé. Pero no fue así.

Para mi sorpresa, cuando los cantos de adoración terminaron y uno de los líderes del movimiento subió para leer de las Escrituras, nada cambió, solo que en ese momento, sin la música, se podía escuchar el murmullo de las personas que hablaban entre sí. No podía creer lo que estaba viendo, por lo que mi enojo aumentaba.

Entonces, escuché al Espíritu Santo que susurró a mi corazón: *«Quiero que confrontes esto directamente»*.

Una vez que me presentaron, me acerqué al podio junto con mi traductor. Decidí no decir nada y me quedé mirando a la gente. Llegué a la conclusión de que la única manera posible de captar la atención de todos era hacer que cesara toda la actividad en la plataforma. Funcionó y un minuto entero de silencio concentró la atención de todas las personas. La gente dejó de moverse, las cabezas se voltearon hacia la plataforma y se hizo silencio. Llegados a este punto, yo sabía que todos los ojos del estadio estaban puestos sobre mí.

No empecé mi mensaje con «Qué bueno estar en Brasil» o «Gracias por invitarme». Tampoco me presenté. Solo hice esta pregunta en tono serio: «¿Te gustaría que la persona con la que estás hablando, sentada al otro lado de la mesa, te ignorara y mirara al techo sin interés o comenzara a conversar con el que tiene al lado?».

Después de un momento de silencio, respondí a mi propia pregunta: «No, ¿verdad?».

Seguí insistiendo: «¿Y si cada vez que llamas a la puerta de tu vecino, este te recibiera sin interés y con voz monótona dijera: "Ah, eres tú otra vez"? ¿Seguirías yendo a esa casa?».

De nuevo, después de una pausa, respondí: «¡Claro que no!».

Entonces dije: «¿Crees que el Rey del universo va a manifestar su presencia o hablar en un lugar en el que no se le está honrando y reverenciando?».

Esta vez respondí con firmeza a la pregunta: «¡Nunca!».

Seguí diciendo: «Si el presidente de su nación estuviera sobre esta plataforma, habría recibido todo su respeto y atención. O si uno de sus jugadores de fútbol favoritos estuviera aquí de pie, la mayoría de ustedes estarían al borde de sus asientos, emocionados y escuchando cada palabra. Sin embargo, cuando hace un momento se estaba leyendo la Palabra de Dios, nadie prestó atención; ¡era como ruido estático para ustedes!».

A continuación, hablé a la gente durante noventa minutos acerca del temor del Señor. Se podía oír caer un alfiler al suelo. La gente parecía un tanto aturdida por la confrontación, pero escuchaban atentamente.

Cuando terminé, hice este llamado: «Si eres creyente, pero te falta temor de Dios y estás dispuesto a arrepentirte ¡ponte de pie!».

Sin dudarlo, el 75 % de las personas se pusieron de pie. En cuestión de segundos, antes de orar con ellos, la presencia manifiesta de Dios llenó el estadio. Las personas comenzaron a sollozar y a llorar mientras la maravillosa presencia de Dios tocaba sus vidas. El temor santo no los alejó de Dios; los acercó más.

Lo que ocurrió a continuación es una de las experiencias más extraordinarias que he tenido en cuarenta años de ministerio. Pero antes de llegar a esa historia, concluyamos con estas palabras:

> Pero oí el sonido de sus palabras, y al oír el sonido de sus palabras, *caí* en un sueño profundo sobre mi rostro, con mi rostro en tierra. Entonces, una mano me tocó, y *me hizo temblar* sobre mis rodillas y sobre las palmas de mis manos. «Daniel, *hombre muy estimado*, entiende las palabras que te voy a decir y ponte en pie, porque ahora he sido enviado a ti», me dijo. Cuando él me dijo estas palabras, me puse en pie *temblando*. (Daniel 10:9-11, énfasis añadido)

Dios amaba mucho a Daniel y, sin embargo, él estaba sobrecogido y cayó al suelo. Incluso al recibir ayuda para ponerse de rodillas y después de pie, tembló durante todo ese tiempo. Si esto ocurre en presencia de un mensajero (un ángel), ¿qué ocurre cuando Dios mismo se manifiesta?

Aplicación personal

Pasaje: «Dios temible en la gran congregación de los santos, y formidable sobre todos cuantos están alrededor de él» (Salmos 89:7, RVR-60).

Punto: Solo podremos encontrarnos con la presencia manifiesta de Dios en un ambiente en el que se le muestre el máximo respeto.

Piensa: ¿Qué significa temblar en la presencia de Dios? ¿Qué forma toma esto, de manera práctica, cuando estoy solo? ¿Y cuando estoy con mis amigos? ¿Y cuando estoy en un lugar público? ¿Y cuando estoy en una reunión de la iglesia?

Ponte a orar: Amado Padre celestial, te pido perdón por las veces que he entrado en un ambiente de adoración con una actitud casual e irreverente. Me arrepiento por haber subestimado tu presencia y considerarla como algo común. Te pido que la sangre de Jesús me limpie. Me humillo ante ti y te pido la gracia suficiente para cambiar. Quiero ser consciente de tu presencia y respetarla sin importar dónde esté o lo que esté haciendo. Quiero vivir en un estado constante de asombro y respeto por ti en todo momento. Te lo pido en el nombre de Jesús, amén.

Proclama: Siempre daré toda mi atención a la Palabra de Dios y honraré su presencia en todo lo que haga y diga.

Antes de orar, esfuérzate por entender a quién pertenece la presencia a la que vas a entrar y a quién vas a hablar, sin olvidarte de a quién te estás dirigiendo.

—TERESA DE ÁVILA

5 | UNA TARDE INOLVIDABLE

El Evangelio de Marcos testifica del trabajo que el Señor hizo con los discípulos, «confirmando la palabra con las señales que la seguían» (Marcos 16:20, RVR-60). Esta aventura conjunta comenzó una vez que Jesús había ascendido al cielo y no hay ningún lugar del Nuevo Testamento en el que se nos diga que se detendrá antes de su regreso.

Volvamos ahora a aquella tarde en Brasil. Cuando se hizo el llamado al arrepentimiento por ser irreverentes, el 75 % de las personas se pusieron de pie. Yo incliné la cabeza y oré en voz alta: «Dios, confirma tu Palabra que ha sido predicada esta noche».

Al momento escuché sollozos entre la gente. Durante los siguientes minutos, una oleada de la presencia de Dios llenó el ambiente, renovando y limpiando los corazones de aquellos que habían asistido esa tarde. Incluso después de que ese momento terminara, una paz maravillosa permaneció sobre el lugar.

Las personas no habían pedido perdón verbalmente ni habían orado todavía, pero la presencia de Dios se manifestó gracias al cambio en sus corazones. Al pensar en eso después, me di cuenta de que el padre del hijo pródigo no esperó que le pidiera perdón antes de correr hacia él. No, el simple cambio de corazón de su hijo y la acción correspondiente de regresar a su casa propiciaron el abrazo entusiasta y el beso de este padre. Lo mismo parecía estar ocurriendo en ese estadio.

Estábamos viviendo un momento especial; los corazones de las personas estaban reblandecidos y había un silencio reverente. Parecía buena idea guiarlos en una oración de arrepentimiento, y no hizo falta mucho discernimiento para reconocer que sus palabras eran sinceras y salían del corazón. Momentos después de orar, otra oleada de la presencia manifiesta de Dios llenó el estadio. De nuevo pude escuchar sollozos y llanto entre los asistentes, pero esta vez más intensos. Fue realmente precioso, pero también se disipó después de unos minutos.

Yo estaba agradecido por cuán renovados nos sentíamos todos debido a las dos manifestaciones de la presencia de Dios tan maravillosa y llena de paz. Nos quedamos expectantes mientras una tranquilidad divina inundó el ambiente. En esa quietud, oí que el Espíritu de Dios susurraba a mi corazón: *Voy a manifestarme una vez más.*

Proclamé en voz alta lo que había escuchado, pero ninguno de nosotros era consciente de lo que iba a ocurrir a continuación; estábamos a punto de encontrarnos cara a cara con otro tipo de presencia. Es difícil comunicar lo que ocurrió, porque las palabras no llegan a ser suficientes para describirlo. Lo que estoy a punto de describir parecerá rebuscado e incluso surrealista, pero más de veinte años después muchas personas han confirmado lo que ocurrió.

Imagina estar en un bosque en el momento en que un fuerte viento comienza a soplar; escuchas el silbido ensordecedor del viento pasando a través de los árboles sobre tu cabeza. Ese sonido es parecido al del viento que sopló en ese estadio. No podíamos sentirlo, pero lo oímos. Casi al instante, tuvo lugar una explosión de oraciones y clamores entre todos los asistentes. Sus voces rugían, pero el sonido del viento era más fuerte que el sonido de sus voces; yo estaba estupefacto, asombrado y casi aterrorizado por su presencia. No podía moverme, no podía hablar, y sentía escalofríos por todo mi cuerpo. En el ambiente se sentía una autoridad que nunca se había sentido. Pensé: *Esta no es la presencia de Abba Padre; ¡es nuestro Rey santo, impresionante y poderoso!*[1]

El rugido del viento duró unos noventa segundos. Cuando se fue calmando de modo gradual, a su paso dejó personas llorando, otras desmayadas, algunas postradas sobre el respaldo de la silla que tenían delante... pero todos estábamos temblando de asombro. La solemne repercusión duró otros diez minutos aproximadamente. Yo no podía decir nada; todos estábamos quietos y callados. Le pasé el micrófono al líder, y me llevaron en silencio de regreso al auto.

La solista que cantó esa tarde y su esposo subieron a nuestro auto unos momentos después de mí. Inmediatamente, ella clamó: «¿Escucharon el viento?».

Yo no quería admitirlo tan directamente. Quería que alguien que no fuera yo confirmara lo que había ocurrido, así que respondí: «Tal vez fue un avión que voló por encima del edificio, cerca de la tierra» (el estadio tenía una abertura entre la pared y el techo para que circulara el aire, así que los ruidos del exterior se escuchaban dentro mucho más que si la estructura fuera cerrada).

Ella estaba sentada en el asiento delantero y se volteó sorprendida, argumentando con pasión: «No, ¡fue el Espíritu de Dios!».

Su esposo, que era más callado, añadió: «Señor, eso no era un avión».

Yo pregunté: «¿Cómo lo sabes?».

Él respondió: «Había guardias de seguridad y policías fuera del estadio; muchos de ellos no creyentes. Cuando escucharon el sonido del viento, entraron apresuradamente y preguntaron a nuestro equipo qué era el sonido del viento que salía del edificio. Además, yo estaba en la mesa principal de sonido (estaba ahí para asegurarse de que los volúmenes fueran los correctos para el momento en el que cantara su esposa). El sonido no entró en el sistema de sonido; el medidor de decibelios no registró nada durante todo el tiempo que sopló el viento».

Su esposa siguió hablando, con lágrimas deslizándose por su rostro: «Vi oleadas de fuego que caían sobre el edificio y sentía que había ángeles por todas partes».

Pedí que me llevaran directamente al hotel y estuvimos callados durante todo el trayecto. Más tarde, me senté en el balcón de mi habitación durante horas; no podía hacer otra cosa que adorar a Dios. Estaba abrumado por lo que había ocurrido esa tarde.

A la mañana siguiente, cuando entramos al auditorio, el ambiente era completamente diferente. La presencia manifiesta de Dios que nos había impactado durante la reunión de la tarde anterior todavía se sentía. El temor de Dios había sido devuelto al corazón de las personas, y estaban experimentando su presencia y sus bendiciones de un modo maravilloso.

Como ya he dicho, desde entonces varias personas han confirmado lo que ocurrió esa tarde, y han compartido el impacto que tuvo en sus vidas a través de cartas, emails y en persona. En 2016 viajé para hablar ante doce mil líderes en Goiânia, Brasil. Las primeras palabras de bienvenida que me dijo el pastor mientras me daba la mano fueron: «Yo estaba en la reunión en Brasilia, hace veinte años, cuando sopló el viento. Mi vida no ha sido la misma desde entonces». Él es líder de una red de iglesias que creció hasta 300.000 personas en solo dieciséis años.

Cuando mi esposa fue a Brasil en 2019 para ministrar en una conferencia, una de las líderes de otro movimiento reportó haber estado en la reunión en la que sopló el viento hacía más de veinte años. Ella también dijo que su vida había sido cambiada para siempre.

Estar en la presencia de Dios es crucial para la salud espiritual de todos los creyentes. Antes, para mí era muy difícil entrar en la presencia de Dios en mis tiempos de oración, pero un día comencé a hacer algo casi por accidente. Decidí no comenzar mi tiempo de oración cantando o diciendo cosas. Simplemente me puse a meditar en cuán asombroso y santo es nuestro Dios. Me encontré con su presencia casi de inmediato. Decidí hacer lo mismo al día siguiente y tuve el mismo resultado, y al tercer día sucedió de nuevo.

Estaba perplejo. Pregunté: «Señor, ¿por qué ha sido tan fácil entrar en tu presencia estos últimos tres días?».

Oí que el Espíritu de Dios me decía: *¿Cómo enseñó Jesús a sus discípulos a orar?*

Comencé a recitar el Padre Nuestro: «Padre nuestro que estás en el cielo, *santificado* sea tu nombre...». Grité: «¡Eso es! ¡Jesús enseñó a sus discípulos a entrar en la presencia de Dios con asombro y reverencia santa!». Ahora todo tenía sentido.

David confirma esta verdad diciendo: «Adoraré hacia tu santo templo *en tu temor*» (Salmos 5:7, RVR-60, énfasis añadido). Dios es nuestro Padre, Jesús es nuestro Señor y Salvador, y el Espíritu de Dios nos ama profundamente. Pero también debemos recordar que, en el Nuevo Testamento, se dice que Dios es «fuego consumidor» (Hebreos 12:29). Jesús hizo que Juan, el discípulo amado más cercano a Él, cayera sobre su rostro como muerto (Apocalipsis 1:17), y el Espíritu de Dios es quien muestra el poder de Dios para llamar la atención de toda una ciudad (Hechos 2), hacer temblar edificios (Hechos 4), y muchas otras obras espectaculares.

Esta es la verdad que podemos llevarnos de todo esto: *la presencia de Dios se manifiesta allí donde se le muestra reverencia.*

Aplicación personal

Pasaje: «Y estuve entre vosotros con debilidad, y mucho temor y temblor; y ni mi palabra ni mi predicación fue con palabras persuasivas de humana sabiduría, sino con demostración del Espíritu y de poder, para que vuestra fe no esté fundada en la sabiduría de los hombres, sino en el poder de Dios» (1 Corintios 2:3-5, RVR-60).

Punto: El temor del Señor cambia los entornos. Fomenta una atmósfera en la que el poder del Espíritu Santo puede cambiar nuestras vidas y las de otros.

Piensa: ¿He estado esperando y creyendo que la presencia y el poder de Dios van a manifestarse? ¿En qué cambiará mi vida de oración al comenzar a acercarme a Él con temor santo? ¿Cómo puedo hacer este cambio?

Ponte a orar: Amado Padre celestial, si he restringido la manifestación de tu presencia por experiencias pasadas o si las limitaciones de otros acerca de lo que tú puedes hacer han tenido influencia sobre mí, por favor perdóname. Entraré en tu presencia con temor santo y no te limitaré. Por favor, supera lo que pudiera pedir, pensar y esperar cuando muestres tu poder. Por favor, hazlo para glorificar a mi Señor Jesucristo y ministrar a las personas de mi círculo de influencia. Te lo pido en el nombre de Jesús, amén.

Proclama: Todo es posible si soy capaz de creer y acercarme a Dios con temor santo.

Cuando lo veamos cara a cara, en toda su asombrosa santidad y su resplandeciente gloria, nos parecerá increíble que hayamos podido pensar en Él de modo casual.

—JOY DAWSON

6 | CONTEMPLARLO A ÉL

Nuestro temor santo crece en proporción a nuestra comprensión de la grandeza de Dios; sin embargo, la realidad es la siguiente: «Su grandeza es inescrutable» (Salmos 145:3) porque su gloria va más allá del entendimiento. Su gloria es inmensurable, incomparable, y no tiene límites. Aun así, deberíamos intentar aumentar nuestro conocimiento sobre ella.

En el año en el que murió Uzías, rey de Judá, aproximadamente el 742 a. C., el profeta Isaías fue transportado al cielo, donde vio al Señor sentado en su trono, exaltado y en toda su gloria. Su asombrosa presencia llenaba el gigantesco lugar, una estructura que seguramente podría albergar a más de mil millones de seres.

Isaías no solo estaba asombrado y abrumado por el Creador, sino que también le embelesaron los poderosos ángeles llamados serafines que volaban por encima del trono de Dios. De los labios de estos seres asombrosos, Isaías escuchó las siguientes palabras:

«Santo, Santo, Santo es el Señor de los ejércitos, llena está toda la tierra de Su gloria». (Isaías 6:3)

Muchos de nosotros conocemos el himno clásico «Santo, Santo, Santo», el cual contiene estas mismas palabras y su melodía fue escrita en el siglo diecinueve por John Bacchus Dykes. Ha sido un coro fundamental en la iglesia por más de doscientos años, y reconocido posteriormente como una suave melodía de adoración. Sin embargo, eso no es lo que Isaías vivió.

Aquellos seres gigantescos no estaban entonando un canto hermoso para que Dios se sintiera bien consigo mismo; ¡estaban respondiendo ante lo que veían! Constantemente se están revelando nuevas facetas de su inmensurable grandeza, y lo único que pueden hacer es clamar: «Santo, santo, santo...».

Los serafines no repiten «santo» tres veces. Cuando un autor hebreo como Isaías quería enfatizar una palabra, esta se escribía dos veces. Lo vemos en las palabras de Jesús: «No todo el que me dice: Señor, Señor, entrará en el reino de los cielos» (Mateo 7:21, RVR-60). Si tú fueras Mateo y estuvieras sentado escuchando a Jesús, habrías notado la forma en que amplificó su voz para decir la palabra *Señor*. Con el fin de registrar este énfasis, Mateo lo escribió dos veces; en español utilizamos negritas o cursivas para hacer énfasis.

Muy pocas veces un escritor hebreo eleva la palabra al tercer grado de énfasis. De hecho, solo ocurre un par de veces en las Escrituras, y el resultado es el mayor grado de énfasis posible de esa palabra o afirmación. En esencia, las voces de estos ángeles rugían con tal fuerza que hasta las puertas de ese inmenso lugar temblaban.

Cuando nuestra familia se mudó a Florida, descubrimos que no había sótanos porque el nivel freático es demasiado alto. Nuestro constructor me informó: «Si un tornado amenaza su vecindario, refúgiense bajo los umbrales de las puertas de una de las habitaciones centrales de la casa, porque esa es la parte más estable de la estructura». Es impresionante pensar que Isaías dijo específicamente que los cimientos de los umbrales se estremecían en ese estadio celestial gigante. En ese caso, ¡es posible que toda la estructura estuviera temblando a causa del clamor de esos poderosos ángeles!

¿Cuál fue la respuesta de Isaías al contemplar la gloria de Dios? No fue: «Increíble, ¡míralo!».

No, al contrario, gritó: «¡Ay de mí! Porque perdido estoy, pues soy hombre de labios inmundos» (Isaías 6:5). Piensa en esta realidad: Isaías era un hombre de Dios (un profeta) que en el capítulo anterior clama: «¡Ay de aquellos que llaman a lo malo bueno y a lo bueno malo, ay de aquellos que son orgullosos, ay de aquellos que son borrachos!» (Isaías 5:20-22, paráfrasis del autor). Sin embargo, ahora, un capítulo después vislumbra un destello de la gloria de Dios, y su clamor ya no es: «Ay de los pecadores», sino «¡Ay de mí! que soy muerto» (Isaías 6:5, RVR-60). Él pensaba que ya lo sabía, pero ahora era mucho más consciente de quién es el Dios todopoderoso. También es muy consciente de quién es él ante este Dios santo. ¿Cuál fue el resultado de este encuentro? ¡Su temor de Dios se incrementó en gran manera!

A lo largo de las Escrituras vemos respuestas similares de aquellos que contemplan a Dios en su gloria. ¿Recuerdas a Job? El Todopoderoso dice acerca de él: «¿Te has fijado en Mi siervo Job? Porque no hay ninguno como él sobre la tierra» (Job 1:8). ¿Te imaginas si Dios dijera esto sobre ti o sobre mí? ¡Estaríamos saltando de alegría! Sin embargo, este hombre se encuentra cara a cara con la gloria de Dios y clama: «De oídas te había oído; mas ahora mis ojos te ven. Por tanto me aborrezco» (Job 42:5-6, RVR-60).

¿Y Ezequiel? Él vio al Señor y escribió: «Tal *era* el aspecto de la semejanza de la gloria del Señor. Cuando *lo* vi, caí rostro en tierra» (Ezequiel 1:28).

¿Y qué hay de Abraham? Leemos que, cuando vio a Dios, «Abram se postró sobre su rostro» (Génesis 17:3).

Cuando Dios se manifestó de modo glorioso en el Sinaí, «tan terrible era el espectáculo, que Moisés dijo: "Estoy aterrado y temblando"» (Hebreos 12:21).

El apóstol Juan, aquel a quien Jesús amaba, escribió lo siguiente sobre su encuentro con nuestro Jesús glorificado: «Cuando lo vi, caí como muerto a Sus pies» (Apocalipsis 1:17).

Esta no es una lista exhaustiva. Hay muchos incidentes similares recogidos en las Escrituras.

Más recientemente en la historia de la Iglesia, entre 1266 y 1273, Tomás de Aquino estaba escribiendo *Suma Teológica*, la cual consideraba su obra más importante. Pero un día tuvo un encuentro con Dios de un modo tan poderoso, que su perspectiva cambió para siempre; y dejó de escribir definitivamente. Su amigo Reginald le instó a que siguiera escribiendo, pero Aquino respondió: «El fin de mi labor ha llegado. Todo lo que he escrito parece paja después de lo que me ha sido revelado».[1]

En cierto momento en la historia de Israel, Dios busca elevar el temor santo de su pueblo haciendo algunas preguntas incisivas. Isaías, que había visto la gloria de Dios, pregunta: «¿Quién guió al Espíritu del Señor, o como consejero suyo le enseñó? ¿A quién pidió consejo y *quién* le dio entendimiento? ¿*Quién* lo instruyó en la senda de la justicia, le enseñó conocimiento, y le mostró el camino de la inteligencia? [...] ¿A quién, pues, asemejarán a Dios, o con qué semejanza lo compararán?» (Isaías 40:13-14, 18).

Después, Dios le pregunta directamente: «"¿A quién, pues, ustedes me harán semejante para que Yo sea *su* igual?"» (Isaías 40:25).

Si alguna vez ha habido un momento en la historia en el que deberíamos meditar en profundidad en estas preguntas y no solo leerlas de pasada, es ahora. En este tiempo, muchos de nosotros estamos tan preocupados con la sobrecarga de información que llena constantemente nuestras mentes, que no tenemos el espacio ni el tiempo para meditar en estas preguntas tan cruciales. El desarrollo de nuestro temor de Dios se ha visto dificultado y, como consecuencia, muchos creyentes son vulnerables y fácilmente atraídos al sistema del mundo que promueve el deseo, la avaricia y el orgullo de los logros humanos.

De igual manera, recibimos un bombardeo constante de los galardones que reciben los deportistas de éxito, las atractivas estrellas de Hollywood, los talentosos músicos y artistas, los gurús de los negocios, los líderes carismáticos y demás individuos importantes. Su fama es alabada en la televisión, las redes sociales, los medios de comunicación, y muchas otras plataformas públicas. La trágica realidad es que estos fragmentos de información, aparentemente inofensivos, nos distraen o incluso nos alejan de la magnífica invitación a acercarnos y contemplarlo a Él.

Si tan solo nos detuviéramos, dirigiéramos nuestra atención hacia nuestro interior y contempláramos su magnificencia, seríamos enriquecidos, fortalecidos, y encontraríamos paz. Esta es la promesa que hemos recibido:

Pues Dios, que dijo: «De las tinieblas resplandecerá la luz», es el que ha resplandecido en nuestros corazones, para iluminación del conocimiento de la gloria de Dios en el rostro de Cristo. (2 Corintios 4:6)

En la quietud de nuestras almas, en unión con el Espíritu Santo, podemos contemplar a Jesús al meditar en su Palabra. Mirar fijamente su rostro prende la gloria de Dios en nuestros corazones, y esto a su vez hace que nuestro *temor santo* aumente. Nos hacemos más como Isaías y los demás grandes personajes de la lista anterior que tuvieron un encuentro con Él, caminaron con Él, le agradaron, recibieron promesas y pactos, y terminaron bien la carrera. Lo mejor de todo es que recibimos la promesa de ser «transformados en la misma imagen de gloria en gloria» al contemplarlo (2 Corintios 3:18).

¿A quién quieres parecerte: a los famosos de nuestros días o a Aquel que creó el universo? Escoge sabiamente, y fíjate bien en lo que escuchas y a qué prestas atención.

Aplicación personal

Pasaje: «Adoren al Señor en vestiduras santas; tiemblen ante Su presencia, toda la tierra» (Salmos 96:9).

Punto: Nuestro temor santo aumenta en proporción a nuestra comprensión de la grandeza de Dios.

Piensa: ¿Qué ocurriría si apartara espacios de diez minutos, tres veces al día, para dejar a un lado todas las influencias externas y meditar acerca de la grandeza de Dios? ¿Vale la pena esa inversión de tiempo? ¿Podría ser más eficaz en mi vida diaria aumentando mi temor santo, que a final de cuentas me hará más sabio?

Ponte a orar: Amado Padre celestial, te pido que me des una nueva visión de Jesús. Tu Palabra promete que, a medida que lo contemple en mi corazón, seré transformado a su imagen de gloria en gloria. Que mi temor santo aumente mientras su gloria se vuelve más real para mí. Lo pido en el nombre de Jesús, amén.

Proclama: Estoy siendo transformado a imagen de Jesús de gloria en gloria.

*Los hombres se honran unos
a otros, pero no a Dios.*

—HENRY DAVID THOREAU

7 | LA GLORIA DE DIOS

No podemos mantener una conversación sobre el temor de Dios sin enfocarnos en *la gloria de Dios*. La mencionamos en el capítulo anterior, pero ahora la veremos más en profundidad.

Los mortales no podríamos aguantar estar en presencia de la gloria de Dios. El profeta Habacuc declara que es «como la luz; tiene rayos *que salen* de Su mano, y allí se oculta Su poder» (3:4). Pablo escribe que Jesús habita en «*luz inaccesible*; a quien ninguno de los hombres ha visto ni puede ver» (1 Timoteo 6:16, RVR-60, énfasis añadido). En la misma línea, el autor de Hebreos nos dice que Dios es *fuego consumidor* (12:29).

Al escuchar estas declaraciones, no pienses en un fuego que arde consumiendo madera y al que puedes acercarte. Pensemos mejor en un fuego más brillante y consumidor: ¿qué te parece el sol que ilumina nuestro mundo? Es un fuego consumidor al que no podemos acercarnos, pero hasta ese ejemplo se queda corto porque también se nos dice que «Dios es luz, y no hay ningunas tinieblas en él» (1 Juan 1:5, RVR-60). El sol, aun siendo tan brillante, tiene manchas oscuras. De hecho, Pablo escribe: «a mediodía, oh rey, yendo por el camino, vi una luz del cielo que sobrepasaba el resplandor del sol, la cual me rodeó a mí y a los que iban conmigo» (Hechos 26:13, RVR-60).

Pablo no vio el rostro de Jesús; solo vio la luz que emanaba de Él, ¡y era más potente que la del sol de Oriente Medio! Y no era el sol de la mañana o la tarde noche, sino el sol del mediodía.

He viajado mucho a un gran número de lugares por todo el mundo. En ocasiones se me olvida llevar mis gafas de sol, y en la mayoría de los lugares puedo sobrevivir sin ellas. En Oriente Medio no. La primera vez que fui de visita descubrí cuán necesarias eran; sin ellas tenía que estar continuamente entrecerrando los ojos debido a los efectos del sol. En esa parte del mundo brilla con mucha más fuerza por tres razones: el clima seco del desierto, el color claro y reflectante del terreno, y la posición cerca del ecuador. Aunque no era demasiado intenso en la mañana o en la tarde, a mediodía era cegador si no llevabas lentes protectoras.

Ahora, reflexionemos sobre lo que hemos leído. ¡Pablo dice que la luz que emanaba de Jesús era más brillante que el sol del mediodía de Oriente Medio! Su gloria sobrepasa con mucho el brillo del sol.

Esto explica por qué Isaías y Joel dicen que el sol y la luna se oscurecerán y las estrellas no brillarán el día que Jesús regrese (Isaías 13:9-10; Joel 2:31-32). Permíteme profundizar. Cuando damos un paseo una noche en la que el cielo está despejado, ¿qué vemos? Un cielo estrellado. Pero ¿qué ocurre cuando sale el sol en la mañana? Las estrellas desaparecen. La pregunta que debemos hacernos es esta: ¿se van corriendo todas las estrellas cuando sale el sol, regresando apresuradamente al cielo nocturno cuando el sol se pone? La respuesta obvia a esa pregunta es no. ¿Qué ocurre? La gloria de las estrellas está a un nivel determinado, pero la gloria del sol está a un nivel mucho más brillante. Por lo tanto, el sol las oscurece cuando sale porque es mucho más brillante que ellas.

Cuando Jesús regrese, su gloria será mucho mayor que la del sol, ¡oscureciéndolo aunque este siga brillando! ¿Estás apreciando mejor su gloria ahora? Yo creo que esta es la razón por la que se nos dice que todas las personas de la tierra clamarán: «Caigan sobre nosotros y *escóndannos de la presencia* de Aquel que está sentado en el trono y de la ira del Cordero» (Apocalipsis 6:16, énfasis añadido).

Llegamos ahora a la pregunta principal: ¿Qué es la gloria del Señor? Para responder, vayamos a la petición de Moisés: «Te ruego que me muestres tu gloria» (Éxodo 33:18, RVR-60).

La palabra hebrea para *gloria* es *kabod*. El *Diccionario Bíblico Strong* la define como «el peso de algo». También hace referencia a algo majestuoso y digno de honor. Por lo tanto, Moisés estaba pidiendo lo siguiente: «Muéstrate a mí en *todo* tu esplendor». Fíjate en la respuesta de Dios:

«Yo haré pasar todo *mi bien* delante de tu rostro, y *proclamaré el nombre de Jehová* delante de ti» (Éxodo 33:19, RVR-60, énfasis añadido).

Dios identifica la petición de gloria que le hace Moisés como «todo mi *bien*». La palabra hebrea para *bien* se define como «la bondad en su sentido más amplio». En otras palabras, no se reserva nada.

Después, Dios dice: «Proclamaré el nombre de Jehová delante de ti». Antes de que un rey terrenal entre a su salón del trono, un heraldo proclama su nombre. Suenan las trompetas y el rey entra al salón del trono en todo su esplendor. Se revela la grandeza del rey, en su corte no hay duda sobre quién es él. Sin embargo, si este monarca estuviera dando un paseo por las calles de su gran nación vestido con ropa normal y sin séquito, podría pasar inadvertido.

Aprendimos en el capítulo anterior que la gloria del Señor se revela a través del rostro de Jesucristo. Muchas personas han manifestado que experimentaron una visión de Jesús. Eso es posible, pero no en todo su esplendor. Pablo lo describe de la siguiente manera: «Ahora vemos por espejo, oscuramente; mas entonces veremos cara a cara» (1 Corintios 13:12, RVR-60). Su gloria está oculta, igual que lo estaba por una nube oscura en el Antiguo Testamento. ¿Por qué? Porque nadie de carne y hueso puede contemplar su gloria manifestada y vivir.

La primera persona con la que Jesús habló después de resucitar fue María Magdalena, pero ella pensó que Él era el jardinero (Juan 20:15-16). Los discípulos desayunaron pescado con Jesús en la orilla de la playa, pero al principio no lo reconocieron (Juan 21:9-10). Dos discípulos caminaron con Jesús en el camino a Emaús, «mas los ojos de ellos estaban velados» (Lucas 24:16, RVR-60). Todos ellos pudieron contemplar su rostro porque Él no desplegó su gloria abiertamente.

Hubo algunos que vieron al Señor en el Antiguo Testamento, pero Él no se mostró en toda su gloria. El Señor se apareció a Abraham en el encinar de Mamre, pero no en toda su gloria (Génesis 18:1-2). Jacob peleó con Dios, pero no en toda su gloria (Génesis 32:24-30). Josué, cuando estaba cerca de Jericó, vio al Señor alzando una espada y demandó saber si Él estaba del lado de Israel. Cuando supo que era el Señor, cayó sobre su rostro y le adoró. La lista continúa con Gedeón, los padres de Sansón y muchos otros.

En contraste, el apóstol Juan vio al Señor en el Espíritu y en toda su gloria en la isla de Patmos. Juan comparó su semblante con el sol que brilla en todo su esplendor y cayó como muerto. ¿Cómo es posible que Juan pudiera verlo? Porque no estaba en su cuerpo, sino en su espíritu. Lo mismo sucedió con Isaías y algunos otros. Moisés, por otro lado, no pudo mirar el rostro de Dios porque estaba en su cuerpo mortal.

La gloria del Señor es todo lo que hace que Dios sea Dios. Todas sus características, su autoridad, su poder, su sabiduría... el peso y la magnitud inmensurables de Dios; literalmente. ¡Nada está oculto o escondido! Estamos hablando de Aquel que puso las estrellas en su lugar con sus dedos y le dio nombre a cada una de ellas. Él es quien midió el universo entero con sus dedos; con el alcance de su mano. Aquel que puede levantar la tierra con sus manos como si fuera un grano de arena; Él pesó cada gota de agua en la palma de su mano; pesó la tierra y sus montañas en sus balanzas. Es Aquel a quien podemos contemplar en nuestros corazones y, como consecuencia, ¡ser transformados a su imagen de gloria en gloria!

Es Aquel que nos ama profundamente; tanto, que decidió pagar el precio del terrible castigo por nuestros pecados para que pudiéramos ser parte de su familia. No sé a ti, ¡pero a mí realmente me emociona!

Aplicación personal

Pasaje: «El bienaventurado y solo Soberano, Rey de reyes, y Señor de señores, el único que tiene inmortalidad, que habita en luz inaccesible; a quien ninguno de los hombres ha visto ni puede ver, al cual sea la honra y el imperio sempiterno. Amén» (1 Timoteo 6:15-16, RVR-60).

Punto: La gloria de Dios es todo aquello que hace que Dios sea Dios. Todas sus características, su autoridad, su poder, su sabiduría... el peso y la magnitud inmensurables de Dios; literalmente. ¡No se reserva nada!

Piensa: Imagina una luz tan brillante y pura ante la cual ni la oscuridad, ni las sombras, ni la opacidad, ni la atenuación puedan prevalecer. Imagina que esta luz brilla en mi corazón; ¿por qué intentaría o querría esconder algo de Él? Es imposible.

Ponte a orar: Amado Padre celestial, te pido que me hagas plenamente consciente de tu gloria. No quiero que sea para mí una realidad trivial, algo casual, o algo en lo que piense de vez en cuando; quiero que su magnitud sea cada vez más real y esté más presente que el mundo que me rodea. Que tu gloria esté continuamente en mi corazón y mi mente. Te lo pido en el nombre de Jesús, amén.

Proclama: En Cristo soy la luz del mundo, reflejando su gloria a todas las personas con las que me encuentro.

Tal como somos

SEMANA 2

Debemos temer a Dios porque lo amamos, no amarlo porque le tememos.

—SAN FRANCISCO DE SALES

8 | TU VALOR

Esta sección incluirá algunos temas importantes y que posiblemente generen convicción de pecado; por lo tanto, antes de seguir, detengámonos un momento para profundizar en nuestra comprensión del amor tan extraordinario que Dios tiene por nosotros. Comenzaré con una afirmación fuerte y casi aterradora de Jesús, que será parte fundamental de todo lo que comentemos en esta sección. Si no se leen en su contexto original, estas palabras podrían malinterpretarse, y seguramente sembrar un temor no saludable, así que te pido que las leas con reverencia y con un corazón sometido a nuestro Dios:

> Pero Yo les mostraré a quién deben *temer*: teman a Aquel que, después de matar, tiene poder para arrojar al infierno; sí, les digo: ¡A Él, *teman*! (Lucas 12:5, énfasis añadido)

Jesús nos dice que *temamos* a Dios y no lo dice solo una vez; hace énfasis en este mandamiento repitiéndolo. Lo que más salta a la vista son las sorprendentes palabras: «arrojar al infierno». ¡Ese es un lenguaje muy fuerte! Sin embargo, escucha su siguiente afirmación:

> ¿No se venden cinco pajarillos por dos moneditas? Y sin embargo, ni uno de ellos está olvidado ante Dios. Es más, aun los cabellos de la cabeza de ustedes están todos contados. *No teman*; ustedes *valen* más que muchos pajarillos. (Lucas 12:6-7, énfasis añadido)

Fíjate que he resaltado «temer» en el versículo 5 y «no teman» en el versículo 7. Insisto, vemos que hay una diferencia entre *temor santo* y *temor profano*. Es sumamente importante que entendamos que el temor santo no es tener miedo a Dios y alejarse de Él por eso, pero el temor profano sí. Es vital que conozcamos la diferencia y estemos firmes en esta verdad.

Jesús comienza su discurso con una afirmación llamativa y casi aterradora, pero en la misma frase afirma nuestro *valor* inconcebible ante Dios. En esencia, Él revela que somos el tesoro de Dios y, por lo tanto, Él nos da el don del temor santo. Este don nos protege manteniéndonos cerca del Dador de la vida y lejos de lo que acabaría con nosotros: *el temor del hombre*, que es el extremo opuesto al temor de Dios. Estos dos términos serán claves en esta sección, pero antes de adentrarnos hablaremos de nuestro *valor*.

Según Jesús, Dios te ama tanto que Él sabe el número de los cabellos de tu cabeza. La ciencia calcula que la mayoría de los seres humanos tienen alrededor de 100.000 cabellos en su cuero cabelludo. Si metieras a 10.000 personas en una habitación ¿crees que podrías adivinar cuál de ellas tiene 99.569 cabellos? Aunque lo consiguieras, en unos minutos te habrías equivocado porque la persona promedio pierde entre 50 y 100 cabellos al día. ¡Dios conoce el número exacto de cabellos en cualquier momento concreto! ¿Qué nos dice esto? Que tenemos tanto valor para Él, que piensa constantemente en nosotros. David escribe:

> ¡Cuán preciosos me son, oh Dios, tus pensamientos! ¡Cuán grande es la suma de ellos! Si los enumero, se multiplican más que la arena. (Salmos 139:17-18, RVR-60)

¡Más que la arena! Piensa en toda la arena del mundo: todas las playas, los desiertos y los campos de golf. ¡Es muchísima cantidad! Los entusiastas de las matemáticas y la ciencia dicen que, dependiendo del tamaño y del nivel de compactación, hay aproximadamente entre quinientos millones y mil millones de granos de arena en un pie cuadrado de playa.[1] Nuestras mentes no podrían comprender el gran número de granos de arena que hay tan solo en las playas de Florida. Pero piénsalo: si sumaras todos los granos de arena del planeta, ¡aún no habrías alcanzado el número de los pensamientos que Dios tiene acerca de ti!

Hazte esta pregunta: ¿qué cosas ocupan tus pensamientos? Pocas veces piensas en cosas que no tienen valor para ti. Lisa y yo tenemos objetos que descubro cada año cuando vamos a nuestro almacén en Navidad. Uso el término *descubrir* porque se me olvida que los tenemos. No pienso en esos objetos ni una sola vez durante el año, porque no tienen valor. Sin embargo, si enumerara todos los pensamientos que he tenido acerca de Lisa en más de cuarenta años de matrimonio, puede que llegue a la cantidad de arena que se necesita para llenar media caja de zapatos. Son aproximadamente doscientos millones de pensamientos, que sería un pensamiento cada 6,3 segundos. Se podría decir que un esposo que piensa en su esposa todas esas veces está profundamente enamorado de ella.

¡Los pensamientos de Dios sobre ti sobrepasan en número a todos los granos de arena del planeta! ¿Eres consciente de lo que estoy diciendo? ¡Lo asombroso es que Dios no puede exagerar! Aunque todos hemos estado con gente que exagera y dice cosas que están lejos de la verdad, Dios no puede desviarse ni un ápice de la verdad; Él no puede mentir. Por lo tanto, cuando dice que sus pensamientos sobre ti son más que la suma de todos los granos de arena del planeta, ¡es cierto!

Llevémoslo un paso más allá. ¿Cuál es nuestro valor exactamente? El valor lo determina el comprador. Mi hijo asistió a una subasta deportiva porque su empresa estaba interesada en comprar la camiseta que Bill Russell usó en un partido de un campeonato en los años sesenta. ¡Tuvieron que dejar pasar la compra porque la puja más alta llegó a 1.044.000 dólares! Aunque Bill Russell fue un jugador increíble, yo personalmente no habría pagado más de un par de cientos de dólares por su camiseta o por la de cualquier otro jugador de la NBA. Solo es un trozo de tela.

La cuestión no es cuál es nuestro valor para la gente, porque eso varía. Y, además, el mundo no tiene fama de valorar a las personas como debería. Millones de bebés han sido asesinados en el vientre de sus madres. ¿Acaso valoró la gente la vida de ellos? ¿Y qué hay de las niñas y las mujeres que son introducidas en el tráfico sexual, incluyendo las prostitutas? Si consideramos eso en base a las personas que las pusieron en esas circunstancias, su valor se habría visto reducido a un par de cientos de dólares.

Dios es el que establece los estándares adecuados para el valor en el universo, no los hombres. E incluso en relación con las cosas que nosotros valoramos, Jesús nos recuerda que «lo que entre los hombres es de alta estima, abominable es delante de Dios» (Lucas 16:15). También hace esta declaración tan asombrosa: «Pues ¿qué provecho obtendrá un hombre si gana el mundo entero, pero pierde su alma? O ¿qué dará un hombre a cambio de su alma?» (Mateo 16:26).

Piensa por un momento en todas las riquezas del mundo. Considera las mansiones valoradas en millones de dólares, propiedades preciosas, gemas, metales preciosos, coches de lujo, yates y aviones. Es casi imposible imaginarlo todo. Un estudio reciente estima que el producto bruto del mundo es de unos 84,97 billones de dólares. Esta cantidad de dinero es prácticamente inconcebible. Aun así, Jesús nos dice que si entregaras tu vida para recibir todo eso a cambio, ¡habrías hecho un trato poco rentable!

Por lo tanto, ¿cuál es tu valor? Pablo escribe: «Han sido comprados por un precio» (1 Corintios 6:20). La puja de Dios por ti (su precio fijado) yace en estas palabras: «Porque de tal manera amó Dios al mundo, que ha *dado* a su Hijo unigénito» (Juan 3:16, RVR-60, énfasis añadido). ¡Eso es mucho más valioso que la camiseta de Bill Russell! Para Dios, nuestro valor era igual al de su posesión más preciada. Esta es la asombrosa verdad: si nuestro valor ante Dios hubiera sido tan solo un poco menor que el valor de Jesús, ese intercambio no se habría llevado a cabo porque Dios no haría un trato poco rentable: entregar algo de mucho valor a cambio de algo menos valioso. ¿Estás entendiendo cuán precioso eres para Dios?

¿Cuán grande es el amor de Dios por ti? Jesús hace una declaración sorprendente en una oración:

Para que el mundo sepa que Tú me enviaste, y que los amaste tal como me has amado a Mí. (Juan 17:23)

¡Es casi demasiado para asimilar! ¡Dios te ama lo mismo que ama a Jesús! Aun así podrías pensar: *Estaba hablando solo de los discípulos.* Eso no es cierto, porque Jesús aclara: «Pero no ruego solo por estos, sino también por los que han de creer en Mí por la palabra de ellos» (Juan 17:20). Si tú has creído en Jesucristo, lo has hecho directa o indirectamente a través del testimonio de los discípulos. La profundidad del amor de Dios y el valor que tienes para Él son incomprensibles.

Con esta verdad firmemente establecida, sigamos descubriendo por qué este don del temor de Dios es tan importante para nuestra relación con Él.

Aplicación personal

Pasaje: Nadie puede en manera alguna redimir a *su hermano*, ni dar a Dios rescate por él, porque la redención de su alma es muy costosa (Salmos 49:7-9).

Punto: Ninguna persona sabia haría un trato que sea poco rentable: dar algo de mucho valor a cambio de otra cosa que vale menos. De igual manera, Dios nunca haría un trato poco rentable. El precio que Dios pagó por ti fue la vida de su Hijo unigénito, lo cual significa que, para Él, tienes el mismo valor que Jesús. También significa que, para Él, las personas que tienes a tu alrededor son igual de valiosas que Jesús.

Piensa: Considerando el gran valor que Jesús le ha dado a mi vida, ¿cómo me veo ahora? ¿Cómo afecta esto mi manera de ver y tratar a las personas con las que me encuentro a diario?

Ponte a orar: Amado Padre celestial, gracias por estimar mi vida como algo tan valioso que estuviste dispuesto a entregar a Jesús para que muriera en mi lugar. Jesús, gracias por tenerme en más alta estima incluso que a ti mismo al tomar mi lugar y recibir mi juicio. Espíritu Santo, te pido que me des la firme comprensión, en mi mente y en mi corazón, de lo mucho que me amas y me valoras, y que yo pueda amar a otros de la misma forma. En el nombre de Jesús, amén.

Proclama: Amaré y valoraré a los demás como Dios me ama y me valora a mí.

Cuando predicamos del amor de Dios, existe el peligro de olvidarnos de que la Biblia no revela primero el amor de Dios, sino la intensa y resplandeciente santidad de Dios, con su amor en el centro de esa santidad.

—OSWALD CHAMBERS

9 | COLISIÓN FATAL

En la primera sección hablamos sobre la gloria de Dios, aunque solo tocamos la superficie. En este capítulo nos centraremos en las varias magnitudes de la presencia de Dios. Comencemos viajando a un periodo en el que el Todopoderoso decidió habitar en una tienda de campaña, cuando la nación de Israel habitaba en el desierto.

Un equipo de obreros terminó la construcción del tabernáculo después de un trabajo laborioso, elaborado y complejo. La edificación se llevó a cabo según el plano exacto que Dios le dio a Moisés en el monte, un modelo rudimentario del tabernáculo celestial (Hebreos 8:1-5). Una vez que la obra fue terminada, Dios manifestó su gloriosa presencia:

Entonces la nube cubrió la tienda de reunión y la gloria del Señor llenó el tabernáculo. Moisés no podía entrar en la tienda. (Éxodo 40:34-35)

Una vez más, Dios veló su gloria con una nube oscura para que Israel no pudiera verla. Quería habitar entre su pueblo amado, pero de una forma que ellos pudieran soportar. Solamente el sumo sacerdote podía entrar una vez al año al Lugar Santísimo gracias a la sangre de animales. Este puesto era elegido por Dios, y el primero fue Aarón, el hermano de Moisés.

Cierto día, dos de los hijos de Aarón, que también eran sacerdotes, entraron al tabernáculo y «ofrecieron delante de Jehová fuego *extraño*, que él nunca les mandó» (Levítico 10:1, RVR-60). Hay diferentes opiniones con respecto a los detalles concretos de lo que sucedió, pero en un esfuerzo por llegar

directamente al corazón del asunto, dejemos de lado sus acciones y enfoqué-
monos en sus motivaciones. En otras traducciones, la palabra que se utiliza en
lugar de *extraño* es *profano*. Una de las definiciones de *profano* es «tratar algo
sagrado con irreverencia». Significa tratar algo santo de una manera común u
ordinaria. En esencia, los hijos de Aarón entraron a la presencia de Dios con
irreverencia. Lo que ocurrió a continuación es aleccionador, e incluso aterrador:

> Y de la presencia del SEÑOR salió fuego que los consumió, y murieron
> delante del SEÑOR. (Levítico 10:2)

Estos dos hombres, que tenían autorización para entrar en la presencia
de Dios, murieron inmediatamente por causa de su irreverencia. ¿Los atacó
Dios de forma agresiva? No, ellos se pusieron a sí mismos en peligro. Piénsalo
de este modo: la tierra está a unos 150.000.000 de kilómetros del sol. A la
mayoría de las personas les encanta tomar el sol, pero si lo haces a 16 kilómetros, te enfrentarás a una muerte inmediata.

Su error estuvo en familiarizarse demasiado con la presencia santa y
gloriosa de Dios y, por ello, actuar de una manera que trajo sobre ellos el
desastre. Leamos las palabras que Moisés le dijo a Aarón justamente después
de la muerte de sus hijos:

> «*Esto* es lo que el SEÑOR dijo: "Como santo seré tratado por los que
> se acercan a Mí, y en presencia de todo el pueblo seré honrado"».
> (Levítico 10:3)

Lo que Moisés afirmó es un decreto universal y eterno. *Universal* significa que aplica a todos los seres vivientes, ya sean humanos o angelicales.
Eterno implica que siempre ha sido y siempre será; nunca cambiará. La
única manera de entrar a su presencia es con un corazón y una actitud
reverentes.

Pensemos de nuevo en aquella tarde en Brasil. Yo estaba paralizado,
lleno de temor santo en la gloriosa presencia de Dios mientras soplaba el
viento. El pensamiento que pasó por mi mente fue: *¡John Bevere, como hagas
un movimiento en falso o digas algo que no debes, puedes darte por muerto!*

¿Habría ocurrido eso realmente? No lo sé con certeza, pero lo que sí puedo asegurar es que un hombre y una mujer del Nuevo Testamento hicieron un movimiento en falso en un ambiente similar, y los dos cayeron muertos. Sí, «muertos» en el sentido de que los enterraron a dos metros bajo tierra (Hechos 5:1-10). Esta pareja llevó una ofrenda a los líderes de la iglesia y a los demás creyentes, pero los dos murieron y los enterraron el mismo día. Cuando esto ocurrió, ¿cómo reaccionaron los demás creyentes?

Y vino *gran temor* sobre toda la iglesia, y sobre todos los que oyeron estas cosas. (Hechos 5:11, RVR-60, énfasis añadido)

Hagamos un par de observaciones. No dice que «vino gran temor sobre la ciudad». No, dice: «vino gran temor sobre toda la iglesia». En segundo lugar, fíjate que no solo dice «temor», sino «gran temor». Los autores hebreos no exageraban como solemos hacer nosotros en la cultura occidental. El hecho de que las Escrituras digan: «gran» significa que la magnitud de ese temor santo era enorme.

En Hechos 2, cuando el Espíritu de Dios se manifestó el día de Pentecostés, algunos de los que estaban allí llegaron a la conclusión de que los discípulos estaban borrachos con vino a las nueve de la mañana. Detente un momento y piensa en cómo se comporta una persona que está ebria. No suele quedarse callada ni tímida, sino todo lo contrario; la mayoría de las veces hay mucha alegría y risas. Así podríamos describir el ambiente ese día tan notable; la presencia de nuestro Dios amoroso produjo una atmósfera refrescante y de gozo. Sin embargo, cuando su presencia asombrosa y hasta terrorífica se manifestó con juicio en medio de esas mismas personas, un gran temor y asombro se apoderó de la iglesia. Este evento aumentó drásticamente su consciencia de la santidad de Dios.

Muchas veces me preguntan: «¿Por qué hoy no vemos a personas caer muertas?». Es una buena pregunta, y resulta válido hacerla. Esta pareja le mintió a Pedro y, en última instancia, al Espíritu Santo. A muchos pastores les han mentido en el siglo veintiuno; entonces, ¿por qué los culpables no han tenido el mismo desenlace? Veamos lo que ocurrió inmediatamente después de la muerte de esta pareja:

Sacaban los enfermos a las calles, y los ponían en camas y lechos, para que al pasar Pedro, a lo menos su sombra cayese sobre alguno de ellos [...] y todos eran sanados. (Hechos 5:15-16, RVR-60)

Esto es difícil de asimilar cuando lo pensamos detenidamente. ¡Fíjate que dice las calles (plural)! Y no fueron sanados solo «algunos», ¡sino «todos»! Modernicemos esto. Es como si el apóstol Pedro hubiera entrado a un hospital importante y, solo por caminar por los pasillos, todas las personas de todos los pisos hubieran abandonado sus camas completamente sanadas. Esta magnitud de poder solo se encuentra en el ambiente en el que está la gloria del Señor.

Sigamos confirmando esto con otro ejemplo bíblico. Cientos de años después del incidente con los dos hijos de Aarón, hubo otra pareja de hermanos que también eran sacerdotes, Ofni y Finees, los cuales estaban cometiendo adulterio con las mujeres que servían a la entrada de ese mismo tabernáculo. ¡Estaban a menos de unos veintisiete metros de donde los hijos de Aarón murieron al instante! Por si eso no era suficiente, también intimidaban a las personas que llegaban para ofrecer sacrificios tomando para sí de esas ofrendas. Eran «hombres indignos; no conocían al SEÑOR ni la costumbre de los sacerdotes con el pueblo» (1 Samuel 2:12-13). Dios dijo de estos hombres: «He jurado a la casa de Elí que la iniquidad de su casa no será expiada jamás» (1 Samuel 3:14). ¡Nadie querría escuchar esas palabras de boca del Dios todopoderoso!

Su conducta ofendió mucho a Dios; eran más irreverentes que los hijos de Aarón, pero estos hombres no murieron instantáneamente en el mismo tabernáculo. ¿Por qué? La respuesta se encuentra en esta afirmación: «La palabra de Jehová escaseaba en aquellos días; *no había* visión con frecuencia» (1 Samuel 3:1, RVR-60, énfasis añadido). La escasez de la Palabra de Dios revelada justifica la ausencia de su presencia; no existía, igual que en la reunión de adoración de Brasil. Sin embargo, en los días de Moisés estaba plenamente presente.

¿Cuál es la conclusión a la que podemos llegar a través de estos ejemplos? Mientras mayor sea la gloria manifestada de Dios, más grande y rápido será el juicio por irreverencia. Entonces, *que el juicio se postergue no significa que se cancele*. Por esta razón, Pablo escribe:

Los pecados de algunos hombres se hacen patentes antes que ellos vengan a juicio, mas a otros se les descubren después. (1 Timoteo 5:24, RVR-60)

Es sabio no permitir nunca, en ninguna circunstancia, una actitud irreverente, casual o familiar hacia Dios. La realidad es que resulta aún más peligroso cuando su gloria no se está manifestando. ¿Por qué? Porque es más fácil caer en la irreverencia creyendo que nuestro comportamiento es aceptable porque no hay juicio. Si eso ocurre, fácilmente podríamos llegar a pensar que a Dios no le importa nuestra irreverencia, como veremos en el próximo capítulo.

Aplicación personal

Pasaje: «Como santo seré tratado por los que se acercan a Mí, y en presencia de todo el pueblo seré honrado» (Levítico 10:3).

Punto: Mientras mayor sea la gloria manifestada de Dios, más grande y rápido será el juicio por irreverencia. Por lo tanto, que el juicio se postergue no significa que se cancele.

Piensa: ¿Cómo me acerco al Señor cuando oro, cuando estoy en la iglesia, cuando adoro, cuando su Palabra está siendo predicada, o en la vida diaria? ¿He desarrollado una actitud casual a la hora de acercarme a Él? ¿He perdido de vista la realidad de que Él, no es solo mi Padre, sino también el Dios santo que es fuego consumidor?

Ponte a orar: Amado Padre celestial, te pido perdón por haberme acercado a ti con una actitud casual e irreverente. He perdido de vista quién eres y te has vuelto un concepto demasiado familiar para mí. Me arrepiento y dejaré de verte como un «compañero» para mostrarte la reverencia que mereces por ser el Dios santo. Gracias por ser tan bueno, misericordioso y por perdonar mi irreverencia. En el nombre de Jesús lo pido, amén.

Proclama: Trataré a Dios con reverencia, independientemente de cuán poderosa o suave sea la manera en que Él manifieste su presencia.

Pues los caminos del hombre están delante de los ojos del Señor, y Él observa todos sus senderos.

—PROVERBIOS 5:21

10 | DIOS NO ESTÁ MIRANDO

Como ya afirmamos, nuestro temor de Dios crece en proporción a nuestra comprensión de su gloria. La antítesis también es cierta: haremos menguar su grandeza, incluso hasta el punto de las limitaciones humanas, mientras menos le temamos.

El sistema de este mundo es como los rápidos de un río que arrastran y hasta golpean contra la psique de las personas para intentar desechar la gloria de Dios. El contenido de este río son palabras, pensamientos, imágenes, videos, o cualquier otro medio que se pueda usar para exaltar al hombre mortal a expensas de reducir la grandeza de nuestro Creador.

Alguien que carezca de temor de Dios cae rendido fácilmente ante esta fuerza, y comienza a pensar que Dios no se da cuenta o que no le importa lo que hace. Empiezan a aparecer pensamientos como los siguientes: *Yo soy la excepción; yo estoy exento; no soy tan diferente al resto; Dios pasa por alto mis motivaciones, mis palabras o mis acciones;* hasta llegar a: *Están pasando demasiadas cosas como para que Él lleve la cuenta de todo.*

El impío dice en su corazón: «Dios se ha olvidado; ha escondido Su rostro; nunca verá nada». (Salmos 10:11)

Hay distintos tipos de esta mentalidad errónea y peligrosa, pero al final todos se reducen a percibir las habilidades de Dios como inferiores a como son realmente. Es igual que cuando pensamos que un padre, un jefe, una profesora, un entrenador o cualquier otro líder perderá la pista de nuestro comportamiento o no se dará cuenta. Las personas que caen en esta trampa se refugian en la creencia de que hay demasiados detalles como para llevar la cuenta de todos, y lo asocian con reducir lo que creen que Dios puede hacer.

Llevémoslo un paso más allá. Si alguien sigue en ese camino resbaloso de no solo carecer de temor de Dios, sino también rehuirlo, pronto se enfrentará a la creencia diabólica de que *Dios no puede ver mis motivaciones, mis palabras o mis acciones*. Una cosa es creer que Dios no está mirando, ¡pero pensar que Él *no puede* ver es otro nivel de irreverencia!

Es posible ocultar nuestras palabras, nuestras acciones y nuestras motivaciones a otros seres humanos. Podemos hacer cosas en secreto (en la oscuridad o incluso en las sombras) y que los demás no se den cuenta. Sin embargo, cuando creemos que podemos esconder nuestros pensamientos o nuestro camino del Dios todopoderoso, nos engañamos a nosotros mismos. Esta creencia errónea, ya sea consciente o inconsciente, habita en el alma de cualquier persona que no tenga temor de Dios. Las Escrituras nos dicen:

> ¡Ay de los que van muy hondo para esconder sus planes al Señor, y realizan sus obras en tinieblas y dicen: «¿Quién nos ve? o ¿Quién nos conoce?». (Isaías 29:15)

En un inicio, podríamos pensar que Isaías se refiere a los malvados (a incrédulos, o aquellos que no entrarían a una iglesia o se reunirían para adorar). Sin embargo, esas palabras están dirigidas expresamente a *creyentes profesantes*. Es cierto, ya que justo antes de esta afirmación podemos leer lo siguiente:

> Dijo entonces el Señor: «Por cuanto este pueblo se acerca a Mí con sus palabras y me honra con sus labios, pero aleja de Mí su corazón, y su veneración hacia Mí es *solo* una tradición aprendida *de memoria*». (Isaías 29:13)

Permíteme que lo modernice. Estas personas profesan tener una relación con Jesús porque han sido salvadas por su gracia. Lo honran verbalmente, asisten a conferencias cristianas y escuchan música cristiana en Spotify, pero una parte de su psique piensa que el Señor *no puede* ver o escuchar lo que piensan o hacen. Su condición es peor que la de muchos que ni siquiera siguen a Jesús. Creen una mentira, y lo que es aún peor, no son conscientes de su error.

Tal vez respondas: «¡Ni hablar! Eso no puede ocurrir». Pero volvamos a hablar de la pareja del Nuevo Testamento que apareció en el capítulo anterior: Ananías y Safira (Hechos 5). El contexto de la historia es importante para entender el comportamiento inadecuado de ellos. Su saga empieza realmente en el capítulo 4:

> Bernabé [...] levita, natural de Chipre, como tenía una heredad, la vendió y trajo el precio y lo puso a los pies de los apóstoles. (Hechos 4:36-37, RVR-60)

En ese tiempo, Chipre era una isla con mucha riqueza, donde abundaban las piedras preciosas, las minas de cobre y hierro, y donde existía un gran suministro de leña. Era famosa por sus flores, sus frutas, su vino y su aceite. Si tenías tierras en Chipre, lo más seguro es que te fuera bien.

Imagina lo siguiente: un levita rico de Chipre trae una suma elevada de dinero que recibió por la venta de sus tierras, para darla públicamente ante toda la iglesia. ¿Qué ocurre después?

> Pero cierto hombre llamado Ananías, con Safira su mujer, vendió una propiedad. (Hechos 5:1)

Fíjate en la primera palabra: «Pero». Es una conjunción que conecta la frase con la anterior, ya que como comienza un capítulo nuevo, sería fácil perder el hilo de la historia.

Este rico recién llegado se une a la iglesia llevando consigo una ofrenda cuantiosa de la que todos se enteran. Su regalo propicia una reacción por parte de esta pareja. Venden unas tierras inmediatamente y...

> [Ananías] se quedó con *parte* del precio, sabiéndolo también su mujer; y trayendo la otra parte, la puso a los pies de los apóstoles. (Hechos 5:2)

¿Qué desató esa respuesta? ¿Podría ser que esta pareja tuviera fama de ser los mayores dadores de la iglesia hasta ese momento? Si es así, ¿atraía eso la atención de los líderes y de la gente? Debemos recordar que dar es un don, y del mismo modo que muchos se fijan en varios dones y los celebran (servicio, predicación, hospitalidad, enseñanza, liderazgo y otros), la generosidad no es la excepción; se celebra abiertamente (2 Corintios 9:12-13). ¿Disfrutaba demasiado esta pareja del respeto y la atención? ¿Se vieron amenazadas sus inseguridades al verse superados por el recién llegado? ¿Celebraban todos el enorme regalo de este, hablando de cómo ayudaría a sus misiones y al cuidado de los pobres, haciendo que el enfoque se desviara de Ananías y su esposa?

Tal vez la pareja envidiaba la atención que había perdido, así que respondió vendiendo una propiedad; posiblemente su mayor bien inmueble. Ellos concluyeron: «Esto es demasiado dinero como para deshacerse de todo, pero queremos *aparentar* darlo todo. Así que demos solo una parte, pero digamos que es todo lo que recibimos». Ese modo de pensar engañoso pudo haberse reforzado por la idea de que así también el resto se animaría a dar grandes ofrendas.

La apariencia era más importante que la verdad y, así, condujo al engaño. ¿Cómo es posible que esta pareja pensara que Dios no se daría cuenta?

Lo premeditaron, deliberaron, y se pusieron de acuerdo en hacerlo así. Creyendo que podrían esconder del Señor su plan, ¡hicieron su maldad en la oscuridad! Y, en algún momento, pensaron: *¡El Señor no sabe lo que está ocurriendo!* (muy parecido a lo que está escrito en Isaías 29:15). Les costó la vida a los dos; ¡los enterraron a ambos ese mismo día!

¿Cómo es posible que dos creyentes profesantes que habían visto milagros importantes en los capítulos anteriores (el viento que sopló del cielo y captó la atención de toda una ciudad, miles de personas salvadas en reuniones espontáneas, un cojo que caminó milagrosamente, el poder de Dios haciendo temblar un edificio, y otros) creyeran que podían ocultar sus motivaciones del Dios todopoderoso?

¿O cómo es posible que Adán y Eva, que caminaban con Dios en el jardín, creyeran que podían esconderse de Él después de pecar (Génesis 3:8)?

¿Cómo es posible que el pueblo de Israel dijera: «Jehová no ve»? (Ezequiel 9:9, RVR-60).

¿Y qué hay de esta sorprendente afirmación: «Hijo de hombre, ¿has visto lo que hacen en la oscuridad los ancianos de la casa de Israel, cada uno en su cámara de imágenes grabadas? Porque ellos dicen: "El SEÑOR no nos ve"»? (Ezequiel 8:12).

¿Cuántas veces pensamos, en nuestra ingenuidad, que podemos ocultar nuestros corazones distantes del Señor?

En resumen, todos estos escenarios tienen una raíz en común que fomenta un gran error: una falta de temor de Dios. En la medida que nos falte, veremos mermadas sus habilidades en nuestra psique, y lo más aterrador es que no somos conscientes de nuestro estado; el discernimiento se nubla. Ahondaremos en esta condición en los siguientes capítulos.

Aplicación personal

Pasaje: «Todas las iglesias sabrán que Yo soy el que escudriña las mentes y los corazones, y les daré a cada uno según sus obras» (Apocalipsis 2:23).

Punto: Dios no solo sabe lo que hacemos, sino también las motivaciones y las intenciones que hay detrás de nuestras acciones.

Piensa: ¿Vivo continuamente con la consciencia de que Dios conoce mis pensamientos, motivaciones e intenciones más profundas? ¿Cómo puedo ser más consciente de esta verdad?

Ponte a orar: Amado Padre celestial, te pido que mis motivaciones e intenciones sea tan puras como las motivaciones y las intenciones de Jesús. Que pueda filtrar todos mis pensamientos, palabras y acciones a través del conocimiento de que tú examinas continuamente mis caminos. Que esta verdad nunca se disipe ni cambie mi manera de verte. En el nombre de Jesús te lo pido, amén.

Proclama: Viviré sabiendo que Dios es plenamente consciente de mis intenciones, pensamientos, palabras y acciones.

*¿Por qué es este pueblo de Jerusalén
rebelde con rebeldía perpetua?*

—JEREMÍAS 8:5, RVR-60

11 | TEMOR Y TEMBLOR

La asombrosa presencia de Dios y el consiguiente juicio de Ananías y Safira trajo «gran temor» sobre la iglesia. Insisto, vale la pena mencionar que no se usa la palabra *ciudad* sino *iglesia*: el conjunto de los santos. Cuando analizamos las palabras griegas para *gran temor*, el mensaje que se quiere transmitir se intensifica.

La primera, *gran* (apócope de *grande*), es la palabra griega *mégas*; se define como «el registro superior de una báscula... grande en tamaño, intenso, terrible».[1] La palabra *mega*, en español, viene de ella. No hay duda de lo que se quiere comunicar; en resumen, podría traducirse como «megatemor». Recuerda que los autores de las Escrituras no exageran las cosas.

La segunda, *temor*, es la palabra griega *phóbos*, una palabra utilizada frecuentemente para referirse al *temor de Dios* en el Nuevo Testamento. Se define como «temor, terror, reverencia, respeto, honor». Otra fuente la define como «profundo respeto y admiración por una deidad: reverencia y asombro».[2] Nos encontramos de nuevo con las palabras *asombro* y *terror*, que denotan un nivel elevado de temor. Pablo utiliza esta misma palabra cuando escribe:

Por tanto, amados míos, como siempre habéis obedecido, no como en mi presencia solamente, sino mucho más ahora en mi ausencia, ocupaos en vuestra salvación con *temor y temblor*, porque Dios es el que en vosotros produce así el querer como el hacer, por su buena voluntad. (Filipenses 2:12-13, RVR-60, énfasis añadido)

No nos ocupamos de nuestra salvación con *amor y bondad*, sino con *temor y temblor*, lo cual examinaremos más adelante. De nuevo, la intensidad de lo que se está comunicando se eleva a un nuevo nivel con una palabra nueva: *temblor*. Es la palabra griega *trómos*, que se define como «temblor procedente del temor, terror... o profunda reverencia, respeto o pavor». Esta no es la única vez que se utilizan esas dos palabras juntas, ya que Pablo las usa cuatro veces en el Nuevo Testamento.

Aunque no hemos terminado de analizar el temor de Dios, estamos en un punto en el que podemos preguntarnos cómo es posible que alguien que enseñe la Palabra de Dios pueda limitarlo a «adoración reverente». Solo en este capítulo, con los pocos versículos que hemos resaltado, nos hemos encontrado cara a cara con un vocabulario bastante fuerte. Aquí un resumen: megatemor, asombro, terror, profundo respeto, temblor y pavor.

Estas palabras no son solo para describir algún asunto menor de nuestra vida cristiana, sino que hacen referencia a cómo debemos *ocuparnos de nuestra salvación* (un término que describe el modo en que nuestros esfuerzos, trabajando junto con el Espíritu Santo y empoderados por Él, conducen hacia la madurez completa de aquello que Jesús nos ofrece gratuitamente). Desde este momento en adelante, lo diremos de la siguiente forma: *nuestra salvación madura a través del temor y el temblor*.

Con esto en mente, ¿por qué el temor de Dios no es una de las verdades principales que se enseñan en nuestras iglesias, grupos pequeños e institutos bíblicos? ¿Podría esta ser la causa de tantos cristianos inefectivos y tibios en el mundo occidental? ¿Y podría ser la razón por la que las Escrituras nos advierten de un gran «abandono» de la fe en estos últimos tiempos? Pablo escribe que el anticristo no puede ser revelado hasta que «llegue primero la apostasía [el gran abandono de la fe de aquellos que profesan ser cristianos y que ha sido predicho]» (2 Tesalonicenses 2:3, traducción libre AMPC). ¿Podría este abandono de la fe ser alimentado por haber descuidado el temor de Dios? Después de haber pasado cuarenta años orando, estudiando y ministrando en todos los estados de Estados Unidos y en sesenta países, creo que es así.

Llevémoslo un paso más allá. Una de las enseñanzas más elementales o fundamentales de la iglesia es el «juicio eterno». Leamos detenidamente estas palabras:

Por tanto, dejando las enseñanzas *elementales* acerca de Cristo, avancemos hacia la madurez, no echando otra vez el *fundamento* del [...] juicio eterno. (Hebreos 6:1-2, énfasis añadido)

La realidad es que todos nosotros daremos cuentas del modo en que vivimos. El resultado de este juicio durará para siempre; ¡es eterno! En relación con los creyentes, nos referimos a este evento como «el Tribunal de Cristo».

Hablemos sobre las dos palabras resaltadas. Primero, *elementales*. ¿Qué aprenden los niños pequeños en la escuela elemental o primaria? A leer, escribir, sumar, restar, y otras habilidades básicas. En esencia, nos dan los cimientos sobre los que construiremos nuestra educación. ¿Te imaginas entrar a la secundaria o a la universidad sin saber leer, escribir, sumar o restar? ¡Es imposible!

Me he dado cuenta de que muchos creyentes no son conscientes del juicio que enfrentarán, o en el mejor de los casos conocen el término, pero no lo han investigado a fondo. Podríamos compararlo con el hecho de saber que las habilidades básicas que se enseñan en la primaria son importantes, pero nunca aprenderlas. Una pregunta muy importante que debemos hacernos es la siguiente: ¿cómo están construyendo los creyentes sus vidas en Cristo sin esta verdad *elemental*?

Analicemos la otra palabra resaltada: *fundamento*. ¿Te imaginas lo que sería levantar un edificio sin unos cimientos? Si permanece el buen tiempo, el edificio puede hacerse muy alto y seguir de pie. ¡Pero cuando llegue una tormenta fuerte se vendrá abajo! Esto podría representar un abandono de la fe. El Grupo Barna reportó que ¡más de cuarenta millones de estadounidenses abandonaron su fe entre los años 2000 y 2020![3] La mitad de ellos ahora dicen ser no cristianos: ateos y agnósticos. ¿Es posible que nuestra falta de enseñanzas *fundamentales* haya contribuido a crear estas estadísticas catastróficas?

Echemos un vistazo rápido a lo que va unido a nuestro juicio:

Pero confiamos, y más quisiéramos estar ausentes del cuerpo, y presentes al Señor. (2 Corintios 5:8, RVR-60)

Sabemos inmediatamente que Pablo está hablando solo a creyentes. Cuando un incrédulo está ausente del cuerpo, no está en la presencia de Dios.

> Por tanto, procuramos también, o ausentes o presentes, serle *agradables*. (2 Corintios 5:9, RVR-60, énfasis añadido)

Cuando nuestros hijos eran adolescentes, Lisa y yo buscábamos oportunidades para entrenarlos en su devoción a Dios. Un aspecto importante de su entrenamiento era evitar que desarrollaran una actitud de merecimiento. Una tarde, les dije: «Muchachos, no hay nada que puedan hacer para que su mamá y yo los amemos más o menos de lo que ya los amamos».

Nuestro amor incondicional por ellos quedó claro; sin embargo, unos momentos después añadí: «Pero son responsables de cuán *complacidos* estamos con ustedes». Ese momento les abrió los ojos.

Esta es la verdad: no podemos hacer nada para que Dios nos ame más o menos, pero somos responsables de cuán complacido está Él con nosotros. Esta es la razón por la que Pablo dice que su meta es serle «agradable». ¿Por qué?

> Porque es necesario que todos nosotros comparezcamos ante el tribunal de Cristo, para que cada uno reciba según lo que haya hecho mientras estaba en el cuerpo, sea bueno o sea malo. Conociendo, pues, *el temor del Señor*, persuadimos a los hombres. (2 Corintios 5:10-11, RVR-60, énfasis añadido)

En este tribunal no seremos juzgados por los pecados de los que nos hayamos arrepentido; esos ya han sido erradicados por la sangre de Jesús. «Como está de lejos el oriente del occidente, así [Dios] alejó de nosotros nuestras transgresiones» (Salmos 103:12). Él también dice: «Pues tendré misericordia de sus iniquidades, y nunca más me acordaré de sus pecados» (Hebreos 8:12).

Entonces ¿para qué será ese juicio? Seremos examinados en relación con la manera en que vivimos como creyentes, y tanto lo *bueno* como lo *malo* será analizado.

Lo importante para el tema que tenemos entre manos es que Pablo une «el *temor* del Señor» al juicio de los creyentes. Como hemos dicho antes, la palabra griega para *temor* es *phóbos*, la misma palabra que se usa para describir la reacción de la iglesia al juicio de Ananías y Safira. Esto plantea una pregunta importante: ¿es posible que el incidente de esta pareja sea un adelanto del juicio de los creyentes? Exploraremos esta posibilidad en los siguientes capítulos.

Aplicación personal

Pasaje: Para que anden (vivan y se comporten) de manera digna ante el Señor, agradándole en todo y deseando siempre complacerle, dando fruto en toda buena obra (Colosenses 1:10, traducción libre AMPC).

Punto: No hay nada que puedas hacer para que Dios te ame más o menos de lo que ya te ama. Pero eres responsable de cuán complacido está Él contigo.

Piensa: ¿Agrada mi vida a Dios? ¿Cómo sé lo que le agrada y lo que no?

Ponte a orar: Amado Padre celestial, te pido que me muestres, a través de tu Palabra y de tu Espíritu, lo que te agrada y lo que te desagrada. Dame un corazón y una mente que busquen agradarte y complacerte más que cualquier otra cosa. Que al hacerlo pueda conocer mejor tu corazón y vivir honrándote. Que lo que pido me prepare para un día enfrentarme al juicio de los creyentes y recibir las recompensas eternas que quieras darme. En el nombre de Jesús, amén.

Proclama: Agradar a Dios es mi mayor prioridad en la vida. Él está obrando en mí para que yo quiera y pueda hacer lo que le agrada.

*Lo increíble acerca de Dios es
que, cuando lo temes, no le tienes
miedo a nada; pero cuando no
lo temes, tienes miedo a todo.*

—OSWALD CHAMBERS

12 | HIPOCRESÍA CONTAGIOSA

Es importante aclarar un punto importante acerca de la pareja cuya vida terminó de manera abrupta en el libro de Hechos. El asunto principal no fueron las acciones de Ananías y Safira; simplemente dieron una ofrenda en una reunión de iglesia. Dar un donativo financiero es algo piadoso, santo y precioso. El pecado estuvo en sus motivaciones: el deseo de aparentar algo.

Esto suscita una pregunta importante: ¿serán solo nuestras palabras y nuestras obras las que se examinarán en el tribunal de Cristo, o también estarán incluidos nuestros pensamientos y motivaciones?

Comencemos leyendo una advertencia que Jesús hizo a sus discípulos:

Entre tanto, una multitud de miles y miles se había reunido, tanto que se atropellaban unos a otros. Jesús comenzó a hablar primero a Sus discípulos: «Cuídense de la levadura de los fariseos, que es la *hipocresía*. Nada hay encubierto que no haya de ser revelado, ni oculto que no haya de saberse». (Lucas 12:1-2, énfasis añadido)

Hay mucha información en estos dos versículos. Imagina que eres un ministro del evangelio y se junta una multitud de «miles y miles» para escucharte. ¡Es el sueño de la mayoría de los predicadores! Sin embargo, ¿qué hace Jesús? No susurra a su equipo: «Muchachos, esto es lo que vine a hacer.

¡Apártense para que pueda hacer lo que mejor se me da!». No. En lugar de eso, hace tres cosas:

En primer lugar, utiliza la oportunidad para darles un mensaje ilustrado acerca de *cómo no dejarse llevar por el momento*. Les advierte a estos futuros líderes, mediante su ejemplo y su enseñanza, acerca de la *hipocresía*. La palabra griega es *hupókrisis,* y se define como «aparentar tener determinados propósitos o motivaciones, teniendo en realidad otros muy diferentes».[1]

Los fariseos eran hipócritas expertos; hacían las cosas para aparentar y simular. Jesús les advierte para que no caigan en esta trampa manteniendo sus motivaciones puras. En esencia, les dice que no dejen que la fama o la aprobación del hombre los motive, sino que sean guiados por el Espíritu, manteniéndose firmes en la verdad de lo que enseñan y lo que viven cada día.

En segundo lugar, Jesús señala cuán rápidamente se puede extender la hipocresía. La compara con la levadura que se extiende por la masa y hace que todo el pan suba. La ilustración de Jesús indica que la hipocresía es contagiosa, pero a diferencia de la levadura, resulta muy dañina para nuestro bienestar.

En tercer lugar, afirma enfáticamente que la hipocresía no puede mantenerse oculta. Lo cierto es que las intenciones que hay detrás de las palabras y las acciones al final saldrán a la luz. Su siguiente declaración nos muestra lo que nos protege de las motivaciones impuras:

> Así que Yo les digo, amigos Míos: no teman a los que matan el cuerpo, y después de esto no tienen nada más que puedan hacer. Pero Yo les mostraré a quién deben temer: teman a Aquel que, después de matar, tiene poder para arrojar al infierno; sí, les digo: ¡A Él, teman! (Lucas 12:4-5)

Jesús, una vez más, utiliza expresiones bastante fuertes para hablar del *temor*. La palabra es *phobéō*, que está relacionada con *phóbos,* la cual fue nuestra palabra resaltada en el capítulo anterior. *Phobéō* se define como «infundir temor, aterrorizar, atemorizar». Jesús vincula el «arrojar al infierno» con ignorar el temor de Dios. Esta es una reflexión aterradora que no debemos tomar a la ligera. Insisto, vemos la importancia del temor de Dios, y una vez más se confirma que es algo más que adoración reverente.

Jesús nos dice que temamos a Dios, no a las personas. En otras palabras, *el temor de Dios nos libera del temor del hombre, y el temor del hombre nos esclaviza al robarnos la capacidad de temer a Dios.* No te equivoques: cuando tememos a las personas, nuestras motivaciones se verán afectadas. Piensa en el «temor del hombre» como si fuera similar al «temor de Dios». No significa necesariamente que nos alejemos corriendo de las personas, sino que implica el deseo de agradar a aquellos que están a nuestro alrededor teniendo como motivación subyacente la satisfacción personal, la protección, u obtener algún beneficio. El temor del hombre nos rodea de la levadura de la hipocresía, y nos conduce a vivir por y para la aprobación del hombre.

Repito: las acciones de Ananías y Safira parecían irreprochables, pero su motivación los impulsó a proyectar cierta imagen ante su comunidad, y eso los llevó a la ruina. Las personas pueden hacer y decir cosas santas, pero sin temor de Dios pecan por sus motivaciones.

Cuando servía en mi iglesia local, en la década de los ochenta, estaba completamente atado por el temor del hombre. No me di cuenta hasta que el Espíritu Santo sacó a la luz mis motivaciones. En ese momento tenía un puesto de perfil alto en nuestra megaiglesia. Yo siempre era amable con aquellos con quienes me relacionaba, y siempre hacía cumplidos a las personas, aunque no reflejaran la realidad. Odiaba la confrontación y la esquivaba como si fuera una plaga. Empezaron a circular reportes de que yo era uno de los hombres más amables de la iglesia, y eso me produjo alegría y satisfacción.

Un día, cuando estaba orando, escuché que el Señor me decía: «Hijo, las personas dicen que eres un hombre amable y bondadoso». Recuerdo claramente el modo en que Él susurró eso en mi corazón; no sentí que su tono fuera de reafirmación.

Por lo tanto, dije con cautela: «Sí, eso dicen».

Él respondió: «¿Sabes por qué hablas con amabilidad y haces cumplidos, aunque no sean ciertos?».

«¿Por qué?».

«Porque tienes temor a su rechazo. Entonces, ¿dónde está el enfoque de tu amor? ¿En ti o en ellos? Si realmente amaras a las personas, dirías la verdad y no mentirías, incluso a riesgo de ser rechazado». Yo estaba sorprendido. Todos pensaban que yo era un hombre bondadoso, pero la realidad detrás de eso era otra.

Del mismo modo, los miembros de la iglesia primitiva seguramente consideraban que Ananías y Safira eran personas consagradas, en especial cuando él llevó una ofrenda importante al pastor ante la asamblea. Sin embargo, sus motivaciones reales salieron a la luz. Mis motivaciones también eran la autopromoción, la autoprotección y la recompensa propia. La hipocresía era la realidad que estaba detrás de mi comportamiento.

Es fácil hacer obras piadosas y altruistas ante un mundo que observa mientras escondemos motivaciones egoístas. Podemos impactar a una multitud entera con un mensaje extraordinario sobre el evangelio, pero en nuestro interior estar motivados por la ambición egoísta (Filipenses 1:15-16). Podemos dar ofrendas enormes a los pobres, pero hacerlo sin amor (1 Corintios 13:3). Podemos dirigir a la gente en alabanza, pero tener la intención oculta de ser conocidos o famosos. Podemos ser amables cuando nos relacionamos con la gente, pero criticar y juzgar a otros interiormente. Podemos reiterar nuestra tristeza por un pastor que ha tenido que renunciar por un fracaso moral, pero por dentro alegrarnos de que recibió lo que merecía. Podemos aparentar ser humildes y decir: «Toda la gloria es para Dios», pero por dentro disfrutar de la alabanza y la admiración. La lista es infinita.

Esta es la cruda realidad: en primer lugar, no podemos ocultarle a Dios ninguna motivación o intención; y, en segundo lugar, al final saldrán a la luz. La pregunta importante es la siguiente: ¿somos capaces de verlas? El temor del Señor nos mantiene en contacto con las motivaciones de nuestro corazón, lo cual es muy importante porque la falta de ese temor nos deja vulnerable al engaño de la hipocresía.

Todas las personas de la iglesia se sorprendieron ante el juicio de Ananías, pero no más que el propio Ananías y más tarde su esposa Safira. La falta de temor de Dios de la pareja los cegó a la maldad de sus propias motivaciones. De nuevo, debemos preguntarnos: ¿es esta historia un anticipo del tribunal de Cristo? Lo descubriremos en el siguiente capítulo.

Aplicación personal

Pasaje: «Porque la palabra de Dios es viva y eficaz, y más cortante que toda espada de dos filos [...] y discierne los pensamientos y las intenciones del corazón» (Hebreos 4:12, RVR-60).

Punto: El temor del Señor nos mantiene en contacto con las motivaciones de nuestro corazón, lo cual es muy importante, porque la falta de ese temor nos deja vulnerables al engaño de la hipocresía.

Piensa: ¿Tiendo a agradar a los demás guiado por la motivación subyacente de obtener satisfacción personal, protección o algún otro beneficio? ¿De qué modo? ¿Tiendo a hacerlo más cuando estoy bajo presión? ¿En qué áreas me ha hecho eso comprometer mi integridad?

Ponte a orar: Amado Padre celestial, te pido perdón por buscar agradar a otros para obtener un beneficio personal. Espíritu Santo, te pido que saques a la luz todas las áreas de mi vida en las que cedo fácilmente ante esta presión. Me arrepiento de hacer de las personas mi fuente de gozo y alegría en lugar de hacer que esa fuente sea Jesús. Te pido que llenes mi corazón de temor santo para que pueda amar verdaderamente a los demás y para no caer en hipocresía. En el nombre de Jesús te lo pido, amén.

Proclama: Amaré a aquellos con los que me relacione diciendo la verdad y buscando su beneficio por encima del mío.

Porque todos nosotros debemos comparecer, tal y como somos, ante el tribunal de Cristo.

—2 CORINTIOS 5:10 (TRADUCCIÓN LIBRE AMPC)

13 | TRES IMÁGENES

Mira con detenimiento la frase «tal y como somos» en el versículo de la página anterior. Todos los seres humanos tenemos tres imágenes de nosotros mismos: la *percibida*, la *proyectada* y la *real*.

Nuestra imagen *percibida* hace referencia a cómo nos ven los demás. Nuestra imagen *proyectada* es cómo queremos que nos vean los demás. Nuestra imagen *real* es cómo somos realmente y, aunque podemos ocultarla de los demás, para Dios es completamente visible. Así es como estaremos ante todos en el tribunal de Cristo.

Piensa en Jesús; fue incomprendido, acusado falsamente, catalogado de borracho y glotón, etiquetado como hereje, e incluso acusado de ser inspirado por demonios. Los líderes religiosos no fueron los únicos que lo rechazaron, y su imagen *percibida* no era positiva ante los ojos de muchos, en especial de las personas influyentes.

Los hermanastros de Jesús (que en ese momento eran escépticos) lo presionaban para que viviera basándose en su imagen *proyectada*: «Sal de aquí, y vete a Judea para que también Tus discípulos vean las obras que Tú haces», se burlaron. «Porque nadie hace nada en secreto cuando procura ser *conocido* en público [...] muéstrate al mundo» (Juan 7:3-4). Ellos estaban controlados por las opiniones de los demás y querían poner a Jesús bajo esa misma esclavitud: el temor del hombre.

Sin embargo, la imagen *real* de Jesús es bastante diferente a la que muchos *percibieron*, ya que «Él es la imagen del Dios invisible» (Colosenses 1:15). Aunque muchos lo rechazaban, Dios todopoderoso afirmó lo siguiente con voz audible: «Este es Mi Hijo amado en quien me he complacido» (Mateo 3:17). La imagen *percibida* de Jesús no es la que perduró, sino su imagen *real*.

Mientras estaba en la tierra, Él rechazó cualquier tipo de autopromoción o cualquier esfuerzo por hacer famoso su nombre. Cuando sanaba enfermos, a menudo les decía: «Miren que nadie *lo* sepa» (Mateo 9:30). Evitaba la popularidad, la notoriedad, las alabanzas y la aprobación de los hombres.[1] Cuando la gente quiso hacerle rey, Él se retiró. No tenía fachada ni había en Él falsedad o engaño. Se deleitaba en el temor del Señor, lo cual mantenía su enfoque puesto en el Padre.

También nosotros deberíamos ser como Jesús. La libertad se encuentra cuando vivimos de acuerdo a nuestra verdad interior, evitando la autopromoción o la autopreservación. En Adán y Eva encontramos el origen del comportamiento egoísta. La historia relata que, en el momento en que cayeron, «... fueron abiertos los ojos de ambos, y conocieron que estaban desnudos» (Génesis 3:7). Quitaron el enfoque de Dios y lo pusieron en sí mismos, intentando solucionar los problemas con los que acababan de encontrarse. La primera pareja intentó *cubrir* su desnudez. En nosotros, el problema podría manifestarse de otro modo, pero la raíz es la misma. Si estoy enfocado en mí mismo, buscaré proyectar una imagen que *cubra* mis deficiencias. Jesús dio su vida para librarnos de esta esclavitud. Pablo escribe: «Porque no nos atrevemos a contarnos ni a compararnos con algunos que se alaban a sí mismos; pero ellos, midiéndose a sí mismos por sí mismos, y comparándose consigo mismos, no son juiciosos» (2 Corintios 10:12, RVR-60).

Si cedemos ante la presión de la comparación, resaltaremos nuestros defectos y, por consiguiente, nos autopromocionaremos o nos autoprotegeremos, y todo comienza con nuestras motivaciones e intenciones. En el mundo de hoy, nuestra imagen *percibida* tiene más peso que nuestra imagen *real*. Dicho de otra manera, haremos lo posible por proteger nuestra reputación. Nuestros esfuerzos se centrarán en las apariencias, el estatus, los títulos, la popularidad, la aceptación, la reputación y demás, porque estas cosas *cubren* nuestras deficiencias.

Eso no es lo que será revelado y examinado en el juicio; en cambio, nuestra imagen *real*, que se centra en nuestras motivaciones e intenciones, será revelada.

Así que, no juzguéis nada antes de tiempo, hasta que venga el Señor, el cual aclarará también *lo oculto* de las tinieblas, y manifestará las *intenciones de los corazones*; y entonces cada uno recibirá su *alabanza* de Dios. (1 Corintios 4:5, RVR-60, énfasis añadido)

Muchos desechan este pasaje porque creen que aplica solo al juicio de los incrédulos. Eso no es cierto, ya que ningún incrédulo recibirá alabanza en su juicio. Esto solo puede referirse a los creyentes.

Cuando entiendes que todo «lo oculto» y las «intenciones de los corazones» serán reveladas ante toda la asamblea del cielo, seguramente sentirás un temor saludable. Esta podría ser una de las razones por las que Pablo se refiere al juicio de los creyentes como «el temor del Señor». Nuestra consciencia de esa realidad crea en nosotros un temor santo que a su vez nos mantiene a raya y nos permite vivir en base a nuestra imagen *real*. Sin embargo, lo opuesto también es cierto: mientras menos temor del Señor tengamos, más nos apoyaremos en nuestra imagen *proyectada*.

Esta fue la trampa mortal de Ananías y Safira. Les importaba más cómo serían *percibidos* por aquellos que veían como rivales, amigos, miembros de la iglesia y líderes.

Para que sea más fácil identificarnos con la historia, imaginemos el proceso que condujo a su caída como si hubiera ocurrido en nuestros tiempos. La iglesia había abierto hacía solo unos meses, y los apóstoles y los miembros estaban observando quiénes se levantarían como líderes en diferentes áreas.

Para esta pareja, el día en el que recibieron a Jesús y fueron perdonados de sus pecados fue muy feliz. Estaban abrumados por el amor de Dios y la comunidad de compañeros creyentes.

Sin embargo, su enfoque cambió con el tiempo. Lo interesante es que seguramente comenzó cuando Dios empezó a obrar a través de ellos: tal vez dieron una ofrenda, una exhortación o cantaron en el grupo de alabanza; las posibilidades son infinitas. Disfrutaban de la satisfacción que produce que el servicio sea reconocido. Las endorfinas comenzaron a fluir y les produjeron sentimientos emocionantes de alegría y satisfacción.

Su reconocimiento fue en aumento. Sin embargo, para mantener su reputación recién creada, debían *cubrir* algunos comportamientos dudosos con palabras y acciones aparentemente inofensivas. Tal vez se vieron envueltos en un desacuerdo intenso en su hogar que se transformó en una larga pelea. Su enojo y sus disputas se intensificaron y se extendieron en el tiempo, pero cuando llegó el momento de reunirse con los demás creyentes modificaron su comportamiento para *cubrir* su deficiencia. La pareja no quería que sus iguales vieran sus desacuerdos y sus conflictos, los cuales amenazarían su imagen *percibida*, así que *proyectaron* una actitud de amor y cuidado el uno hacia el otro.

Publicaron fotografías y videos en Instagram y TikTok abrazándose, sonriendo, y disfrutando juntos de actividades divertidas. Las publicaciones decían cosas como las siguientes: «esto es vida» o «la pareja ideal» o «¡Me encanta hacer vida con ella [o él]!». Había muchas publicaciones que mostraban su vida de éxito (que en realidad estaba afectada), su próspero negocio (que estaba en recesión), sus preciosos hijos (que tenían actitudes desafiantes, privilegiadas y egoístas) y otros éxitos. Parecía funcionar, porque su número de seguidores en las redes sociales crecía rápidamente.

Ananías y Safira se habían metido en un ciclo de mantener fuerte su imagen *proyectada*. Todo lo que estaban haciendo parecía inofensivo, pero su temor de Dios iba menguando con cada acto hipócrita. Su doble moral ya no les producía convicción, y todo parecía ir bien. Además, disfrutaban de una buena reputación, parte de la cual era ser los más generosos de la iglesia.

Llegó el día en el que Bernabé llevó su ofrenda ante la iglesia. La atención de sus iguales se desvió repentinamente de ellos; les habían superado, y su imagen *percibida* había sido amenazada. Lamentablemente, en este punto el énfasis en la imagen que habían creado ya estaba muy desarrollado. El resto es historia.

Todo parecía inofensivo e inspirador para los demás, pero los llevó por un camino peligroso y destructivo. ¿Dejó registrado el Espíritu Santo el destino de esta pareja en las Escrituras para advertirnos y darnos un adelanto de cuán serio será el tribunal de Cristo? Pablo escribe:

> Los pecados de algunos hombres ya son evidentes, yendo delante de
> ellos al [tribunal del] juicio y proclamando por adelantado su sentencia;

pero a otros, sus pecados los siguen y aparecen después [esperando hasta el tribunal para ser revelados]. (1 Timoteo 5:24, traducción libre AMPC)

El pecado de Ananías y Safira fue expuesto ante todos en aquel día memorable. Su juicio se proclamó por adelantado; sin embargo, lo que debería preocuparnos es que los pecados de la mayoría serán revelados más adelante. Recordemos que el veredicto de Dios tenía que ver con sus motivaciones ocultas, no con sus acciones.

La buena noticia es que podemos arrepentirnos de nuestras motivaciones ocultas, y Dios no solo nos perdonará, sino que también nos bendecirá con motivaciones puras si clamamos a Él pidiéndole que nos dé temor santo y renueve nuestra mente a través de las Escrituras.

Aplicación personal

Pasaje: «Pues no hay nada oculto que no haya de ser manifiesto, ni secreto que no haya de ser conocido y salga a la luz» (Lucas 8:17).

Punto: Todos los seres humanos tienen tres imágenes: la imagen *percibida*, la imagen *proyectada* y la imagen *real*.

Piensa: ¿Qué imagen tiendo a poner en el centro? ¿Vivo poniendo la verdad por delante, o miento o digo cosas engañosas para proteger mi reputación? ¿Soy honesto y directo con aquellos con los que tengo relación?

Ponte a orar: Me arrepiento por hacer más énfasis en mi imagen proyectada y percibida que en mi imagen real. He comprometido mi integridad, por lo que te pido perdón. Purifica mis motivaciones e intenciones, y que mi enfoque gire alrededor de Jesús y de los demás, no de mí mismo.

Proclama: Permitiré que la espada de doble filo de la Palabra de Dios revele los pensamientos y las intenciones de mi corazón.

El temor a la muerte y al juicio
se aleja de nosotros a medida
que el verdadero temor de Dios
entra, y ese temor no trae consigo
tormento, sino que es un yugo fácil
y ligero para el alma, el cual nos da
descanso en lugar de agotamiento.

—A. W. TOZER Y HARRY VERPLOEGH

14 | DECISIONES ETERNAS

Si la comparamos con la eternidad, esta vida es fugaz; pero, si somos más exactos, nos daremos cuenta de que esta vida no es nada, ya que las matemáticas más simples dicen que cualquier número finito dividido por infinito es cero. Por lo tanto, unos noventa años comparados con la eternidad no son nada. A la luz de esta sorprendente realidad, es sabio prepararse para la eternidad.

Las decisiones que Jesús tome acerca de cada uno de nosotros en el tribunal de Cristo serán *eternas* (Hebreos 6:1-2). Dicho de otro modo, nunca se harán cambios, revisiones o alteraciones sobre sus sentencias. En esencia, la decisión que tomemos con respecto a la cruz determinará *el lugar* donde pasaremos la eternidad, pero *el modo* en que vivimos como creyentes determinará *cómo* viviremos en esa eternidad.

Demasiadas personas piensan que el cielo es nada más que una experiencia incorpórea de amor, paz y nada de sufrimiento. Creen que los santos serán entes etéreos que flotan en las nubes, tocan el arpa y comen uvas. Hay otros que ven el cielo como una eterna y monótona reunión de alabanza y adoración. Bajo esa perspectiva, es difícil emocionarse por esa existencia eterna y tediosa.

Pero todos son mitos, no tienen base en las Escrituras. Lo mejor de esta vida es solo una sombra de lo eterno. Habrá comunidades que organizar, ciudades que construir, naciones que supervisar, galaxias que explorar y

Tal como somos

desarrollar, y un sinfín de cosas que coinciden con el potencial que Dios puso en nosotros cuando nos creó. Hay puestos de responsabilidad que deben ser cubiertos en la ciudad eterna del Señor; por lo tanto, piensa en el tribunal de Cristo como la entrevista y la evaluación que determinan tu puesto eterno en la capital del nuevo cielo y la tierra nueva.

Con esto en mente, volvamos a analizar el modo en que nuestro aquí y ahora será examinado en el tribunal de Cristo:

> Porque todos nosotros debemos comparecer ante el tribunal de Cristo, tal y como somos, para que cada uno reciba [su recompensa] de acuerdo con lo que hizo estando en el cuerpo, sea bueno o sea malo [teniendo en cuenta cuáles fueron sus propósitos y motivaciones, lo que ha logrado, lo que ocupó su tiempo, y las cosas a las que se entregó para conseguirlas]. (2 Corintios 5:10, traducción libre AMPC)

Como creyentes, nuestros pecados (que nos habrían condenado al infierno) han sido erradicados por la sangre de Jesús y olvidados para siempre (Hebreos 8:12). Sin embargo, existen comportamientos buenos y malos por los que tendremos que dar cuentas en el juicio de los creyentes. Esto debería llamar nuestra atención.

El vocablo *malo* es la palabra griega *kakós*, que se define como «relativo a ser malo, con la connotación de dañino o nocivo» y «retroceder, retirarse, replegarse en la batalla». Esta palabra implica un efecto dañino que puede ser causado no solo por lo que hacemos, sino también por retroceder o retirarse; dicho de modo más sencillo, por lo que *no* hacemos. Por lo tanto, engloba no solo lo que hicimos, sino también las oportunidades perdidas. El temor de Dios nos mantiene alerta con respecto a las responsabilidades del reino y a cualquier motivación o comportamiento adverso que daña la vida de aquellos que Dios ama.

A menudo, las Escrituras dicen que somos «obreros». Podríamos verlo como ser subcontratistas que construyen la casa de Dios, hecha a medida, en la que Él vivirá para siempre. Su casa tiene un nombre: Sión (Salmos 132:13-14), sus materiales son piedras vivas: todos los santos (1 Pedro 2:5), y Jesús es la piedra angular (Isaías 28:16).

Pablo identifica nuestras tareas claramente: «Porque somos hechura suya, creados en Cristo Jesús para buenas obras, las cuales Dios preparó de antemano para que *anduviésemos* en ellas» (Efesios 2:10, RVR-60, énfasis añadido). Fíjate que Pablo dice *anduviésemos*, no *pudiéramos* llevar a cabo estas tareas. Si nos retiramos de nuestras tareas decidiendo vivir en base a motivaciones egoístas para obtener beneficios temporales, eso sería hacer lo «malo».

Pablo también escribe: «Pero cada uno tenga cuidado cómo edifica» (1 Corintios 3:10). Está claro que el modo en que construimos es muy importante. ¿Estamos construyendo con su Palabra eterna, o estamos haciendo caso al espíritu de este siglo? ¿Estamos construyendo por medio de su Espíritu, o estamos haciendo caso a nuestros deseos egoístas? Pablo continúa:

> Ahora bien, si sobre este fundamento alguien edifica con oro, plata, piedras preciosas, madera, heno, paja, la obra de cada uno se hará evidente; porque el día la dará a conocer, pues con fuego *será* revelada. El fuego mismo probará la calidad de la obra de cada uno. (1 Corintios 3:12-13)

Hay varias maneras en las que podemos decidir gastar el tiempo, que Dios nos concedió. Vivir construyendo a favor de nuestro propio beneficio (lo temporal) es como construir con materiales inflamables. Vivir desinteresadamente para construir su reino eterno es construir con materiales puros e indestructibles. El fuego que examine nuestra vida será la Palabra de Dios; dicho de otra forma, ¿en qué medida nuestras motivaciones, palabras y acciones estaban en consonancia con ella?

Pablo llega a decir: «Si permanece la obra de alguien que ha edificado sobre *el fundamento*, recibirá recompensa» (1 Corintios 3:14). Si nuestra conducta y nuestras acciones surgen de la obediencia a su Palabra y su voluntad para nosotros, nuestros logros durarán para siempre. Hay dos cosas que debemos tener en cuenta: primero, que nuestros logros incluirán el modo en que influenciamos la vida de los demás, así como si usamos los dones que Dios nos dio para edificar su reino. Segundo, nuestra recompensa eterna determinará nuestro puesto en su reino.

Las siguientes palabras de Pablo son fascinantes:

Si la obra de alguien es consumida por el fuego, sufrirá *pérdida*; sin embargo, él será *salvo*, aunque así como a través del fuego. (1 Corintios 3:15, énfasis añadido)

Hay mucho que analizar en este versículo. En primer lugar, fíjate que el obrero se *salva*. Este pasaje no es sobre un incrédulo que es condenado al lago de fuego para siempre, sino sobre alguien que vivirá para siempre en el reino de Dios.

En segundo lugar, sufrirá pérdida. La palabra griega que se utiliza aquí puede significar castigo o pérdida. La mayoría de los estudiosos no creen que signifique castigo, y yo tampoco. Sin embargo, la palabra sugiere una sensación de profunda pérdida. Recordemos que esta pérdida intensa no solo será en el juicio, sino que también afectará cómo viviremos para siempre.

En tercer lugar, la comparación es la de alguien que escapa como a través del fuego. Intentemos modernizar esta imagen. Los occidentales suelen prepararse para la jubilación (yo personalmente no estoy de acuerdo con esa mentalidad, ya que la jubilación tiene que ver con retirarse de una tarea; una de las definiciones de «malo» [*kakós*]. Sin embargo, como es algo con lo que la gente puede identificarse usaré la jubilación con fines ilustrativos).

Imagina que el día que alguien se jubila, el banco se va al traste. Todos los ahorros del jubilado se han perdido, y lo único que tiene es el dinero suelto que llevaba en la cartera. Ese mismo día, la Seguridad Social y las empresas que eran dueñas de sus fondos de pensiones entran en bancarrota. No solo eso, sino que la casa del jubilado se quema y él consigue escapar con lo puesto. Lo perdió todo, y podríamos decir que la situación es un desastre. Sin embargo, esta es la descripción que Pablo utiliza para narrar la manera en que algunos creyentes entrarán a la eternidad. Y no es por un periodo de veinticinco años (la duración promedio de la jubilación); es por toda la eternidad.

Repito, Pablo dice que el creyente es salvo, pero todo se ha quemado y ha perdido todo. Recordemos que es un juicio eterno. Por favor, no me malinterpretes: ser salvo no es algo insignificante; por supuesto que es mejor que perderse en el lago de fuego por toda la eternidad. Todos nos gozaremos increíblemente, pero quedará la sensación de lo que podría haber sido.

No me extraña que, después de eso, Pablo diga: «Conociendo, pues, *el temor del Señor*, persuadimos a los hombres» (2 Corintios 5:11, RVR-60, énfasis añadido). Por favor, entiende mi intención: mi esperanza es que este temor santo del que Pablo habla te persuada a no perder el tiempo en cosas que no te benefician, o que lo gastes enfocándote en tu imagen proyectada y percibida. Mi deseo es que puedas dedicar el regalo del tiempo que has recibido a obedecer su Palabra y su Espíritu.

Aplicación personal

Pasaje: «Porque es necesario que todos nosotros comparezcamos ante el tribunal de Cristo, para que cada uno reciba según lo que haya hecho mientras estaba en el cuerpo, sea bueno o sea malo. Conociendo, pues, el temor del Señor, persuadimos a los hombres» (2 Corintios 5:10-11).

Punto: La decisión que tomemos con respecto a la cruz determinará *el lugar* donde pasaremos la eternidad, pero el modo en que vivimos como creyentes determinará *cómo* viviremos en esa eternidad.

Piensa: ¿Me enfoco cada día en construir para lo eterno (invertir en la vida de los demás poniendo por delante la verdad y el amor), o utilizo mi fuerza, mis energías y mi tiempo para construir para mi propio beneficio?

Ponte a orar: Amado Padre celestial, perdóname por utilizar mi atención, mi energía, mi fuerza y mi tiempo en construir para lo temporal. Te pido que me enseñes cómo construir para el reino de Jesús a diario. Por favor, dame la capacidad para causar un impacto en la eternidad de otras personas. Gracias en el nombre de Jesús, amén.

Proclama: Buscaré y aprovecharé oportunidades eternas, no solo las que se terminarán junto con esta vida.

Santidad
irresistible

SEMANA 3

La persona carnal teme al hombre, no a Dios. El cristiano fuerte teme a Dios, no al hombre. El cristiano débil teme demasiado al hombre y muy poco a Dios.

—JOHN FLAVEL

15 | EL TEMOR DEL HOMBRE

La verdadera santidad es pertenecer a Dios completamente. Una definición principal de santidad es «apartados para Dios».[1] El significado es tan amplio que se podrían escribir volúmenes enteros sobre él. Aquí veremos algunos de los aspectos importantes, ya que el temor de Dios es uno de los fundamentos de la santidad. Pero antes de embarcarnos en ese viaje, es importante dejar algo claro desde el principio: la auténtica santidad no es un cautiverio; es libertad verdadera.

Es muy posible que el juicio de Ananías y Safira sea un preludio de lo que algún día enfrentarán todos los seres humanos: el juicio. La pregunta que surge es: ¿constituye esta pareja un ejemplo de aquellos que sufrirán una «pérdida» en el cielo o fueron al Hades?

El versículo que se utiliza con frecuencia para explicar la condenación eterna de esta pareja se encuentra más atrás en los evangelios, y son palabras de Jesús: «Pero cualquiera que blasfeme contra el Espíritu Santo, no tiene jamás perdón, sino que es reo de juicio eterno» (Marcos 3:29, RVR-60). El error de esta explicación es evidente al analizar la definición de *blasfemar*, que significa «hablar de alguien con el objetivo de dañar o ensuciar su reputación».[2] Esta pareja *mintió* al Espíritu Santo, pero según esta definición, no *blasfemó*. Su destino eterno sigue siendo una incógnita. De todas formas, ninguno de nosotros debería envidiar su desenlace.

Entonces, ¿tenemos en las Escrituras algún ejemplo de alguien que sepamos que está en el cielo, pero que sufrirá alguna pérdida en el tribunal de Cristo? Yo creo que sí. Permíteme empezar a exponerlo con las palabras de Pablo:

Porque ¿busco ahora el favor de los hombres o el de Dios? ¿O me esfuerzo por agradar a los hombres? Si yo todavía estuviera tratando de agradar a los hombres, no sería siervo de Cristo. (Gálatas 1:10)

Qué declaración más contundente. Renunciamos al privilegio de ser siervos de Cristo si sucumbimos ante la tentación de buscar la popularidad. Al hacerlo, proyectaremos la imagen que sea necesaria para que nos perciban de modo favorable. Pablo no quería tener nada que ver con esto, nosotros tampoco deberíamos.

Pablo vivía con unos niveles altos de temor de Dios; recuerda que es él quien escribió: «ocupaos en vuestra salvación con temor y temblor» (Filipenses 2:12, RVR-60). Él se mantuvo enfocado en su imagen *real* (aquella que será revelada en el juicio) y no en su imagen *proyectada*. Esto le mantenía anclado en la verdadera santidad y obediencia a Cristo, incluso cuando se encontró con la decepción, la desaprobación o el rechazo de los demás.

Deberíamos mantener esta verdad siempre presente: *¡Servirás a quien temas!* Si temes a Dios, obedecerás a Dios. Si temes al hombre, al final obedecerás los deseos del hombre. A menudo, nos preocupamos más por no ofender a la persona que tenemos delante que a Aquel a quien no vemos físicamente, en especial si deseamos el amor o la amistad de esa persona. Por eso se nos dice: «Temer a los hombres resulta una trampa» (Proverbios 29:25, NVI); una trampa en la que cayeron Ananías y Safira.

Imagino que el fuego que ardía en el interior de Pablo se avivó cuando se reunió con otros líderes, motivándolo a escribir estas polémicas palabras más adelante en esta misma carta:

Pero cuando Pedro llegó a Antioquía, tuve que enfrentarlo cara a cara, porque él estaba muy equivocado en lo que hacía. Cuando llegó por primera vez, Pedro comía con los creyentes gentiles, quienes no estaban circuncidados; pero después, cuando llegaron algunos amigos de Santiago, Pedro no quiso comer más con esos gentiles. Tenía miedo a la crítica de los que insistían en la necesidad de la circuncisión. Como resultado, otros creyentes judíos imitaron la hipocresía de Pedro, e incluso Bernabé se dejó llevar por esa hipocresía.

Cuando vi que ellos no seguían la verdad del mensaje del evangelio, le dije a Pedro delante de todos los demás: «Si tú, que eres judío de nacimiento, dejaste a un lado las leyes judías y vives como un gentil, ¿por qué ahora tratas de obligar a estos gentiles a seguir las tradiciones judías?». (Gálatas 2:11-14, NTV)

Pedro, Bernabé y los demás creyentes judíos tenían miedo de recibir desaprobación de parte de aquellos a quienes admiraban. Su deseo de ser aceptados los condujo a comportarse de modo hipócrita; primero Pedro, y después los demás. Su imagen *proyectada* se volvió más importante que su integridad, llevándolos a un comportamiento que no era santo. Otra versión de Proverbios 29:25 nos dice: «Preocuparse por lo que los demás dicen de ti es peligroso» (traducción libre GNT).

Pablo, que mantuvo su integridad, reprendió a Pedro a la cara, así como a Bernabé y a todos los demás que cedieron ante la presión de los judíos. Pablo señaló que, si los líderes judíos conservadores no estaban presentes, Pedro y los demás vivían de acuerdo con la verdad: su imagen *real*. Entonces podían ser verdaderos representantes de Jesucristo; aceptando, amando y conviviendo con los nuevos creyentes gentiles. Pero una vez que la dinámica cambió, Pedro y sus amigos pasaron a *proyectar* una imagen que agradara a sus contemporáneos. Las consecuencias de su comportamiento no edificaban a los demás, sino que los dañaban.

Pedro es un santo; está en el cielo. Sin embargo, este es un ejemplo de las motivaciones, palabras y acciones malas o incorrectas que serán examinadas en el tribunal de Cristo. Si vivimos con la meta constante de agradar a Jesús, no dejaremos que la forma en que los demás nos *perciban* nos controle; en lugar de eso, viviremos en la verdad. Este es un aspecto importante de la verdadera santidad. Lee estas palabras detenidamente:

Pues la palabra de Dios es viva y poderosa. Es más cortante que cualquier espada de dos filos; penetra entre el alma y el espíritu, entre la articulación y la médula del hueso. Deja al descubierto nuestros pensamientos y deseos más íntimos. No hay nada en toda la creación que esté oculto a Dios. Todo está desnudo y expuesto ante sus ojos; y es a él a quien rendimos cuentas. (Hebreos 4:12-13, NTV)

¿Has dejado que esas palabras penetren en tu interior? Si las leíste por encima porque ya estabas familiarizado con ellas, léelas de nuevo detenidamente y medita en cada afirmación.

Fíjate que la Palabra de Dios penetra en lo profundo de nuestros pensamientos y deseos. Revela quién somos en realidad, no lo que proyectamos que somos. Si la escuchamos y obedecemos, la Palabra de Dios nos protege del autoengaño, por ejemplo el pensamiento de que «el Señor no nos ve», el cual conduce a un comportamiento impío o profano.

Hacer caso a la Palabra de Dios mantiene activo el temor del Señor en nuestros corazones. Nos mantiene plenamente alertas al hecho de que «No hay nada en toda la creación que esté oculto a Dios. Todo está desnudo y expuesto ante sus ojos» (Hebreos 4:13, NTV). Ahora entendemos mejor por qué el Espíritu Santo nos aconseja:

Hijo mío, si recibieres mis palabras, y mis mandamientos guardares dentro de ti, haciendo estar atento tu oído a la sabiduría; si inclinares tu corazón a la prudencia, si clamares a la inteligencia, y a la prudencia dieres tu voz; si como a la plata la buscares, y la escudriñares como a tesoros, entonces entenderás el temor de Jehová, y hallarás el conocimiento de Dios. (Proverbios 2:1-5, RVR-60)

Es muy sabio dejar que su Palabra reine en nuestro interior: el lugar de donde surgen nuestras motivaciones e intenciones. Cuando vemos la Palabra de Dios como el mayor tesoro que pudiéramos encontrar y obedecemos lo que en ella es revelado, entramos en la *zona segura*. Cuando buscamos de todo corazón conocer sus caminos, como si no hubiera recompensa mayor, entonces entendemos y conocemos el temor del Señor y huimos del engaño de proyectar una imagen falsa. Entonces tendremos la capacidad de vivir en integridad y verdad, así como tener los pies plantados en el camino de la santidad.

Aplicación personal

Pasaje: «Al Señor de los ejércitos es a quien ustedes deben tener por santo. Sea Él su temor, y sea Él su terror. Entonces Él vendrá a ser santuario» (Isaías 8:13-14).

Punto: Servirás a quien temas. Si temes a Dios, obedecerás a Dios. Si temes al hombre, al final obedecerás los deseos del hombre. Si buscas obedecer los deseos de los demás, entonces ya no puedes ser un verdadero siervo de Jesucristo.

Piensa: ¿Por qué me esfuerzo más por no ofender a la persona que tengo delante que a Aquel que no veo físicamente? ¿Por qué busco amor, aceptación y amistad de las personas antes que de Dios? ¿Cómo puedo cambiar eso?

Ponte a orar: Amado Padre celestial, te pido que me perdones por las veces que he buscado la aprobación de los demás en lugar de la tuya. Jesús, me arrepiento de intentar caer bien a la gente por encima de tu aprobación. Decido ser santo, apartado para ti. Desde este momento en adelante, tú eres aquel a quien quiero complacer. En el nombre de Jesús, amén.

Proclama: Soy un siervo de Cristo. Busco su aprobación por encima de la de los demás.

Cuando el temor de Dios reina en el corazón de alguien, se verá el resultado en obras de caridad y piedad, y ninguna de las dos será una excusa para no hacer la otra.

—MATTHEW HENRY

16 | PRIVILEGIO

El libro de Gálatas se escribió alrededor del año 49 d. C., así que podemos concluir que la reprensión de Pablo a Pedro y los demás líderes judíos ocurrió antes de ese año. Más de una década después, en el año 63 d. C. aproximadamente, Pedro escribió su primera epístola. Estoy seguro de que esa confrontación, de la cual se había enterado toda la iglesia de los gálatas, estaba aún fresca en su memoria cuando escribió estas palabras:

> Pórtense como hijos obedientes, y no sigan los dictados de sus anteriores malos deseos, de cuando vivían en la ignorancia [...] Si ustedes llaman «Padre» a aquel que al juzgar se fija en lo que se ha hecho, y no en quién lo hizo, vivan el resto de sus vidas en *el temor de Dios*. (1 Pedro 1:14,17, RVC, énfasis añadido)

Es obvio que Pedro está escribiendo a creyentes: aquellos que se han negado a sí mismos, han sido crucificados al mundo, y están plenamente decididos a seguir a Jesús. Cualquier formato de conversión fuera de este fundamento no es auténtico (Mateo 16:24; Marcos 8:34; Lucas 9:23; Gálatas 6:14). Una vez que ocurre la regeneración, la naturaleza divina comienza a formarse en nuestro interior. Rendirnos a esta naturaleza nos libera de la esclavitud de nuestros sentidos, y somos empoderados para hacerlo por medio de su Espíritu y la Palabra de Dios revelada (2 Pedro 1:4).

El apóstol nos advierte que no volvamos a vivir conforme a nuestros propios deseos que antes nos controlaban. Uno de los mayores deseos que debemos negar y crucificar es la *autopreservación*. Es la motivación que está detrás de proyectar una imagen de nosotros mismos que sea favorable ante los demás; en otras palabras, el temor del hombre. Esta motivación impulsó no solo el comportamiento perjudicial de Pedro, sino también el de Ananías, Safira, Bernabé y otros.

Pedro advierte que si nos rendimos a estos deseos, seremos juzgados con resultado desfavorable, en esta vida o en la siguiente. Como contrapartida, seremos recompensados por mantenernos cerca de los deseos de Dios. En medio de estas instrucciones, hace una advertencia seria: *Dios no tiene favoritos*. Pensemos qué pudo haber detrás de ese comentario.

Jesús le había entregado al apóstol un poderoso ministerio. Era uno de los líderes más influyentes de la iglesia primitiva y, sin embargo, algunos años antes, mientras estaba en Antioquía, había caído, junto con los demás líderes judíos, en la trampa de servir a sus propios deseos. Tal vez la confrontación reveladora de Pablo propició una reflexión franca sobre sus propias motivaciones y acciones. En esencia, Pedro tuvo que enfrentarse al «porqué» de su hipocresía.

Puede que en ese enfrentamiento se haya replanteado el comportamiento erróneo de otros líderes bíblicos, como el rey Saúl y el rey David. Saúl desobedeció un mandamiento claro del cielo para ganarse el favor de su ejército: el temor del hombre. David cometió adulterio y después asesinó al esposo de la mujer para salvar su reputación: el temor del hombre. Ambos líderes fueron confrontados y ambos trajeron sobre sí algún tipo de juicio. Saúl perdió su reino; para David la espada nunca salió de su hogar. Al caer en la trampa de pensar que Dios los favorecía, ambos comprometieron límites personales saludables y, como resultado, se desviaron hacia un comportamiento impío o desobediente.

Pedro era consciente de cuán fácil eso puede ocurrir. Nos advirtió que evitemos los pensamientos de «privilegio», los cuales creemos que nos eximen del juicio, como, por ejemplo: «Yo trabajo diligentemente para Dios». «He sacrificado mucho para edificar su reino». «He pasado años intercediendo y orando». «He logrado muchas cosas como líder en la iglesia». Seamos sinceros: esos razonamientos engañosos no tienen fin, pero todos poseen el mismo fondo: *Yo tengo pase libre*. Esta mentalidad abandona el tesoro que es el temor de Dios.

Pedro comenzó a entender más profundamente el peso de las palabras de Jesús cuando dijo: «De la misma manera, cuando ustedes me obedecen, deben decir: "Somos siervos indignos que simplemente cumplimos con nuestro deber"». (Lucas 17:10, NTV). La palabra griega para «indigno» se define como «que no merece ningún tipo de alabanza ni tampoco condenación».[1] Nunca deberíamos caer en una actitud de privilegio, sin importar cuán diligentemente hayamos servido a Dios. Es una mentalidad engañosa que nos atrapa fácilmente a todos, especialmente a los líderes.

En sus cartas, Pedro ahora escribe con experiencia y revelación. Sabe que el antídoto para el temor del hombre es vivir en temor reverente. De nuevo, hace referencia a un profundo respeto y asombro. Nos da la clave que nos permite ser recompensados por Dios en lugar de ser juzgados con resultado desfavorable.

A la luz de esto, si examinamos las enseñanzas de Jesús acerca de «la puerta estrecha y el camino angosto», nos damos cuenta de una realidad sorprendente que muchos no ven.

«Entren por la puerta estrecha, porque ancha es la puerta y espacioso el camino que lleva a la perdición, y muchos son los que entran por ella. Pero estrecha es la puerta y angosto el camino que lleva a la vida, y pocos son los que la encuentran». (Mateo 7:13-14, RVC)

Jesús habla de la puerta estrecha, que la mayoría cree que es la entrada a la vida eterna a través del señorío de Jesús. Yo estoy de acuerdo.

Sin embargo, he descubierto que muchos creen que «el camino» es la senda del incrédulo que lleva a la destrucción. Pero, si observamos con detenimiento, veremos que lo más probable no es que esté hablando del camino que hay *antes* de la puerta, sino del camino que hay *después* de haberla cruzado. Leon Morris escribe: «Lo primero es entrar por la puerta (es decir, decidir seguir a Cristo), y después recorremos el camino que tenemos por delante».[2] Jesús se refiere a nuestra vida con Él después de haber sido salvados, y declara que es difícil (o angosto).

La gracia que es tan popular en nuestra cultura occidental ha ampliado ese camino. Proclama: «Todos nuestros pecados (pasados, presentes y futuros) han sido perdonados». Esto es cierto en su contexto adecuado, pero estas palabras se han dicho de modo que pareciera que podemos vivir la vida amplia, que no es muy diferente a la de un mundo perdido, y aun así estar en comunión con Dios. Esto no es cierto, ya que el resto de las palabras de los escritos de Pedro mencionados dicen:

> No vuelvan atrás, a su vieja manera de vivir, con el fin de satisfacer sus propios deseos. Antes lo hacían por ignorancia, pero ahora *sean santos* en todo lo que hagan, tal como Dios, quien los eligió, es santo. Pues las Escrituras dicen: «Sean santos, porque yo soy santo». (1 Pedro 1:14-16, NTV, énfasis añadido)

La santidad no es una recomendación, sino un mandamiento. Es sabio hacer caso a las recomendaciones, pero es de tontos tomarse los mandamientos de Dios a la ligera. Además, Pedro no está hablando de nuestra posición en Cristo, sino de nuestras acciones. Debemos vivir en *phóbos* (temor de Dios) para alcanzar este estilo de vida. Dios nos ha dado dos grandes fuerzas para ayudarnos a mantenernos lejos de la cuneta en la que podríamos caer, que se encuentra a ambos lados del camino angosto. La primera cuneta es el *legalismo* y la segunda es la *anarquía*.

Muchas personas en la iglesia estaban atrapadas en la cuneta del *legalismo* hace años. En aquellos tiempos, la santidad se centraba en cumplir unos requisitos humanos de estilo de vida que no eran bíblicos. Se predicaba un evangelio falso de salvación por obras que esclavizó a muchos y hundió a otros en el resentimiento; algunos hasta abandonaron la fe. Una revelación importante nos liberó de esta terrible cuneta: *Dios es un Dios bueno*. El *amor* de nuestro Padre celestial se hizo real y sacó a muchos de la cuneta del legalismo.

Pero hicimos lo que solemos hacer los seres humanos: decidimos alejarnos tanto de la cuneta del legalismo, que caímos en la cuneta opuesta de la *anarquía*. Esta nos engaña haciéndonos creer que somos salvados por una gracia (no bíblica) que nos permite vivir igual que el resto del mundo: ahora podemos hacerlo de acuerdo a los deseos que surgen de nuestros sentimientos en lugar de llevar una vida crucificada que obtiene su poder de Cristo, que vive en nosotros. Esta es una mentira que impide a muchos experimentar la presencia, las bendiciones y el poder de Dios.

La santidad no es esclavitud; es la verdadera libertad que abre el camino para que podamos disfrutar de Dios y de la vida. Somos llamados a tener una vida digna de Aquel que nos rescató. Por medio del temor del Señor es como andamos en ella. Profundizaremos en esta verdad en los próximos capítulos.

Aplicación personal

Pasaje: «Un gran camino atravesará esa tierra, antes vacía; se le dará el nombre de Carretera de la Santidad. Los de mente malvada nunca viajarán por ella. Será solamente para quienes anden por los caminos de Dios; los necios nunca andarán por ella» (Isaías 35:8, NTV).

Punto: El amor de Dios nos protege de la cuneta del legalismo. Por el contrario, el temor del Señor nos protege de la cuneta de la anarquía. El temor santo me capacita para mantenerme en el camino de la verdadera santidad.

Piensa: ¿De qué modo ignoro el temor de Dios y permito comportamientos impíos en mi vida? ¿Mi servicio para el reino de Dios me ha dado permiso para ignorar el mandamiento de ser santo como Dios es santo? ¿De qué manera sentirme privilegiado me ha hecho errar y caer en la cuneta de la anarquía?

Ponte a orar: Amado Señor, perdóname por suponer que estoy exento de juicio debido a mi servicio en tu reino. Me arrepiento de ello y obedezco tu mandamiento de ser santo como tú eres santo. Decido recibir tu amor por mí, pero también el temor santo de ti. Al escoger ambos, tu Palabra me promete que me mantendré en el camino de la vida. En el nombre de Jesús, amén.

Proclama: ¡Decido ser santo como Dios es santo!

Hijos, teman a Dios; es decir, que sus mentes estén llenas de un temor santo que les haga evitar aquello que es malo, y tengan cuidado de hacer siempre lo que es bueno.

—WILLIAM PENN

17 | APÁRTATE DEL MAL

El temor del Señor es un don de nuestro amoroso Padre celestial que nos resguarda de apartarnos de Jesús. Él es la fuente de vida eterna, amor, gozo, paz, bondad, esperanza y todas sus maravillas. Apartarse de Él es acercarse a la muerte, a la oscuridad y, finalmente, a la tumba eterna. Se nos dice que «el temor del Señor aparta del mal a los hombres» (Proverbios 16:6, RVC).

Permíteme compartir contigo el momento en el que esta verdad se hizo real en mi vida. A finales de los años ochenta, la corrupción de un evangelista famoso de la televisión se hizo pública. Se convirtió en uno de los individuos más famosos del mundo, pero por las razones equivocadas. En ese tiempo, su ministerio era el más grande a nivel global, tanto en alcance como en finanzas, pero su fama creció cuando casi todos los principales medios de comunicación comenzaron a reportar a diario su saga de crímenes, el juicio, el veredicto, y finalmente su encarcelamiento.

Fue condenado a cuarenta y cinco años de prisión, pero una apelación redujo ese tiempo a cinco años. En 1994 (su cuarto año en prisión) mi asistente recibió una llamada inesperada. Aunque él no me conocía, alguien le había dado mi primer libro, *Victoria en el desierto* (ahora se titula *Dios, ¿dónde estás?*). Él lo leyó en la cárcel y le conmovió profundamente. Le pidió a su asistente que me contactara para ver si yo podría ir a visitarlo.

Lo hice, y nunca olvidaré esa reunión. Él entró a la zona de visitas vestido con ropa de preso, se acercó a mí, estiró los brazos y me dio un abrazo sincero que duró casi un minuto. Después puso sus manos sobre mis hombros, me miró con lágrimas en los ojos y me preguntó: «¿Lo escribiste tú o un escritor fantasma?».

Yo respondí: «Lo escribí yo. He experimentado sufrimiento, pero nada en comparación con lo que has enfrentado tú».

Entonces él dijo: «Tenemos mucho de lo que hablar y solo noventa minutos».

Yo me encontraba aún un poco inquieto, ya que era la primera vez que estaba con él. Este hombre había sido difamado de tal modo, que yo realmente no sabía con quién estaba hablando. Sin embargo, cuando nos sentamos, él me desarmó con su primer comentario. Mirándome a los ojos, me dijo: «John, esta cárcel no ha sido un castigo de Dios para mi vida; ha sido una muestra de su misericordia. Si hubiera seguido andando por el camino en el que estaba, habría terminado en el infierno para siempre».

En ese momento, le di toda mi atención. Siguió hablando de lo malvado que él era y lo grande que había sido la obra de liberación que Dios había hecho en su vida. No tardé mucho tiempo en darme cuenta de que estaba hablando con un hombre de Dios sincero, quebrantado y contristado. Él siguió contándome cómo Dios lo liberó de la oscuridad en el primer año de su encarcelamiento.

Me enteré de que pasaba horas cada día leyendo la Biblia y orando, personalmente y también en grupo. Compartió con entusiasmo sobre la iglesia de la prisión y el pastor, que era otro preso. Pensando que era el mejor calificado para ello, le pregunté por qué él no era el pastor, y me explicó que no quería ningún puesto de liderazgo hasta que su transformación fuera completa. Me dijo: «John, yo era un experto manipulador y no quiero que eso tenga ocasión de resurgir».

Su declaración demostró ser cierta un año después, ya que al ser liberado de la prisión se unió a una organización misionera en el centro de Los Ángeles. Pasó desapercibido en las calles por dos años, cuidando de personas sin hogar. Le encantaba hacerlo, porque las personas de la calle eran de las pocas en el país que no sabían quién era él.

Después de veinte minutos de escuchar, me sentí lo suficientemente cómodo como para hacerle algunas preguntas. Comencé con la más importante que se me ocurrió: «¿Cuándo dejaste de amar a Jesús?».

Le hice esa pregunta porque, en las etapas tempranas de su ministerio, su amor por Jesús era evidente. Su fuego y su pasión eran manifiestos para todos los que le escuchaban, y yo quería saber en qué momento se había enfriado su amor y por qué.

Me miró fijamente a los ojos y me dijo con gran sinceridad: «Nunca dejé de amar a Jesús».

Yo estaba sorprendido y un poco enojado por su comentario. «*¡Cómo se atreve a decir eso!*», pensé. Inmediatamente le respondí: «¿Qué dices? Cometiste adulterio siete años antes de ser condenado por el fraude postal que finalmente te trajo a esta cárcel. ¿Cómo puedes decirme que amabas a Jesús en esos siete años?».

Sin apartar sus ojos de los míos, me dijo con calma: «John, amaba a Jesús todo ese tiempo».

Mi desconcierto era evidente. Él se detuvo, y después siguió hablando: «John, no temía a Dios». Se detuvo de nuevo y después lo explicó más en detalle: «Amaba a Jesús, pero no temía a Dios».

Yo me quedé sin palabras y, sinceramente, asombrado por lo que él acababa de decir. Hubo silencio por unos quince segundos mientras yo intentaba procesarlo. Entonces, él hizo una declaración que aún resuena en mi ser: «John, hay millones de estadounidenses que son iguales que yo; aman a Jesús, pero no temen a Dios».

Fue como si Dios hubiera hablado por medio de su boca; recibí al instante respuesta a muchas preguntas gracias a esa declaración. Mi mente daba vueltas y vueltas, y el mayor descubrimiento en ese momento fue que su historia puso en palabras la raíz del abandono en masa de la fe en nuestro país. Y, lamentablemente, la apostasía que abundaba entonces ha ido en aumento.

Las Escrituras lo dejan bastante claro: el comienzo del conocimiento íntimo de Dios es el temor del Señor. Sin él, desarrollamos una relación falsa con un Jesús falsificado que no es el glorioso Señor, y empezamos a creer en un salvador poco realista. Analizaré esta verdad con mayor profundidad más adelante en este libro, pero permíteme demostrarla con dos ejemplos rápidos.

Justo esta semana me han dado unas noticias desgarradoras sobre una joven que conozco desde que era pequeña. Ella fue educada en la fe desde niña. Creció en un hogar cristiano y decía ser seguidora de Jesús, pero ha vivido una vida promiscua, teniendo fama de ser «fácil» entre los hombres que la rodean. Recientemente publicó en Instagram que Jesús sostuvo su mano durante todo el proceso de abortar a su bebé. ¿A qué Jesús se refería?

Otra joven que estaba casada con un hombre de Dios me dijo a la cara que Jesús le había prometido cuidar de ella si decidía divorciarse de su esposo. Lo hizo, y los resultados fueron devastadores para su esposo, sus hijos, su familia y sus amigos. Su motivo para divorciarse no era nada escandaloso; simplemente ya no lo amaba. No hubo abuso, ni inmoralidad, ni problemas financieros; ella misma dijo todo eso. De hecho, me dijo que su esposo era amable, cuidaba de ella y era un buen padre. ¿A qué Jesús se refería?

Estos son solo dos ejemplos de los miles que podría mencionar de personas que dicen tener una relación con Jesús, pero no viven de acuerdo con lo que dicen. ¿Cómo puede ser que estas dos personas y muchas otras estén tan engañadas? Yo creo que es por la falta de temor de Dios.

> Así que, amados míos, tal como siempre han obedecido, no solo en mi presencia, sino ahora mucho más en mi ausencia, ocúpense en su salvación con temor y temblor. (Filipenses 2:12)

Pablo no dice que deberíamos ocuparnos en nuestra salvación con *amor y bondad*. Muchos dirían que esas dos mujeres eran amables y bondadosas. Testificarían de sus años de asistencia a la iglesia y su declaración de lealtad a Jesús. Pero ¿cómo pueden meterse de cabeza en un comportamiento tan anarquista e impío? Les falta lo mismo que le faltó a aquel famoso evangelista. Por medio del temor del Señor es como nos apartamos del mal, no por medio del amor de Dios. El amor de Dios nos atrae hacia Él; el temor de Dios nos separa del mal que quiere destruirnos.

Aplicación personal

Pasaje: «El temor del Señor es aborrecer el mal. El orgullo, la arrogancia, el mal camino y la boca perversa, yo aborrezco» (Proverbios 8:13).

Punto: El temor del Señor es un don de nuestro amoroso Padre celestial que nos resguarda de apartarnos de Él. En el momento en que desarrollamos una tolerancia hacia el pecado, comenzamos a apartarnos de Él.

Piensa: La caída no se produce en el momento en que alguien se encuentra a sí mismo en la cama con otra persona con quien no está casado. No comienza en el momento en que alguien se ve malversando dinero de su empleador. Comienza mucho antes, cuando empezamos a tolerar aquello de lo que Jesús nos liberó cuando entregó su vida por nosotros. ¿De qué cosa me libró Jesús cuando murió que yo estoy tolerando?

Ponte a orar: Amado Señor, te pido que me perdones por tolerar el pecado no solo en mi vida, sino también en las vidas de los creyentes con los que tengo relación. Perdóname por no confrontarlos con cuidado y amor para que no sigan por el camino incorrecto. Me arrepiento de esta tolerancia. Gracias por perdonarme. En el nombre de Jesús, amén.

Proclama: Amaré a las personas porque Dios las ama. Odiaré el pecado que destruye a las personas que amo.

Mis pasos se han mantenido firmes en Tus sendas. No han resbalado mis pies.

—SALMOS 17:5

18 | LONGEVIDAD

Después de las dos experiencias importantes en 1994 (la conferencia en la que mi mensaje sobre el temor de Dios fue corregido y la visita a la cárcel con el evangelista televisivo) se encendió en mí una pasión por entender el temor de Dios y desarrollarlo. Ambos incidentes tenían el mismo mensaje, pero desde dos perspectivas diferentes.

Aquella iglesia, que era la más grande e influyente de la zona, ya no existe. Y su pastor, que enseñaba que los creyentes del Nuevo Testamento no debían temer a Dios, ya no está en el ministerio. El ministro con el que me reuní en la cárcel perdió su gran ministerio, pero desde que descubrió y empezó a practicar el temor de Dios, se ha mantenido fiel en el servicio a Dios y a los demás. Ahora tiene una organización ministerial diferente que está influenciando a muchos.

Estos dos eventos, que no tienen relación entre sí, muestran que el temor del Señor es crucial para evitar la trampa maligna que acortaría nuestro ejercicio como embajadores de Cristo eficaces. Podemos resumirlo en una sola palabra: *longevidad*. Recientemente, un pastor respetado compartió conmigo una conversación que tuvo con un profesor de una universidad bíblica. A través de un estudio extenso, este pastor investigó sobre individuos en las Escrituras a los que Dios llamó y comisionó. Descubrió que el 75 % de los mensajeros escogidos vieron interrumpida su eficacia, y muchos de ellos no terminaron bien. En medio de las tragedias ministeriales de nuestros días, unidas al estudio de este misionero, la *longevidad* es el reto que todos debemos tomarnos más en serio.

A finales de los años noventa, la importancia del temor de Dios y su relación con la *longevidad* quedarían reafirmadas por otra experiencia significativa y la revelación que vino de ella. Yo estaba ministrando en Kuala Lumpur, en Malasia. Estábamos en medio de la décima y última reunión, y el lugar de reunión estaba lleno de creyentes que habían llegado desde todo el país. Después de terminar mi mensaje, muchos respondieron a un llamado a comprometerse con el ministerio. Una multitud de cuatro o cinco filas se acercó al frente de la ancha plataforma esperando oración.

Comencé a bajar por la escalera de la plataforma cuando la presencia de Dios se manifestó inesperadamente en el auditorio de modo tangible y significativo. Tenía el sello característico de su amor y gozo. Los que estaban frente a mí comenzaron a sonreír y luego a reírse, y ese gozo se extendió hasta que afectó a todos los que habían pasado al frente. Parecía que Abba Padre había escogido revitalizar a sus hijos. No me tomó mucho tiempo darme cuenta de que no tenía que hacer nada, así que simplemente me senté al borde de la plataforma y disfruté viendo cómo Dios fortalecía y bendecía a sus hijos.

Después de unos cinco o siete minutos, su hermosa presencia se disipó dejando en el ambiente una quietud inigualable. Todos estábamos en silencio disfrutando de la asombrosa paz que había en el auditorio; sin embargo, en cuestión de segundos la presencia de Dios se manifestó de modo diferente, algo parecido a lo que yo recordaba de Brasil. Me puse de pie, vaticinando un cambio. Cada vez era más fuerte; no había viento esta vez, pero su autoridad y su grandeza eran inconfundiblemente reales. Aquellos que unos momentos antes reían, sin ninguna indicación verbal específica comenzaron a llorar y a sollozar casi simultáneamente, algunos de ellos con intensidad.

La presencia se volvió más fuerte, y el llanto se intensificó. Era como si esas personas asiáticas, tan calladas y tranquilas, estuvieran siendo bautizadas por el fuego de Dios. Vuelvo a decir que no es posible describir la manifestación, además de que esa no es la razón por la que escribo de ese momento sagrado, pero lo que importa es lo asombrosa que resulta su presencia. Se intensificó hasta tal punto, que yo no estaba seguro de si podríamos soportarla mucho más.

En ese encuentro, entendí de manera clara la diferencia entre nuestra alma y nuestro espíritu. Se nos dice que la Palabra de Dios penetra «hasta la división del alma y del espíritu» (Hebreos 4:12). Mi mente (alma) estaba pensando: *¡No puedo soportarlo más! ¡Dios, es demasiado!* Pero mi corazón (espíritu) clamaba: *Dios, por favor no te vayas, ¡no te detengas!*

Una vez más pensé: *John Bevere, si haces algún movimiento en falso o dices alguna palabra equivocada, eres hombre muerto.* Igual que en Brasil, no puedo asegurar que eso hubiera ocurrido, pero sabía que la irreverencia no sería tolerada en aquel ambiente.

La manifestación completa de su asombrosa presencia duró entre tres y cuatro minutos, después se disipó. Cuando eso ocurrió, sin ninguna indicación verbal las personas se quedaron en silencio al unísono. Yo permanecí en silencio por varios minutos en medio de la calma y la paz que habían quedado.

Mientras salíamos del edificio, el ambiente era solemne, callado y reverente. Yo me detuve para saludar a un hombre y su esposa que eran de India; ambos habían sido impactados de modo significativo por la presencia de Dios. Nos miramos en silencio y asombrados durante unos segundos, y después ella dijo con delicadeza: «John, me siento extremadamente limpia por dentro». Su esposo asintió en acuerdo.

Cuando ella dijo esas palabras, mi corazón dio un vuelco. Por fin, alguien había expresado lo que yo había sentido en Brasil y ahora en Malasia. Respondí intentando controlar mi emoción: «Yo también». No conversamos más, pero su declaración siguió resonando en mi interior el resto de la tarde.

A la mañana siguiente, yo estaba en mi habitación del hotel preparándome para jugar al básquet con los jóvenes empleados ministeriales de la iglesia y la escuela bíblica. De repente, escuché que el Espíritu Santo me susurraba al corazón: «Hijo, lee Salmos 19».

Agarré mi Biblia, busqué el pasaje, y comencé a leer. Al llegar al versículo 9, leí:

El temor del Señor es *limpio, que permanece para siempre.* (Salmos 19:9, énfasis añadido)

«¡Eso es! ¡Ahí está!», grité en mi habitación. Estaba asombrado; eso era exactamente lo que la mujer me había dicho el día antes. Sentíamos en nuestra alma una sensación indescriptible de limpieza y pureza profundas.

Después, las palabras «permanece para siempre» me saltaron a la vista. El Espíritu Santo habló a mi corazón inmediatamente:

Hijo, Lucifer dirigía la alabanza delante de mi trono; dirigía a todas las huestes celestiales como había sido decretado que hiciera, ungido para ello. Estaba cerca de mí, vio mi gloria, pero no me temía; por lo tanto, no permaneció ante mi trono para siempre (Ezequiel 28:13-17).

Un tercio de los ángeles vieron mi gloria, pero se unieron a Lucifer. No me temían, así que no perduraron en mi presencia para siempre (Apocalipsis 12:4, 7).

Adán y Eva caminaron en la presencia de mi gloria a la luz del día. No me temían, y por eso no perduraron en el Edén para siempre.

Hijo, todos los seres creados que rodearán mi trono por la eternidad habrán pasado la prueba santa del temor del Señor (Génesis 3:8).

Mis ojos fueron abiertos para ver esta verdad. Empecé a pensar en todos los pastores cuya eficacia en el ministerio había quedado interrumpida o no habían terminado bien. Muchos comenzaron con pasión, amaban profundamente a Jesús, obedecieron y se sacrificaron para ministrar al pueblo de Dios, pero se hartaron, se volvieron cínicos, y muchos abandonaron el ministerio. No perduraron.

Otros seguían en el ministerio, pero lo usaban como medio para obtener sus propios beneficios y otros propósitos egoístas. Algunos se convirtieron en depredadores sexuales, utilizando sus posiciones de liderazgo para acosar a mujeres inocentes; algunos se convirtieron en asesores y cobraban grandes sumas de dinero para confeccionar mensajes engañosos que los ministros usarían para manipular a sus seguidores y que dieran ofrendas cuantiosas; otros mintieron acerca de palabras proféticas de Dios, descubriendo formas de sacar información de los individuos a los que supuestamente estaban ministrando, y después proclamándola como si hubiera sido revelada por Dios. La lista de comportamientos corruptos es casi interminable.

¿Cómo es posible que aquellos que comenzaron con motivaciones tan puras acabaran tan contaminados? ¿Por qué la efectividad del ministerio no es longeva? Es por la falta de temor de Dios. Aquello en lo que Jesús se deleitaba se da por hecho o hasta se rehúye, como en el caso del pastor del sudeste de Estados Unidos. Lo que Dios llama «su tesoro», ellos lo ignoran y enseñan a los demás a ignorarlo también. Pero escuchemos lo que la Palabra de Dios tiene que decir acerca del temor santo y la longevidad:

> Qué felices son los que temen al SEÑOR [...] sus buenas acciones durarán para siempre [...] se los recordará por mucho tiempo. (Salmos 112:1, 3, 6, NTV)

No tenemos que esperar experimentar tragedias para descubrir cuán importante es el temor de Dios. Por favor, por amor a la gloria de Dios y a tu longevidad, haz del temor de Dios tu tesoro.

Aplicación personal

Pasaje: Pero la misericordia del SEÑOR es desde la eternidad hasta la eternidad, para los que le temen (Salmos 103:17).

Punto: Los seres que rodeen el trono de Dios por la eternidad serán aquellos que le temen.

Piensa: Uno de los aspectos de vivir bien es terminar bien. El temor del Señor permanece para siempre. ¿Cómo puedo hacer que el temor santo sea una característica de mi vida? ¿De qué maneras prácticas puedo hacer del temor de Dios un filtro para todo lo que diga o haga?

Ponte a orar: Amado Padre celestial, tu Palabra dice que puedes guardarme de que me desvíe, y me llevarás a tu gloriosa presencia con gran gozo y ninguna falta. Sé que eso es gracias a la obra redentora de mi Señor Jesús y la práctica del temor santo que afianza esta relación eterna. Te pido que el temor santo habite en mi interior siempre para que pueda vivir eternamente en tu presencia. Te lo pido en el nombre de Jesús, amén.

Proclama: Habitaré en la casa del Señor, lleno de temor santo y en su presencia para siempre.

Si no te deleitas en el hecho de que tu Padre es santo, santo, santo, estás espiritualmente muerto. Puede que seas parte de una iglesia o vayas a una escuela cristiana, pero si en tu alma no hay gozo por la santidad de Dios, no conoces a Dios. No amas a Dios. Has perdido el contacto con Dios. Eres ajeno a su carácter.

—R. C. SPROUL

19 | LIMPIARNOS A NOSOTROS MISMOS

«El temor del SEÑOR es limpio, que permanece para siempre» (Salmos 19:9). El salmista menciona dos impresionantes frutos del temor de Dios que no deberíamos ignorar o tomar a la ligera: la *limpieza* y la *longevidad*. Analicemos el primero, y veremos el segundo en otro capítulo. Pablo escribe:

> Por tanto, amados, teniendo estas promesas, *limpiémonos* de toda inmundicia de la carne y del espíritu, perfeccionando la *santidad* en el temor de Dios. (2 Corintios 7:1, énfasis añadido)

Aquí vemos más profundamente la misma verdad que comunica el salmista. Primero, quiero resaltar que la santidad madura a través del temor del Señor, no del amor de Dios. Recuerda al famoso evangelista que vivió un estilo de vida impío aunque amaba a Jesús. Una vez que abrazó el temor de Dios, fue limpiado y purificado, caminando en libertad y dejando atrás impurezas pasadas. A su vez, eso lo llevó a una relación con Jesús más auténtica y más profunda de lo que había experimentado antes. Lo que aprendió con la experiencia también podemos verlo en las Escrituras.

Como ya hemos comentado, la santidad no es el tema más popular hoy en día. Para muchos, tiene un sabor amargo porque no es divertido y pone freno a nuestra vida. Se percibe como un yugo legalista o como una virtud noble pero inalcanzable. C. S. Lewis habló de esta ignorancia diciendo: «La gente que cree que la santidad es algo aburrido no sabe nada. Cuando uno experimenta la santidad auténtica... es irresistible».[1] Por lo tanto, prepárate para lo irresistible porque vamos a meternos de lleno en eso.

Como ya dije, la definición principal de santidad es «apartados para Dios», y por supuesto que esto incluye la pureza. Piensa en una novia. Ella se aparta para su esposo, lo cual implica negarse a desear o andar con otros amantes. Esto representa el aspecto de la pureza de la santidad. Aun así, Pablo nos dice que nos limpiemos. No dice: «La sangre de Jesús nos limpiará». Sin embargo, permíteme dejar muy claro este punto: la sangre de Jesús nos limpia de todo pecado, pero cuando mezclamos la obra de *justificación* y la obra de *santificación*, nos confundimos.

Cuando nos arrepentimos y recibimos a Jesucristo como nuestro Señor, nuestros pecados fueron perdonados y fuimos lavados completamente. Dios lanzó nuestros pecados al mar del olvido, ¡y no los recuerda! Esta obra está completada, es perfecta y no se puede mejorar. No hemos hecho nada para merecer esta asombrosa realidad; es un regalo de Dios. Esta es la obra de la *justificación*.

Pero en el mismo momento en el que fuimos justificados, comenzó la obra de *santificación* (santidad). Es cuando lo que ha ocurrido en nuestro interior se *manifiesta exteriormente*; nuestra nueva naturaleza pasa a ser una realidad externa por nuestra manera de vivir. A eso precisamente se refería Pablo cuando escribió:

> *Ocúpense* en su salvación con temor y temblor, porque Dios es el que produce en ustedes lo mismo el *querer* como el *hacer*, por su buena voluntad. (Filipenses 2:12-13, RVC, énfasis añadido)

Está claro que sigue siendo una obra de gracia, pero debemos cooperar con el poder que Él nos da para *querer* y *hacer*. Del mismo modo que el temor y el temblor permitieron a la gente de Brasil entrar a la presencia de Dios y recibir de Él, así el temor de Dios y el temblor nos avivan y nos preparan para ser empoderados por su gracia para obedecer.

Un error común de muchos maestros en la iglesia occidental es declarar que la obra de la santificación y la obra de la justificación son lo mismo.

En otras palabras, no tenemos que hacer nada; Jesús lo hizo todo. El argumento es que, aunque sigamos viviendo de la misma forma que el mundo, dejándonos llevar por nuestros deseos, somos santos porque Jesús es nuestra santidad. Lo que lo hace aún más complicado es que, efectivamente, en el Nuevo Testamento hay pasajes que parecen apoyar sus afirmaciones. Sin embargo, este error nace de confundir nuestra santidad *posicional* con nuestra santidad *conductual*. Permíteme explicar esto.

La santidad posicional se debe únicamente a lo que Jesús hizo por nosotros, se refiere a nuestra posición en Cristo; es una de las bendiciones de la obra de justificación de Cristo: «Porque Dios nos escogió en Cristo antes de la fundación del mundo, *para que fuéramos santos* y sin mancha delante de Él» (Efesios 1:4, énfasis añadido). Nunca podríamos habernos ganado esta posición. Insisto, Pablo escribe: «Cristo nos hizo justos ante Dios; nos hizo puros y santos y nos liberó del pecado» (1 Corintios 1:30, NTV).

El 2 de octubre de 1982, Lisa Toscano y yo hicimos un pacto matrimonial, y ella pasó a ser Lisa Bevere. Ese mismo día ella adoptó la *posición* de ser mi esposa. No es más mi esposa hoy que el día que me casé con ella, ni tampoco lo será más en cuarenta años. En cuanto a posición, ese día ella se convirtió en mi esposa por completo el día de la boda; la obra estaba completa. De modo similar, en Cristo fuimos hechos santos y limpiados el día en que fuimos salvos, y nunca seremos más santos.

Sin embargo, una vez que Lisa se convirtió en mi esposa, su *conducta* comenzó a alinearse con su posición. Antes de ser mi esposa, ella había salido con otros hombres, dándoles su número de teléfono, viviendo por y para sus propios deseos, y todas las demás cosas que hacen las mujeres solteras, pero esas cosas ya no las hacía. Sus acciones se alinearon con el pacto que habíamos hecho juntos. Este comportamiento ha madurado y se ha ido alineando más con nuestro pacto a lo largo de los años de matrimonio. Leamos lo que dice el apóstol Pedro:

[Vivan] como hijos obedientes [a Dios]; no se amolden a los malos deseos [que les gobernaban] en su antigua ignorancia [cuando no conocían los requerimientos del evangelio]. Pero igual que el que los llamó es santo, sean santos ustedes también en su *conducta y manera de*

vivir. Porque está escrito: «Ustedes serán santos porque yo soy santo».
(1 Pedro 1:14-16, traducción libre AMPC)

Observemos que Pedro no se refiere a nuestra santidad *posicional*; está hablando de nuestra santidad *conductual*, que es exactamente a lo que se refiere Pablo cuando nos dice que nos limpiemos de toda impureza. Este es el proceso de la santificación, no el regalo posicional de ser justificado.

¿Hay más versículos en el Nuevo Testamento que hablen sobre nuestra santidad conductual? La respuesta es sí. Hay tantos que sería imposible nombrarlos todos, pero permíteme citar otro pasaje:

La voluntad de Dios es que sean santos, entonces aléjense de todo pecado sexual. Como resultado cada uno *controlará su propio cuerpo* y vivirá en santidad y honor, no en pasiones sensuales como viven los paganos, que no conocen a Dios ni sus caminos. (1 Tesalonicenses 4:3-5, NTV, énfasis añadido)

Hace poco tiempo, un hombre se acercó a mí después de una reunión de domingo en la mañana y me dijo: «Soy cristiano y soy soltero. Me acuesto con mujeres porque es imposible llevar una vida célibe. Dejo de hacerlo durante un par de meses, pero después sigo en lo mismo. Pero ese no es el asunto principal del que quiero hablar contigo. Mi pregunta principal es: ¿Por qué tengo tantas dificultades con mi negocio?».

Yo estaba en *shock*. ¿Será que nuestros mensajes desequilibrados acerca de la gracia han hecho creer a las personas que pueden habitar en la presencia de Dios y disfrutar de sus bendiciones mientras viven una vida de pecado flagrante? En una ronda de preguntas y respuestas en una conferencia de mujeres, una mujer le preguntó a mi esposa: «Amo mucho a mi esposo, pero él viaja mucho y yo me acuesto con otros hombres. ¿Qué debería hacer? ¿Debería decírselo?».

Estas dos personas realmente creen que tienen una relación con Jesús, pero ¿es el Jesús que está sentado a la diestra de Dios o es un Jesús *falso*? Estos ejemplos son solo la punta del iceberg; he tenido demasiados encuentros similares con otros individuos. ¿Tanto hemos silenciado el llamado a tener una vida de santidad que toda convicción también ha sido silenciada? Sin embargo, Pablo escribe: «Todo el que se niega a vivir de acuerdo con estas reglas no desobedece enseñanzas humanas sino que rechaza a Dios, quien les da el Espíritu Santo» (1 Tesalonicenses 4:8, NTV).

Recuerda que la santidad tiene una faceta irresistible, y la veremos claramente mientras sigamos persiguiéndola.

Aplicación personal

Pasaje: «Él que dice: "Yo lo he llegado a conocer", y no guarda Sus mandamientos, es un mentiroso y la verdad no está en él» (1 Juan 2:4).

Punto: La obra de santificación (santidad) se produce cuando lo que ha ocurrido en nuestro interior se manifiesta exteriormente; nuestra nueva naturaleza se convierte en una realidad externa por la forma en que vivimos.

Piensa: La santidad es obra de la gracia de Dios, pero debo cooperar con el poder que Él me da para querer y hacer lo que Él quiere. ¿Creo esto? ¿He ignorado esta verdad y su mandamiento de vivir en santidad porque he confundido la santidad posicional con la santidad conductual? ¿He permitido que los errores del pasado destruyan mi fe en la obra de capacitación que Dios está haciendo en mi interior? ¿Cómo puedo volver a creer esto para que sea una realidad en mi vida?

Ponte a orar: Amado Padre celestial, te pido que obres en mí para que quiera hacer y haga lo que a ti te agrada. Deseo vivir exteriormente lo que tú ya has hecho en mi interior. En el nombre de Jesús, amén.

Proclama: Estoy ocupándome de mi salvación con temor y temblor santos.

*Tracen un camino recto
para sus pies [...] y procuren
llevar una vida santa.*

—HEBREOS 12:13-14, NTV

20 | NUESTRA BÚSQUEDA

La santidad no es un fin en sí misma; es un camino hacia lo más importante. Veamos ahora su faceta irresistible leyendo nuestro versículo de hoy en otra traducción:

> Busquen [...] la santidad, sin la cual nadie verá al Señor. (Hebreos 12:14, NVI)

El término «busquen» es la palabra griega *diókō*, que se define como «esforzarse intensamente por hacer algo que tiene un propósito o una meta concreta».[1] Analizando las dos traducciones y teniendo en cuenta la definición de *diókō*, no hay duda de que esta afirmación se refiere a buscar y perseguir con pasión la santidad con el objetivo de alcanzarla.

Nuestra primera pregunta debería ser: ¿Se refiere a santidad *posicional* o *conductual*? Volvamos al ejemplo de mi matrimonio con Lisa. ¿Crees que Lisa diría a una de sus amigas cercanas: «¡Estoy buscando activamente ser la esposa de John!»?

Su amiga se reiría y contestaría: «¡Ya lo eres! Te convertiste en su esposa el día de la boda».

Una mujer no busca la *posición* de «esposa» que ya tiene. Pero sí puede buscar tener el *comportamiento* óptimo de una esposa. Con la santidad pasa lo mismo; no buscamos ni perseguimos una *posición* que ya tenemos, sino el *comportamiento* que es «digno del Señor» (Colosenses 1:10, RVC).

Se nos dice con certeza que la consecuencia de ignorar este mandamiento es *no ver al Señor*. ¡Eso da qué pensar! Lo cierto es que afecta nuestra eternidad, pero ese no es el enfoque de nuestra discusión ahora mismo. Lo importante para el tema que estamos tratando es: ¿cómo nos afecta esto aquí y ahora?

Como soy ciudadano de Estados Unidos de América, podría decir que tengo una «relación» con el presidente. Estoy bajo su autoridad gubernamental y las decisiones que él toma me afectan, igual que a los otros 332 millones de ciudadanos estadounidenses. A pesar de tener esta relación con el presidente, hasta el día de hoy no me ha sido concedida una audiencia privada con ninguno de ellos. Para ser claro, nunca he estado en presencia de, ni he interactuado con alguno de los presidentes de Estados Unidos.

Por otro lado, hay otros estadounidenses que sí pueden *ver* al presidente de modo regular; son sus amigos o trabajan de cerca con él. En ambos casos, conocen al hombre que vive en la Casa Blanca mucho mejor que yo. Lo conocen de forma íntima; yo solo lo conozco como el líder de nuestra nación.

De manera similar, hay millones de creyentes que están bajo la soberanía de Jesucristo. Él los protege, los ama, y provee para ellos respondiendo sus peticiones. Sin embargo, la pregunta es esta: ¿lo *ven* a Él? Dicho de otra forma: ¿experimentan su *presencia manifiesta*?

Los varios miles de creyentes en Brasil carecían del comportamiento que los llevaría ante la presencia del Señor. Cuando se arrepintieron, les fue concedida una audiencia con el Rey. Esta verdad sigue siendo cierta cada segundo de cada día. Si nos falta el temor de Dios, nos falta la motivación para buscar el comportamiento santo que nos da el privilegio de experimentar su presencia manifiesta. Jesús dice: «El que tiene mis mandamientos, y los obedece [...] lo amaré, y me manifestaré a él» (Juan 14:21, RVC).

Vale la pena repetirlo: *si no hay santidad conductual, no veremos al Señor*. ¿Por qué es esto tan importante? En primer lugar, porque si no lo vemos (si nos falta su presencia manifiesta) no podemos conocerlo íntimamente. Solo podemos saber *quién es*, igual que yo con los presidentes de Estados Unidos. O lo que es peor, nos engañamos a nosotros mismos creando un Jesús falso. Esta ilusión es más peligrosa porque creemos que conocemos a alguien a quien realmente no conocemos. Santiago nos dice: «No solo escuchen la palabra de Dios; tienen que ponerla en práctica. De lo contrario, solamente se engañan a sí mismos» (Santiago 1:22, NTV). Alguien que se engaña a sí mismo cree que conoce algo o a alguien, pero en realidad no es así.

La segunda razón es igual de importante. Sin contemplarlo a Él (sin estar en su presencia), no podemos ser transformados a su imagen. Pablo menciona que aquellos que ven al Señor están «siendo transformados en la misma imagen de gloria en gloria» (2 Corintios 3:18). Esta transformación comienza en nuestro interior, posteriormente se externaliza y otros pueden verla.

Nuestra pureza no puede ser como la de los fariseos. Jesús dijo: «Por fuera se presentan ante todos como hombres justos, pero por dentro están llenos de hipocresía y de maldad» (Mateo 23:28, RVC). Sus motivaciones eran tan impuras y sucias como un cadáver. No tenían temor de Dios, lo que hizo que se esforzaran por ser justos enfocándose solamente en el comportamiento externo, haciendo de su imagen proyectada el centro. Esto impidió la transformación interna que trae como consecuencia un cambio en el comportamiento externo. Creían que conocían a Dios, pero no fueron capaces de reconocer a su Creador cuando estuvo de pie frente a ellos, por lo que no pudieron hacer lo que Él deseaba. Se engañaron a sí mismos.

Incluso hoy, la santidad que buscamos y perseguimos debe surgir de nuestro corazón: nuestros pensamientos, motivaciones e intenciones. Esto será, en última instancia, lo que guiará nuestro comportamiento externo. Por eso Jesús dijo: «Bienaventurados los de limpio corazón, porque ellos verán a Dios» (Mateo 5:8, RVC). Si no podemos verlo a Él, no habrá transformación interna (santidad auténtica) y, por consiguiente, no podremos verlo. Es un círculo.

No es suficiente con mostrar devoción externamente si suprimimos el poder de una transformación de nuestros deseos internos. Debemos anhelar que la verdad se establezca en nuestro interior (en nuestras motivaciones e intenciones); eso es lo que debemos buscar y perseguir. El apóstol Santiago habla con dureza a los creyentes que se toman la santidad a la ligera. Dice:

Piden con malas intenciones: desean solamente lo que les dará placer. ¡*Adúlteros*! ¿No se dan cuenta de que la amistad con el mundo los convierte en enemigos de Dios? (Santiago 4:3-4, NTV, énfasis añadido)

Santiago utiliza la palabra *adúlteros*, un término que se usa para describir el quebrantamiento del pacto matrimonial. Dios a menudo utiliza el matrimonio como ilustración para hablar sobre nuestro pacto con Él; se refiere a Jesús como el novio y a nosotros como la novia. Pablo dice que el matrimonio entre un hombre y una mujer es un ejemplo de la forma en que Jesucristo y la Iglesia están unidos (Efesios 5:31-32).

El mundo vive por y para las ganancias egoístas y el orgullo de los logros, por lo tanto, se enfoca en la imagen proyectada y percibida. Cuando nos alineamos con los deseos del mundo y descuidamos nuestra búsqueda de la santidad, nos convertimos en adúlteros. Es tal la afrenta contra nuestro esposo, que nos convertimos en sus enemigos. Por eso Santiago continúa diciendo: «Purifiquen su corazón, porque su lealtad está dividida entre Dios y el mundo» (Santiago 4:8, NTV). ¡Solo podemos purificar nuestros corazones recibiendo el temor de Dios, que nos lleva a buscar la auténtica santidad!

Llevo más de cuarenta años casado con Lisa y tengo razones de mucho peso por las que no he cometido adulterio. La primera y más importante es que temo a Dios. Hice un pacto con Él de amarla y cuidarla independientemente de cuál fuera su respuesta o su conducta.

La segunda razón es que no quiero perder la intimidad con esta magnífica mujer. Me encanta el hecho de que ella confía en mí, y me comparte sus secretos más íntimos y los anhelos de su corazón. Lo cierto es que amo la cercanía que tenemos.

Es igual con Jesús. La razón por la que con pasión evito cometer adulterio contra Él es que no quiero perder la intimidad que compartimos. Me encanta la cercanía de su presencia y las conversaciones íntimas que tenemos. Me encanta cuando Él comparte secretos conmigo que nunca había escuchado. Es posible que por eso se nos diga:

Los *secretos del* Señor son para los que le temen, y Él les dará a conocer Su pacto. (Salmos 25:14, énfasis añadido)

Estamos comenzando a descubrir la faceta irresistible de la santidad, pero esto es solo el principio. Seguiremos descubriendo su belleza en el siguiente capítulo.

Aplicación personal

Pasaje: «El que ama la pureza de corazón tiene gracia en sus labios, y el rey es su amigo» (Proverbios 22:11).

Punto: Si no buscamos y perseguimos la santidad conductual con el objetivo de alcanzarla, no podemos entrar a la presencia del Señor. No se trata de alcanzar la santidad perfecta, sino de hacer de ello un objetivo en nuestro corazón.

Piensa: Dios sabe si estoy buscando un comportamiento santo o si continuamente excuso mi amor o tolerancia por los deseos del mundo y el orgullo de los logros. El principio de todo son las intenciones de mi corazón. ¿Perseguiré la pureza del corazón y la mente, teniendo como consecuencia un cambio de comportamiento? ¿Lo haré, aunque aquellos que tengo cerca no lo hagan?

Ponte a orar: Amado Padre celestial, perdóname por no buscar la santidad. He ignorado su importancia, pero ahora veo que debo perseguirla porque es la puerta para poder tener una audiencia contigo. Por favor, perdona mi comportamiento y mis esfuerzos mundanos, y límpiame con la sangre de Jesús. Me arrepiento de mi actitud indiferente hacia la santidad, en el nombre de Jesús, amén.

Proclama: Busco y persigo la santidad con la intención de alcanzarla. Mi meta es ser santo como Dios es santo.

Sin embargo, para los que son
justos, el camino no es empinado
ni accidentado. Tú eres Dios.
Haces lo que es justo y allanas
el camino delante de ellos.

—ISAÍAS 26:7, NTV

21 | DESEO Y PODER

Tal vez en este punto estés lamentándote por haber *intentado* llevar una vida de santidad pero, para ser sincero, has fracasado más de lo que te gustaría. Anhelas tener intimidad con Dios, pero has batallado con la desobediencia. Debes saber que Él te anhela más de lo que tú lo anhelas a Él. ¡Alégrate, porque Dios está de tu parte! Que esta verdad alivie la tensión.

Es muy posible que el problema sea justamente ese: que lo has *intentado*. La ley de Moisés demostró que no podemos guardar los mandamientos de Dios; necesitamos ayuda divina. Esta ayuda no es otra cosa que la gracia de Dios. La mayoría de los creyentes saben que la gracia de Jesucristo nos libera de los requisitos de la ley, pero lo que no muchos saben es que va un paso más allá: nos da una nueva naturaleza y la posibilidad de vivir libres de pecado (Romanos 6:6-7).

Si observamos el mandamiento de Pablo de limpiarnos de la inmundicia de la carne y el espíritu, veremos que está precedido por una declaración que a menudo pasamos por alto. Unos cuantos párrafos antes escribe:

Por lo tanto, nosotros, como colaboradores de Dios, les rogamos a ustedes que no reciban su gracia en vano. Porque él dice: «En el momento oportuno [...] te ayudé». (2 Corintios 6:1-2, RVC)

El momento oportuno ha llegado; podemos llevar una vida de santidad con su ayuda. Lamentablemente, nos hemos quedado cortos al hablar sobre el potencial de la gracia de Dios. Se ha enseñado que incluye salvación eterna, perdón de pecados, libertad del castigo del pecado, y que es un regalo inmerecido. A pesar de que estas realidades son absolutamente ciertas, lo que no se ha enseñado es su capacidad de empoderar. Dios le dijo lo siguiente al apóstol Pablo: «Te basta Mi gracia, pues Mi poder se perfecciona en la debilidad» (2 Corintios 12:9). Dicho de otro modo: «Pablo, lo que no pudiste hacer en tus propias fuerzas, ahora puedes hacerlo por medio de mi poder, que es la gracia».

Pedro reafirma esta verdad: «Que la gracia [...] les sea multiplicada [...] Todas las cosas que pertenecen a la vida y a la piedad nos han sido dadas por su divino poder [gracia]» (2 Pedro 1:2-3, RVC). La versión Nueva Traducción Viviente (NTV) es aún más directa: «Mediante su divino poder, Dios nos ha dado todo lo que necesitamos para llevar una vida de rectitud». ¡La gracia nos da la capacidad de vivir en santidad!

¿Por qué es tan importante esta verdad? El cristianismo es una vida de fe. El mensaje en sí se llama «palabra de fe» (Romanos 10:8, RVC). Dicho de otra manera, no recibiremos nada de parte de Dios a no ser que creamos, y no podemos creer en lo que no conocemos. Por lo tanto, si no somos conscientes del empoderamiento que produce la gracia, seguiremos intentando agradar a Dios en nuestras propias fuerzas. Nunca daremos fruto y nuestra existencia será miserable.

Piensa en el ejemplo del nuevo nacimiento. Hay muchas personas que, aunque no han sido salvas, dicen creer que Dios puede salvar. Sin embargo, hasta que se arrepientan y crean en el evangelio, no experimentarán la salvación. Lo mismo ocurre con nuestra búsqueda de la santidad. Hay muchos cristianos que creen que Dios puede darnos la capacidad de vivir en santidad, pero hasta que crean con todo su corazón que *la gracia empodera*, no obtendrán los beneficios.

Pablo exhorta a los creyentes en Corinto a «no recibir en vano la gracia de Dios» (2 Corintios 6:1). ¿Qué significa recibir algo en vano? Simplemente significa no utilizarlo en todo su potencial. Si a un hombre le son entregadas herramientas de agricultura y semillas, puede cultivar comida para alimentarse. Pero si no usa lo que le ha sido provisto, morirá de hambre. Después de morir, ¿qué dirán sus vecinos? «Recibió las herramientas y las semillas en vano».

Esto es lo que Pablo está queriendo decir: Dios nos ha dado la gracia para que esta nos ayude a vivir como no podríamos hacerlo con nuestras propias fuerzas. Te da la capacidad de perseguir y alcanzar un estilo de vida santo. No descuides este poder por causa de la incredulidad.

Si la gracia de Dios es solo lo que se ha enseñado ampliamente en la cultura occidental (solo salvación, perdón, y un billete al cielo) ¿cómo podría alguien recibirla en vano? No habría potencial que poder desperdiciar, y la declaración de Pablo no tendría sentido.

Si seguimos el hilo de pensamiento del apóstol, todo tiene sentido. La iglesia de los corintios era mundana; tenían deficiencias en su búsqueda de la santidad. Para confirmar este punto, Pablo escribe un poco más adelante en la misma carta: «varios de ustedes no han abandonado sus viejos pecados. No se han arrepentido de su impureza, de su inmoralidad sexual ni del intenso deseo por los placeres sensuales» (2 Corintios 12:21, NTV). En el capítulo 6, Pablo comienza pidiendo a estos creyentes que no malgasten la gracia de Dios, y después resalta el amor que él tiene por ellos, preguntándoles por qué no es recíproco. Entonces regresa al punto principal: que su abandono de la gracia de Dios era evidente en las personas que los influenciaron:

No se asocien íntimamente con los que son incrédulos. ¿Cómo puede la justicia asociarse con la maldad? ¿Cómo puede la luz vivir con las tinieblas? (2 Corintios 6:14, NTV)

Debemos recordar que hay una diferencia entre ir al mundo para alcanzar a los incrédulos y ser influenciados al asociarnos con ellos de manera inapropiada. Esto tendrá como resultado un comportamiento que nos desviará del camino de la vida. De nuevo, esto se llama adulterio espiritual.

Pablo les recuerda entonces a estos creyentes carnales que son templo de Dios, y que Él dice: «Viviré en ellos y caminaré entre ellos. Yo seré su Dios, y ellos serán mi pueblo. Por lo tanto, salgan de entre los incrédulos y apártense de ellos, dice el SEÑOR. No toquen sus cosas inmundas, *y yo los recibiré a ustedes*» (2 Corintios 6:16-17, NTV, énfasis añadido).

Otra vez vemos la promesa de la presencia manifiesta de Dios, pero a un nivel aún mayor. Él no está diciendo que vendrá de vez en cuando a visitarnos, ¡sino que vivirá en nuestro interior! Una vez más vemos que la promesa de *ver a Dios* (su presencia manifiesta) es condicional. Si nos apartamos de los deseos egoístas y orgullosos a los que el mundo se aferra, se nos promete una audiencia continuada con el Rey: «y yo los recibiré a ustedes». Lo opuesto también es cierto: si nos contaminamos con las impurezas del mundo, no se nos concederá una audiencia. Pablo concluye con esta declaración:

> Queridos amigos, dado que tenemos estas promesas, limpiémonos de todo lo que pueda contaminar nuestro cuerpo o espíritu. Y procuremos alcanzar una completa santidad porque tememos a Dios. (2 Corintios 7:1, NTV)

Ahora podemos entender mejor la declaración de Pablo a la iglesia en Filipos: «Ocúpense en su salvación con temor y temblor, porque Dios es el que produce en ustedes lo mismo el *querer* como el *hacer*, por su buena voluntad» (Filipenses 2:12-13, RVC, énfasis añadido). El temor del Señor nos motiva a *querer* (pone en nosotros el deseo), y la gracia de nuestro Señor Jesucristo nos permite *hacer* (nos empodera).

Si lo llevamos un paso más allá, podríamos decir que donde falta el deseo (debido a la falta del temor de Dios), el empoderamiento no será una prioridad y, por lo tanto, no se utilizará; ¡será recibido en vano! Por eso, el temor santo es tan importante para tener efectividad y longevidad.

Espero que haya quedado claro que la pureza es un aspecto clave de la santidad, pero no lo es todo. Lo diré de nuevo: la definición principal de santidad es ser *consagrados a Él*, ser *completamente suyos*. Veamos una ilustración más completa del significado de la santidad: cuando una novia se casa con un novio, ella se entrega por completo a él. La pureza tanto de su posición como de su conducta están incluidas. La pureza no es la meta principal; lo más importante es ser una novia consagrada a su novio, y eso incluye la pureza.

Por lo tanto, la verdadera santidad es una pureza trascendental y consagrada que abre la puerta a la intimidad profunda con Dios. Esta es la faceta *irresistible* que seguiremos analizando antes de terminar este libro. Pero primero tenemos que seguir hablando sobre los aspectos prácticos de vivir consagrados a nuestro Novio. La clave se encuentra en una sola palabra: *obediencia.*

Aplicación personal

Pasaje: «Tú, hijo mío, esfuérzate en la gracia que tenemos en Cristo Jesús» (2 Timoteo 2:1, RVC).

Punto: Si no somos conscientes del empoderamiento de la gracia, seguiremos intentando agradar a Dios con nuestras propias fuerzas. Habremos recibido la gracia de Dios en vano.

Piensa: ¿He *intentado* llevar una vida santa y he fracasado más de lo que me gustaría? ¿Lo he intentado con mis propias fuerzas? ¿He dependido de la gracia de Dios para recibir la capacidad de vivir en santidad? Si no es así, ¿cómo puedo cambiar eso?

Ponte a orar: Amado Padre celestial, reconozco que solo por el poder de tu gracia puedo tener una vida santa; una que invite a tu gloriosa presencia. Perdóname por intentar hacerlo con mis propias fuerzas. Desde este momento, estaré firmemente plantado en tu gracia para poder llevar una vida apartada que glorifique a Jesús. En el nombre de Jesús, amén.

Proclama: El temor santo me motiva a perseguir la santidad, y la alcanzaré por el poder de la gracia de Dios.

Nuestra respuesta a la Palabra de Dios

SEMANA 4

Hazme andar por la senda
de Tus mandamientos,
porque en ella me deleito.

—SALMOS 119:35

22 | TEMBLAR ANTE LA PALABRA DE DIOS

En la primera sección afirmamos que el temor del Señor se puede dividir en dos definiciones importantes: temblar ante la presencia de Dios y temblar ante su Palabra. Hemos hablado de la gloriosa presencia de Dios, aunque no de manera exhaustiva, porque seguiremos asombrados por ella toda la eternidad. En esta sección pondremos nuestro enfoque en cómo respondemos a su Palabra.

Para comenzar, pensemos en un tiempo en el que el pueblo de Dios se alejó de una relación genuina con Él y la sustituyó por meros formalismos. Para llamar su atención, Dios les preguntó: «El cielo es mi trono y la tierra es el estrado de mis pies. ¿Podrían acaso construirme un templo tan bueno como ese?» (Isaías 66:1, NTV).

Si leemos los cinco primeros versículos de este capítulo en contexto, vemos que el Todopoderoso se dirige a un pueblo que intentó desarrollar y mantener una relación con Él bajo sus propios términos. Habían seguido sus mandamientos sin entusiasmo suponiendo que eso lo calmaría. Dios deja claro que el camino que habían escogido era ofensivo, pero les indica directamente lo necesario para entrar en una relación auténtica.

> Bendeciré a los que tienen un corazón humilde y arrepentido, a los que *tiemblan ante mi palabra*. (Isaías 66:2, NTV, énfasis añadido)

La palabra «bendeciré» es el verbo hebreo *naḇaṭ*, que se define como «mirar, observar, contemplar. Conlleva observar algo de forma intensa y enfocada». Esencialmente, Dios estaba diciendo: «Esta es la persona a la que prestaré mucha atención». Se enumeran tres virtudes: la humildad, un corazón arrepentido y aquellos que «tiemblan ante mi palabra», que será nuestro enfoque en esta sección.

Aquel que tiembla ante la Palabra de Dios siempre exalta lo que Él dice por encima de lo demás. Nada es más importante; esta es la verdadera evidencia del temor santo. Esa persona será bendecida grandemente. A la luz de esto, Pablo escribe:

> Por tanto, amados míos, ya que siempre han obedecido, *no sólo en mi presencia*, sino *mucho más ahora en mi ausencia*, ocúpense en su salvación con temor y temblor. (Filipenses 2:12, RVC, énfasis añadido)

No pienses en esta declaración como un escrito de Pablo a los creyentes en Filipos, sino como una palabra directa de Dios para nosotros. Fíjate en las palabras «siempre han obedecido». Implica incondicionalidad; sientas o no su presencia, lo veas moverse a tu favor o no, sea contestada tu oración en el momento que esperabas o no.

Es fácil obedecer a Dios cuando estás en el ambiente de una conferencia en la que las personas son amables unas con otras y la presencia de Dios es fuerte. Sin embargo, ¿qué pasa cuando un miembro de tu equipo de confianza miente sobre ti y te despiden? ¿Perdonarás a esa persona, como dice la Palabra de Dios, o tomarás represalias para vengarte?

¿Y si estás en un viaje de negocios y te sientes solo, y entonces comienzas a recordar que tu cónyuge te ha criticado? Una miembro del equipo del sexo contrario, que es muy bien parecida, te elogia, responde a tu necesidad, y entonces ofrece de modo seductor que pasen la noche juntos en la habitación del hotel. Nadie lo descubrirá. ¿Saldrás huyendo o aceptarás?

¿Qué pasa si estás trabajando hasta tarde con tu computadora, navegando por la web buscando información necesaria para tu trabajo, y te cruzas con una página porno? ¿Entras a verla?

Esos son ejemplos de momentos en los que la presencia de Dios parece ausente. Si tiemblas ante su Palabra, obedecerás sin importar las circunstancias porque no existe una prioridad mayor. Este es un indicativo de que caminas en el temor santo, porque «el temor del Señor aparta del mal a los hombres» (Proverbios 16:6, RVC).

El salmista escribe:

Dichoso el hombre que honra al Señor y se deleita obedeciendo sus mandatos (Salmos 112:1, RVC).

El hombre o la mujer que teme a Dios no solo obedece, sino que también se deleita en hacerlo. La obediencia no es una carga; es una alegría. Esa persona ha llegado a entender que Dios es nuestro Creador y, por lo tanto, sabe lo que es bueno y malo para nosotros.

Recuerdo cuando nuestros cuatro hijos eran niños. El día de Navidad casi siempre era laborable. La mayoría de los padres que tienen niños pequeños sabrán a lo que me refiero. Una vez que se habían abierto todos los regalos, algunos de ellos tenían que armarse. Yo era el típico papá; abría la caja, sacaba todas las piezas al piso, tiraba la caja y el manual de instrucciones, y comenzaba a construir. Dependiendo del regalo, generalmente después de una hora había terminado, pero para mi sorpresa, habría aún diez piezas en el piso. Trataba de encender el juguete y nada ocurría. ¿Qué hacía? Buscaba el manual de instrucciones, lo abría, desarmaba el juguete, y lo volvía a armar haciendo caso a las instrucciones del fabricante. Y ¡sorpresa, funcionaba!

Aquel que teme a Dios siempre obedece. Esa persona cree con todo su corazón las siguientes verdades fundamentales:

1. Dios es el que sabe lo mejor para mí.
2. Dios es puro amor y yo soy el foco de su amor.
3. Dios nunca me dirá que haga algo perjudicial. Lo que Él diga siempre será lo mejor.
4. Por lo tanto, decido obedecer con alegría diga lo que diga.

Los hijos de Israel se quejaban continuamente. Estaban disgustados con el modo en que eran liderados y lo que ocurría en sus vidas, así que culparon a Dios de su incomodidad, escasez, y cualquier otra cosa que no fuera de su agrado. No tenían temor de Dios ni temblaban ante su Palabra. Entonces Dios habló:

> Por cuanto no serviste al Señor tu Dios con *alegría* y con *gozo de corazón*, cuando tenías abundancia de todas las cosas, por tanto servirás a tus enemigos. (Deuteronomio 28:47-48, énfasis añadido)

Temblar ante su Palabra implica alegría y gozo en nuestro interior. Si están ausentes, será solo cuestión de tiempo que las circunstancias revelen la falta de gozo. Nunca olvidaré la vez que descubrí los cinco pecados que impidieron a Israel alcanzar su destino: desear cosas malas, adorar ídolos, inmoralidad sexual, probar a Dios y quejarse (1 Corintios 10:6-10). ¡Cuando leí «quejarse» casi pierdo los estribos! Grité: «¿Qué? ¡¿Quejarse!? ¿Cómo es posible que la queja esté en la misma lista que estos otros pecados tan *graves*?».

Escuché que el Espíritu Santo me decía: «Hijo, para mí, la queja es un pecado serio». Me mostró que quejarse es como decir: «Dios, no me gusta lo que estás haciendo en mi vida, y si yo fuera tú, lo haría diferente».

Después me dijo: «Es una afrenta a mi carácter, una rebelión contra mi voluntad y, en términos generales, demuestra una gran falta de temor santo».

Compartí esto con Lisa y estuvimos de acuerdo en disciplinar a nuestros hijos por quejarse, entendiendo que era una forma de rebelión. Me lo tomé en serio. Evité murmurar y refunfuñar en todas sus formas, y me aseguré de nunca decir nada que pudiera ser una queja. Sin embargo, más adelante, mientras hacía un ayuno de cuatro días, escuché que el Espíritu Santo me susurraba: «Hijo, puedo oír la queja de tu corazón».

Caí de rodillas inmediatamente, arrepentido. Más tarde Dios me mostró que no estaba sirviendo al Señor con *alegría* y con *gozo de corazón*, y por eso mis enemigos tenían ventaja sobre mí. Leamos de nuevo las palabras de Pablo:

> Queridos amigos, siempre siguieron mis instrucciones cuando estaba con ustedes; y ahora que estoy lejos, es aún más importante que lo hagan. Esfuércense por demostrar los resultados de su salvación obedeciendo a Dios con profunda reverencia y temor. Pues Dios trabaja en

ustedes y les da el deseo y el poder para que hagan lo que a *él* le agrada. *Hagan todo sin quejarse.* (Filipenses 2:12-14, NTV, énfasis añadido)

Poco tiempo después de este ayuno de cuatro días, descubrí la profundidad de lo que declara este versículo. Me abrió los ojos para entender que la queja es la antítesis del temor de Dios; es no *temblar ante su Palabra.* Cuando pensamos o hablamos desde el descontento, deshonramos a Dios y a su Palabra.

Aquellos que temen a Dios creen firmemente que no hay nada más importante o beneficioso que la obediencia. Obedecen sin importar el precio, y no filtran la Palabra de Dios a través de la cultura o las tendencias de la sociedad actual. Tampoco dejan que su obediencia a la Palabra de Dios dependa del comportamiento de otros creyentes; simplemente obedecen.

Aplicación personal

Pasaje: «Si ustedes quieren y obedecen, comerán lo mejor de la tierra» (Isaías 1:19).

Punto: La obediencia, que incluye una actitud correcta y un comportamiento consistente con ella en cualquier circunstancia, es la evidencia del temor de Dios.

Piensa: ¿Obedezco solo cuando las condiciones son favorables? ¿Tiendo a quejarme cuando las cosas no salen como yo quiero? ¿Cómo puedo mantener una actitud de alegría y gratitud en todo momento? ¿Cómo puedo fortalecer mi decisión de obedecer?

Ponte a orar: Amado Padre celestial, perdóname por no temblar ante tu Palabra. Mi obediencia ha sido condicional, y mi actitud no ha sido de alegría y gratitud. Me arrepiento y te pido perdón. Decido comenzar a aceptar el temor de Dios. Por favor, enséñame y dame la capacidad de obedecer en todo tiempo con una actitud alegre. En el nombre de Jesús, amén.

Proclama: Temo a Dios, y por eso Él está obrando en mí para que quiera y haga lo que a Él le agrada.

Es mejor temblar ante la Palabra de Dios y postrarse ante la infinita majestad del amor divino que gritar hasta quedarse afónico.

—C. H. SPURGEON

23 | INMEDIATAMENTE

Uno de los grandes atributos del temor de Dios es la obediencia incondicional a su Palabra, la cual tendrá beneficios sorprendentes para nuestra vida. Hay cinco aspectos del temblar ante la Palabra de Dios, y en los próximos cinco días veremos cada uno por separado. He aquí el primero:

1. Obedece a Dios inmediatamente.

La obediencia es primordial para aquellos que temen a Dios; no ponen sus intereses personales por delante de aquello que Dios les ha dicho que hagan. El temor santo nos enseña que *lo que es importante para Dios es prioridad para nosotros.*

Hay varios versículos que podríamos poner como ejemplo, pero para sentar el precedente veamos dos declaraciones de Jesús:

Por eso, si llevas al altar del templo una ofrenda para Dios, y allí te acuerdas de que alguien está enojado contigo, deja la ofrenda delante del altar, ve *de inmediato* a reconciliarte con esa persona, y después de eso regresa a presentar tu ofrenda a Dios. (Mateo 5:23-24, TLA, énfasis añadido)

Observemos las palabras *de inmediato*. Igual que en Isaías 66, Jesús subraya que no deberíamos empezar a «hacer algo por Dios» si descuidamos obedecer lo que Él ya nos ha dicho que hagamos. Jesús se refería específicamente a no guardar rencor, pero el principio general se puede aplicar a todas las circunstancias.

Recordemos al hombre que me contó su patrón repetitivo de fornicación, pero seguía sorprendido de que sus oraciones no fueran contestadas, y se preguntaba por qué su negocio no estaba teniendo el éxito que esperaba. Detengámonos a pensar en eso. Si su prioridad no era obedecer la Palabra de Dios huyendo de la inmoralidad sexual, ¿por qué iba a pensar que bendecir su negocio sí sería prioridad para Dios?

Elí, el sumo sacerdote de Israel, tenía dos hijos que también eran sacerdotes y estaban bajo su liderazgo, pero eran malvados. Cometían adulterio y obligaban a la gente a darles ofrendas. Elí *demoró* la confrontación con sus hijos, y esta fue la respuesta de Dios ante su negligencia: «¿Por qué [...] honras a tus hijos más que a Mí?» (1 Samuel 2:29).

Cuando tardamos en obedecer a Dios por cualquier persona o propósito, estamos honrando a esa persona o ese propósito por encima de Dios. Esto demuestra falta de temor de Dios. Lo siguiente que Dios dijo es:

> Por tanto, el Señor, Dios de Israel, declara: [...] «Yo honraré a los que me honran, y los que *me desprecian* serán *tenidos en poco*». (1 Samuel 2:30, énfasis añadido)

Estas palabras son aleccionadoras. *Despreciamos* a Dios cuando nos demoramos en obedecer su Palabra o la ignoramos. Esencialmente, lo que estamos comunicando es que Él no es nuestra prioridad. Dios dice que *tendrá en poco* a aquellos que lo *desprecian*. La palabra hebrea para la frase *tener en poco* es *qālal*, que se define como: «informal, *trivial*». *Trivial* significa que algo tiene poco valor o importancia y, por lo tanto, podríamos interpretar esta afirmación como que lo importante para aquellos que desprecian la Palabra de Dios es *trivial* para Dios. Ninguna persona cuerda querría estar en esa situación.

Si el empresario hubiera honrado la Palabra de Dios en cuanto a la pureza sexual, tal vez Dios habría considerado su negocio como algo importante. Sin embargo, en lugar de eso, parece ser algo trivial para Él.

Otro pasaje que muestra la importancia de la obediencia inmediata son las palabras de Jesús a la iglesia en Éfeso:

Recuerda, por tanto, de dónde has caído, y arrepiéntete, y haz las primeras obras; pues si no, vendré *pronto* a ti, y quitaré tu candelero de su lugar, si no te hubieres arrepentido. (Apocalipsis 2:5, RVR-60, énfasis añadido)

Arrepentirse significa cambiar el modo de pensar y, por lo tanto, nuestro modo de actuar, para alinearnos con la Palabra de Dios. Si esta iglesia demoraba su obediencia, perdería la oportunidad de seguir recibiendo las bendiciones de Dios. Jesús vendría *pronto* y les quitaría su influencia. Insisto, estas palabras dan qué pensar.

En el Evangelio de Lucas se nos cuenta una historia que nos enseña acerca de las oportunidades perdidas por prioridades desordenadas y una mala gestión del tiempo. Jesús dijo: «Cierto hombre hizo una gran cena, e invitó a muchos. A la hora de la cena envió a su siervo a decir a los que habían sido invitados: "Vengan, porque ya todo está preparado"» (Lucas 14:16-17). Sin duda, estas son palabras de Dios: ¡La cena está lista! No hay tiempo que perder.

Veamos la respuesta de los invitados: «Pero todos a una comenzaron a excusarse» (v. 18). Las razones por las que no podían asistir parecían tener peso: uno había comprado un terreno, otro tenía que atender su negocio y otro tenía una esposa que requería su atención. Las excusas no incluían adulterio, robo, asesinato, ni cualquier otra cosa que catalogaríamos como pecado. Sin embargo, *cuando algo que no es pecado toma prioridad por encima de la Palabra del Señor, se convierte en pecado.*

El siervo regresó con el reporte que habían dado los invitados, y leemos que el dueño de la casa estaba «enojado» (v. 21). No decepcionado, sino enojado. ¿Por qué? Porque su invitación fue despreciada; no era una prioridad.

¿Qué hizo el dueño de la casa? Invitó a otros que no fueron incluidos inicialmente. Jesús termina diciendo: «Porque les digo que ninguno de aquellos hombres que fueron invitados probará mi cena» (v. 24). Habían perdido su oportunidad. Sus excusas parecían inocentes, pero es importante recordar que hasta las cosas inocentes pueden desviarnos de cumplir la voluntad de Dios. Es fácil que esto ocurra cuando en nuestros corazones no hay temor de Dios.

En las Escrituras hay muchos más ejemplos de oportunidades perdidas como resultado de demorar la obediencia; de hecho, hay tantas que no podría enumerarlas todas, pero quiero seleccionar uno más que es fascinante. En

Lucas 9 Jesús invita a dos hombres a que lo sigan. Menuda invitación; ¡que el Señor de la creación te invite a caminar con Él! El primer hombre *accedió*, pero con una condición: «Señor, permíteme que vaya *primero* a enterrar a mi padre» (v. 59, énfasis añadido).

El hombre *accedió* a seguir a Jesús, pero lo *demoró* poniendo por delante sus propios intereses. Los estudiosos nos dicen que, en aquellos tiempos, cuando un hijo primogénito enterraba a su padre recibía una doble porción de su herencia, mientras que los otros hermanos recibían una única porción. Sin embargo, si no cumplía con su deber, este recaía sobre el segundo hijo. Su excusa parecía legítima, y la demora no podría categorizarse como pecado; sin embargo, fue dejado atrás. Lamentablemente, perdió su oportunidad.

El otro hombre recibió la misma invitación, ante la cual respondió: «Te seguiré, Señor; pero *primero* permíteme despedirme de los de mi casa» (v. 61, énfasis añadido). De nuevo vemos la palabra *primero*; y de nuevo su razón para demorarse no podría considerarse pecado. Aun así, perdió la oportunidad de estar cerca del Creador de los cielos y la tierra.

En el siguiente capítulo leemos: «Después de esto, el Señor eligió a otros setenta y dos, y de dos en dos los envió delante de él» (Lucas 10:1, RVC). Estos dos hombres habrían estado incluidos en esos setenta y dos, pero lo más probable es que perdieran la oportunidad por haber demorado su obediencia como resultado de su falta de temor de Dios.

A pesar de los años que llevo ministrando al pueblo de Dios, todavía me asombro (en el mal sentido) cuando oigo decir a un creyente, en tono despreocupado: «Dios ha estado tratando este asunto conmigo durante algunos meses». Sonríen y a veces hasta se ríen, como si fuera chistoso. Si tan solo supieran que están alardeando de su falta de temor de Dios, no creo que se lo tomaran tan a la ligera.

¿Qué habría ocurrido si Moisés se hubiera retrasado en apartarse de sus tareas cotidianas de atender a los rebaños para acercarse a ver la imponente zarza ardiente (Éxodo 3)?

¿Qué habría pasado si Noé hubiera retrasado la construcción del arca?

¿Y si Abram hubiera retrasado el viaje a Canaán? Su papá lo hizo; él fue el primero que fue llamado a ir a Canaán. Abram cumplió lo que su papá se perdió por demorarse (Génesis 11:31).

¿Qué habría ocurrido si Nehemías se hubiera retrasado en terminar la muralla para satisfacer la petición de los líderes Sambalat y Guesén de detener la obra, y hubiera viajado para encontrarse con ellos? Pero Nehemías temía a Dios. Su respuesta fue: «Yo estoy haciendo una gran obra y no puedo descender. ¿Por qué ha de detenerse la obra mientras la dejo y desciendo a ustedes?» (Nehemías 6:3).

Los ejemplos son infinitos, pero la conclusión es la siguiente: cuando temblamos ante su Palabra, obedecemos a Dios inmediatamente.

Aplicación personal

Pasaje: «Yo honraré a los que me honran, y los que *me desprecian* serán *tenidos en poco*» (1 Samuel 2:30, énfasis añadido).

Punto: Si demoramos nuestra obediencia a la Palabra de Dios por motivos personales, estamos transmitiendo que su voluntad no es prioridad en nuestra vida.

Piensa: Es posible que cosas aparentemente inofensivas nos impidan cumplir la voluntad de Dios. Cuando algo que no es pecado toma prioridad por encima de la Palabra de Dios, se convierte en pecado. ¿Me he dejado distraer por mis intereses personales, demorando mi obediencia? ¿Cómo puedo cambiar esto?

Ponte a orar: Amado Padre celestial, perdóname por las veces que he tratado tu Palabra como algo opcional o no la he hecho mi prioridad más importante. Reconozco que, al no hacerlo, sin darme cuenta he transmitido que lo que para ti es importante para mí es trivial. Me arrepiento y te pido perdón. Haré que lo que tú deseas sea mi máxima prioridad. En el nombre de Jesús, amén.

Proclama: Una vez que conozca la voluntad de Dios, la obedeceré inmediatamente.

No somos llamados a vivir por el razonamiento humano. Lo único que importa es la obediencia a la Palabra de Dios y a su dirección para nuestra vida. Cuando estamos en su voluntad, estamos en el lugar más seguro del mundo.

—HERMANO YUN

24. NO TIENE SENTIDO

¿Alguna vez el Espíritu Santo te condujo a hacer algo que no tenía sentido? La mayoría de las personas que han caminado de cerca con Dios durante algún periodo dirían que sí. Pero déjame hacerte otra pregunta: ¿cobró sentido después de que obedecieras, a veces inmediatamente o incluso un tiempo después? Casi siempre la respuesta es sí (digo casi siempre porque hay *contadas* ocasiones en las que no tendrá sentido hasta que estemos ante el tribunal de Cristo). Siguiendo con el análisis de lo que significa temblar ante la Palabra de Dios, alguien que camine realmente en el temor de Dios:

1. Obedece inmediatamente.
2. **Obedece a Dios, aunque no tenga sentido.**

No es común que Dios nos pida hacer algo que, desde nuestro punto de vista, no tenga sentido, pero ocurre. Hagámonos algunas preguntas:

¿Tenía sentido escupir en la tierra, poner el barro sobre los ojos de un ciego, y después decirle que fuera a lavárselos? No, en el momento no, pero este consejo (sabiduría) le dio la vista a un ciego.

¿Tenía sentido echar agua en unas vasijas de vino en medio de una boda cuando lo que se necesitaba era más vino? No, en el momento no, pero este consejo (sabiduría) tuvo como resultado el mejor vino de la boda.

¿Tenía sentido decirles a unos marineros experimentados que fueran en contra de su instinto y su entrenamiento, y que no abandonaran un barco que estaba naufragando cuando había botes salvavidas disponibles?

No, en el momento no, pero como resultado de este consejo (sabiduría) se salvó la vida de los 276 hombres que había a bordo; ni una vida se perdió (Hechos 27:27-36).

¿Tenía sentido que un hombre abandonara una reunión masiva de avivamiento, que Dios le había usado para iniciar, y obedeciera el mandamiento de salir al desierto? No, en el momento no, pero este consejo (sabiduría) hizo que el tercer hombre al mando de Etiopía pudiera ser salvo.

¿Tenía sentido caminar alrededor de las imponentes y robustas murallas de una gran ciudad durante seis días, y al séptimo hacer lo mismo siete veces, tocando trompetas y gritando al final? No, en el momento no, pero este consejo (sabiduría) hizo que se derrumbaran las murallas del enemigo.

¿Tenía sentido poner harina en una olla de sopa venenosa y después decirles a todos los ministros que comieran? No, en el momento no, pero este consejo (sabiduría) hizo que todos pudieran comer hasta saciarse y nadie se enfermó.

¿Tiene sentido perdonar a aquellos que te han hecho daño a ti, a tu familia o a alguien cercano a ti? ¿No deberían pagar por lo que hicieron?

¿Tiene sentido amar a los que te odian? ¿No deberíamos ignorarlos?

¿Tiene sentido hacer el bien a aquellos que te han tratado mal? ¿No deberías vengarte?

¿Tiene sentido honrar a las personas que están en autoridad y actúan con maldad? ¿No deberíamos quejarnos y rebelarnos?

¿Tiene sentido honrar a los que te tratan de manera deshonrosa? ¿No deberías darles su merecido?

Podría seguir así todo el capítulo, y seguramente todo el libro, compartiendo mandamientos de las Escrituras que no tienen sentido, pero en base a los resultados, todos han demostrado ser sabiduría de Dios. Aquellos que los vivieron temblaron ante las instrucciones de Dios, obedecieron y fueron bendecidos; o les faltó temor de Dios ignorándolas o desobedeciéndolas, y sufrieron las consecuencias. Espero que estés viendo más claramente por qué el temor de Dios es el principio de la sabiduría (Salmos 111:10). Se nos dice:

Confía en el Señor con todo tu corazón; *no dependas* de tu propio entendimiento. Busca su voluntad en todo lo que hagas, y él te mostrará cuál camino tomar. (Proverbios 3:5-6, NTV, énfasis añadido)

La sabiduría del Señor sobrepasa con mucho a la nuestra, así que no deberíamos depender de nuestro propio entendimiento. Es muy fácil desviarnos de la obediencia que nos bendecirá cuando se nos dice que hagamos algo que no es lógico. La persona que teme a Dios obedece, aunque no tenga sentido.

Hace algunos años me reuní con un multimillonario. Me habló acerca de sus dificultades en el mercado financiero cuando empezó su carrera. Había leído todos los éxitos de ventas sobre cómo levantar una empresa exitosa y había puesto en práctica todo el conocimiento que había adquirido, pero seguía teniendo dificultades.

Un día, sentado en la iglesia, escuchando el mensaje que compartía su pastor, cruzó por su mente un pensamiento: *Él ha sido llamado a predicar el evangelio y depende del Espíritu Santo para cumplir la misión de su vida. Yo he sido llamado al mercado de valores; entonces, ¿por qué no dependo del Espíritu Santo para hacer aquello que he sido llamado a hacer?*

Decidió levantarse cada mañana y pedir dirección al Señor para el día, escribiendo en un diario todo lo que sentía que debía hacer. También hizo un esfuerzo por tener un oído siempre atento a lo que el Espíritu Santo pudiera mostrarle durante el día, incluso en sus reuniones de negocios.

Me habló de algunas anécdotas específicas. Un día, tenía agendada una reunión para una compra. Esa mañana sintió que el Espíritu Santo le pedía hacer algo que parecía trivial. No tenía sentido, pero decidió obedecer.

El Espíritu Santo le dijo que llevara a cabo cierto acto de manera repetitiva. Él no podía dejar de pensar en el rey al que el profeta Eliseo le dijo que golpeara el suelo con flechas. El rey golpeó el suelo tres veces, y el profeta lo reprendió por no haber golpeado más veces (2 Reyes 13:14-19). Así que este hombre llevó a cabo el acto veinte veces. Después me dijo: «Ese día, mi empresa compró veinte hospitales en Vietnam».

A continuación, me habló de cómo había comprado en Europa uno de los bancos más grandes del mundo. El proceso me pareció menos ortodoxo incluso que la compra de los hospitales, yo estaba asombrado. En resumen, este hombre de negocios decidió obedecer a Dios en lo que Él le mostrara en oración, le pareciera lógico o no. El fruto es evidente: ¡solo hay que ver lo bien que le va!

Cuando uno de nuestros hijos tenía casi veinte años, le pedí que hiciera algo que no tenía sentido para él. Se paró frente a mí protestando que mi instrucción no tenía sentido, pero yo me mantuve firme. Exasperado, finalmente me dijo: «Papá, ¡nosotros los millenials necesitamos saber el *porqué* antes de hacer algo!».

Yo le dije: «Está bien, haré un trato contigo. Déjame contarte una historia basada en hechos reales. Dios le dijo a un joven profeta de Judá que viajara a Betel, profetizara al rey de Israel, y no regresara a Judá por el mismo camino que había venido. Además, le dijo que no comiera nada en todo el viaje. El joven profeta no obedeció las instrucciones del Espíritu Santo y sufrió las consecuencias; un león lo mató antes de que terminara el viaje (1 Reyes 13:16, 23-26). Hijo, este es el trato: el día que puedas decirme el *porqué* de aquellas instrucciones específicas que le fueron dadas al joven profeta, yo te diré el *porqué* de mis instrucciones».

Hasta la fecha, no ha podido decírmelo. De hecho, esa historia sigue siendo un misterio para mí. Hay momentos en los que Dios nos pide que hagamos algo que no tiene sentido para nosotros, pero su sabiduría siempre se confirma con los resultados. Por eso Jesús dice: «La sabiduría se justifica por sus hechos» (Mateo 11:19).

Seamos como Pedro, que después de pasar toda la noche pescando sin resultado, escuchó la voz de Jesús que le decía que navegara hacia aguas más profundas y volviera a echar las redes. Esa orden requería mucho trabajo y ya estaban agotados, pero ¿no te encanta la respuesta de Pedro? «Hemos estado trabajando toda la noche y no hemos pescado nada, pero porque Tú lo pides, echaré las redes» (Lucas 5:5). El resultado fueron dos barcas enteras llenas de peces.

Aplicación personal

Pasaje: Los que confían en su propia inteligencia son necios, pero el que camina con sabiduría está a salvo (Proverbios 28:26, NTV).

Punto: La sabiduría del Señor sobrepasa en mucho a la nuestra, así que no deberíamos depender de nuestro propio entendimiento. Es muy fácil que este nos desvíe de nuestra obediencia, la cual nos beneficiará. La persona que teme a Dios obedece, aunque no tenga sentido.

Piensa: ¿Me cuesta confiar en la sabiduría de Dios? ¿He dudado de sus consejos y he hecho lo que me parecía lógico a mí en el pasado? ¿Cuáles fueron los resultados de eso? ¿Qué pasaría si buscara en Dios dirección y confiara en Él? ¿Puedo comprometerme con este proceso?

Ponte a orar: Amado Padre celestial, perdóname por confiar en mi propia sabiduría en lugar de la tuya. Te pido que me des la fe necesaria para recibir tu sabiduría al leer tu Palabra, orar, y escuchar los sabios consejos de aquellos que te temen. Dame la fuerza para creer y obedecer, aunque no tenga sentido. Te lo pido en el nombre de Jesús, amén.

Proclama: Decido obedecer la sabiduría de Dios por encima de la mía y la de las voces que confían en la habilidad humana más que en la de Dios.

*La obligación del hombre es amar
y temer a Dios, incluso sin esperar
recompensa o temer castigo.*

—MAIMÓNIDES

25 | SIN BENEFICIO APARENTE

Seguro que has escuchado a algún papá o alguna mamá quejarse de que su hijo o hija que está en la universidad solo los llama cuando necesita dinero. En esta situación, que es muy típica, durante esa llamada telefónica podría parecer que el hijo tiene interés por conversar con mamá y papá, pero la motivación subyacente es el beneficio del recurso que necesita. El temor santo nos salvaguarda de hacer eso con nuestro Padre celestia, y nos conduce al siguiente aspecto, que es temblar ante la Palabra de Dios. Repasemos mientras añadimos nuestro indicativo más nuevo.

1. Obedece inmediatamente.
2. Obedece a Dios, aunque no tenga sentido.
3. **Obedece a Dios, aunque no obtengas un beneficio personal.**

Durante mis más de cuarenta años de ministerio me he dado cuenta de una triste realidad, especialmente en la iglesia occidental. Demasiado a menudo deben resaltarse los beneficios para que los creyentes tengan interés en obedecer. Piénsalo. ¿Llegaríamos treinta minutos antes para sentarnos en la primera fila cuando el mensaje que se va a compartir es sobre la santidad? ¿Los libros que hacen énfasis en la obediencia entran en las listas de éxitos de venta? ¿Acaso el liderazgo se ha desviado de la verdad y la confrontación para amoldarse a esta tendencia? En otras palabras, ¿han cedido muchos ministros ante la presión de agradar a otros con historias inspiradoras en lugar de hacer un llamado al pueblo de Dios a negarse a sí mismos y seguir a Jesús?

¿Qué hace que esta tendencia sea una triste realidad? Al ignorar la sabiduría de Dios, nos hacemos daño a nosotros mismos. Sus mandamientos, consejos y palabras de sabiduría siempre producen las mejores bendiciones tanto en esta vida como en la venidera. Se nos dice que hay «una gran recompensa para quienes [...] obedecen» la Palabra de Dios (Salmos 19:11, NTV). Nunca podrás superar a Dios en generosidad; los beneficios son mucho mayores que cualquier cosa que pudieras hacer por Él.

Por otro lado, es peligroso dejarse motivar por los incentivos. ¿Por qué? Si el beneficio no es obvio, ¿estaremos igual de decididos a obedecer las instrucciones de Dios? Lo más probable es que los intereses personales tomen el control. Por eso, el temor del Señor es tan crucial; nos lleva a obedecer, haya recompensa o no.

Durante el reinado del gran Imperio persa, esta potencia poderosa había sometido a todas las demás y su líder, el rey Asuero (o Jerjes), era el hombre más poderoso de la tierra. Estaba casado con una mujer judía llamada Ester.

El oficial de mando más alto del rey era un hombre llamado Amán, que guardaba mucho rencor hacia el primo de Ester, Mardoqueo, que también era oficial del rey. En su enojo, Amán estaba decidido a castigar no solo a Mardoqueo, sino también a toda la raza judía. Ni él ni la mayoría sabían que la reina Ester era judía.

Amán difamó sin piedad al pueblo judío ante el rey y sugirió que la raza entera fuera aniquilada en un solo día. Su conspiración tuvo éxito. El rey dio su consentimiento, emitió el decreto y lo selló con su anillo real.

Mardoqueo, al enterarse del decreto, envió un mensajero a su prima, la reina Ester. Le pidió que compareciera ante el rey intercediendo a favor de las vidas de los judíos.

Ester respondió: «Todos los siervos del rey y el pueblo de las provincias del rey saben que para cualquier hombre o mujer que vaya al rey en el atrio interior, sin ser llamado, él tiene una sola ley, que se le dé muerte, a menos que el rey le extienda el cetro de oro para que viva. Y yo no he sido llamada para ir al rey por estos treinta días» (Ester 4:11). A pesar de ser la esposa del rey Asuero, si Ester entraba al salón del trono sin haber sido invitada, lo más probable es que fuera ejecutada.

Analicemos esto a fondo: ella era la reina; tenía una vida fabulosa, con todo lo que pudiera desear. Personalmente, no tenía nada que ganar al arriesgarse a entrar al salón del trono por el bien del pueblo de Dios, pero podía perderlo todo, hasta su cabeza. Sin embargo, fíjate en la respuesta que le da a Mardoqueo:

«Ve, reúne a todos los judíos que se encuentran en Susa y ayunen por mí; no coman ni beban por tres días, ni de noche ni de día. También yo y mis doncellas ayunaremos. Y así *iré* al rey, lo cual no es conforme a la ley; *y si perezco, perezco*». (Ester 4:15-16, énfasis añadido)

El temor santo la motivó a poner el reino de Dios por encima de su propio bienestar. Arriesgó su comodidad, seguridad, riqueza y posición para obedecer. No había ningún beneficio para ella, pero lo que para Dios era importante, para ella tenía máxima importancia, sin excepciones. Ella temblaba ante su Palabra; temía a Dios.

En el año 2015 Lisa y yo estábamos en Yérevan, Armenia, ministrando en una conferencia para 3.500 líderes. Había pastores que habían volado desde todos los rincones del este de Europa y el Medio Oriente, y muchos habían llegado en auto desde Irán (Yérevan está a unos cincuenta kilómetros de la frontera con Irán). En ese entonces los ciudadanos iraníes podían entrar en Armenia, así que muchos líderes de la iglesia clandestina estaban presentes. Las reuniones fueron gloriosas.

Cuando terminó la última reunión, Lisa y yo decidimos pasear por la calle principal de Yérevan para tomar un poco de aire fresco. Dos muchachas jóvenes de unos veintipocos años salieron corriendo de un restaurante para saludarnos; resultó que eran dos líderes de Irán. Eran muy hermosas y estaban llenas de vida; de hecho, pensé: *¿Cuáles son los dos de mis tres hijos solteros a los que puedo presentarles estas muchachas?*

Lisa y yo hablamos con ellas durante unos veinte minutos. Nos contaron que la policía religiosa las estaba rastreando; durante la conferencia habían recibido llamadas de las autoridades iraníes relativas a su paradero.

Una de las jóvenes nos contó que había recibido un mensaje de texto bastante preocupante.

En ese momento, hice uno de los comentarios más estúpidos que he hecho en cuatro décadas de ministerio. Le dije: «¿Por qué regresan? ¿Por qué no huyen?».

Con sinceridad en la mirada, llena de amabilidad y decisión, me miró y respondió: «¿Quién les hablará de Jesús a los persas si no regresamos?».

Su respuesta me asombró. Fuimos testigos de cómo estas dos jóvenes pusieron a un lado su instinto de preservación; la pasión por el avance del reino en su país pesaba más. Caminaban en el mismo temor de Dios que Ester, y obedecieron a Dios incluso cuando no había beneficio personal aparente, y posiblemente estuvieran poniendo sus vidas en peligro. Me corrigieron y a la vez me inspiraron.

La decisión que mostraron estas jóvenes no se limita a un solo acto de obediencia. Es una postura del corazón que se desarrolla y se convierte en un estilo de vida. Es lo que nos guía incluso en las decisiones más aparentemente insignificantes que tomamos a cada momento. Decidimos, hasta en los asuntos más pequeños, obedecer la Palabra de Dios y la guía del Espíritu Santo. Puede que tengamos la agenda apretada, pero de repente sentimos que debemos llamar a alguien. No hay motivo aparente, ni tampoco un beneficio evidente, pero eso no es lo que nos motiva. Hacemos la llamada, y a menudo entendemos el *porqué* después.

O tal vez nos enteramos de que alguien nos ha estado difamando. Perdonar, procurar la reconciliación y bendecir a esa persona no tiene ningún beneficio aparente, pero decidimos hacerlo por el simple hecho de obedecer el mandamiento: «Perdónense unos a otros, así como también Dios los perdonó a ustedes en Cristo» y «bendigan a quienes los maldicen» (Efesios 4:32, Lucas 6:28, rvc).

Tal vez alguien que nos odia nos ha tratado mal. ¿Cuál es el beneficio de obedecer las palabras de Jesús: «Bendigan a los que los maldicen, hagan bien a los que los odian, y oren por quienes los persiguen» (Mateo 5:44, rvc)? Piensa también en esto: ¿Qué beneficio obtienen los creyentes en los países que sufren persecución cuando bendicen a aquellos que los persiguen, los torturan, o hasta asesinan a sus seres queridos por su fe? Aun así, Lisa y yo nos hemos sentado con pastores de países donde han ocurrido esas cosas y hemos sido testigos de su gozo y vida abundante.

¿Qué beneficio tiene orar apasionadamente por las personas en otros países? ¿O ser generosos con personas de otros países que nunca podrán retribuirte? La lista es infinita. La pregunta es la siguiente: ¿obedecerás constantemente a Dios en respuesta al temor santo que arde en tu corazón, o esperarás hasta obtener un beneficio personal?

Aplicación personal

Pasaje: Si tratas de *aferrarte a la vida*, la perderás, pero si entregas tu vida por mi causa, la salvarás (Mateo 16:25, NTV, énfasis añadido).

Punto: La mayoría de las veces nos perdemos las bendiciones mayores al ignorar los consejos de Dios que no parecen beneficiarnos personalmente. La realidad es que, a la larga, nos hacemos daño a nosotros mismos. Nunca podremos superar a Dios en generosidad.

Piensa: ¿A qué se refiere Jesús cuando dice: «aferrarte a la vida»? ¿He pensado que este versículo es solo para casos extremos como el martirio? ¿Lo he aplicado a las decisiones pequeñas y cotidianas de mi día a día? ¿Qué pasaría si lo hiciera? ¿En qué cambiaría mi manera de vivir?

Ponte a orar: Amado Padre celestial, perdóname por limitar mi hambre y mi obediencia a los consejos que considero personalmente beneficiosos. Me arrepiento de esta mentalidad y te pido perdón. De ahora en adelante, decido no aferrarme a mi vida, sino entregarla por la causa de Cristo. Por lo tanto, tendré hambre y sed de tu sabiduría, incluso de aquellos consejos que no produzcan un beneficio inmediato. En el nombre de Jesús, amén.

Proclama: Decido en cada momento entregar mi vida en favor de los deseos y la sabiduría de mi Señor Jesús.

Sin obediencia no puede haber salvación, porque la salvación sin obediencia es una imposibilidad autocontradictoria.

—A. W. TOZER

26 | UN DOLOR BUENO

Dar a luz a un hijo no es una experiencia agradable para una mujer; es difícil y hasta doloroso. Sin embargo, el resultado final es un esperado nuevo miembro de la familia. Sin la incomodidad del embarazo y el parto, una preciosa vida no hubiera podido llegar, y eso nos permite ver un destello del siguiente aspecto en cuanto a temblar ante la Palabra de Dios. Los tres primeros indicativos, unidos al más reciente, son estos:

1. Obedece inmediatamente.
2. Obedece a Dios, aunque no tenga sentido.
3. Obedece a Dios, aunque no obtengas un beneficio personal.
4. **Obedece a Dios, aunque sea doloroso.**

Si regresamos a uno de nuestros versículos fundamentales, Filipenses 2:12-13, recordamos que debemos ocuparnos de nuestra salvación con temor y temblor. Justo antes de estas palabras que nos animan a ser *obedientes*, Pablo señala a Jesús como ejemplo de ello. Nuestro Señor dejó a un lado sus privilegios divinos y «se humilló Él mismo, haciéndose *obediente* hasta la muerte, y muerte de cruz» (Filipenses 2:8, énfasis añadido). Jesús obedeció voluntariamente la petición del Padre, aunque eso requería un sufrimiento tremendo.

La noche antes de la crucifixión, en el jardín de Getsemaní, Jesús clamó angustiado: «Padre Mío, si es posible, que pase de Mí esta copa; pero no sea como Yo quiero, sino como Tú *quieras*» (Mateo 26:39). El conflicto entre la obediencia y la autoprotección era tan intenso, que Jesús sudó grandes gotas de sangre. Recuerda que Él «enfrentó todas y cada una de las pruebas que enfrentamos nosotros, sin embargo, él nunca pecó» (Hebreos 4:15, NTV). Él vio de antemano el terrible sufrimiento que tenía por delante, y rogó pidiendo un camino alternativo para cumplir la voluntad del Padre, pero eso no era posible. ¿Qué lo llevó a ese grado de obediencia?

> Mientras estuvo aquí en la tierra, Jesús ofreció oraciones y súplicas con gran clamor y [...] Y Dios oyó sus oraciones por *la gran reverencia que Jesús le tenía*. (Hebreos 5:7, NTV, énfasis añadido)

Su profundo temor de Dios le permitió enfrentar y aguantar aquello de lo que la naturaleza humana habría huido. De la misma manera se nos dice:

> Por tanto, puesto que Cristo ha padecido en la carne, *ármense* también ustedes con el mismo propósito, pues quien ha padecido en la carne ha terminado con el pecado. (1 Pedro 4:1)

Antes de avanzar más, permíteme insertar aquí un punto importante. La religión falsa perseguirá el sufrimiento para agradar al dios al que sirve. El verdadero cristianismo busca obedecer a Dios y, en el proceso, enfrenta la oposición de un mundo caído que a menudo tiene como resultado el sufrimiento. La obediencia es lo que agrada a Dios, no el hecho de buscar dificultades. El sufrimiento puede ser físico o mental; el dolor de ambos es muy real.

Pedro nos ordena que nos *armemos*. ¿Te imaginas a un militar que va a la guerra sin aviones, barcos, tanques, pistolas, balas o cuchillos; desarmado? El simple hecho de plantearlo parece ridículo. Del mismo modo, es una locura pensar que un creyente no esté preparado para sufrir, pero muchas veces ese es el caso. Un creyente desarmado puede evitar fácilmente el sufrimiento para autoprotegerse. El temor del Señor es lo que nos arma; nos mantiene decididos a obedecer a Dios sin importar el sufrimiento que eso pueda producir.

Hay muchas historias que podría contar sobre el sufrimiento; hasta podría escribir un libro. Una de ellas es relativa a un viaje ministerial a principio de los años noventa. Lisa, nuestros hijos y yo estábamos en un pequeño pueblo en medio de la nada ministrando en una iglesia que acababa de perder a su pastor; él los había dejado por una iglesia más grande.

Las primeras reuniones fueron difíciles; una buena parte de la congregación había perdido el interés, y los jóvenes se sentaban en la parte de atrás haciendo bromas y riéndose. Sin embargo, en la tercera reunión ocurrió algo. El impacto fue profundo; hasta los jóvenes llegaban ahora temprano para sentarse en la primera fila. La asistencia aumentó y las reuniones siguieron durante algunas semanas. Nos juntábamos todas las tardes en un pequeño local abarrotado en el que varios recibieron salvación y casi todos experimentaron avivamiento.

Después de mucha oración, nos ofrecimos a quedarnos durante los meses que fuera necesario con el fin de preparar a la iglesia para recibir a un nuevo pastor. Sin embargo, a la junta directiva no le gustó la alteración que eso provocó en sus vidas tan planificadas y en el control que tenían sobre cómo sucedían las cosas. Asombrosamente, una de sus quejas era que no les gustaba que los jóvenes se sentaran en la primera fila. Había otras quejas, pero no vale la pena mencionarlas. Para hacer la historia corta, por último votaron a favor de no aceptar nuestra oferta y que nos fuéramos de allí.

La misma tarde en la que votaron, anuncié a la iglesia que nuestra reunión del día siguiente sería la última. La mayoría de las personas exclamaron en desaprobación; fue un momento intenso, desconcertante e incómodo.

Al día siguiente, la iglesia recibió la llamada de un hombre disgustado cuya esposa había asistido a las reuniones, amenazando con poner una bomba en el edificio de la iglesia durante nuestra última reunión. Yo me reí, hasta que un policía me llamó para advertirme.

Incrédulo, le respondí: «Seguro que eso no va a suceder».

El agente me dijo: «Señor, conozco a este hombre. Es sospechoso de ser un importante traficante de drogas, y no me sorprendería que lo hiciera si ha bebido».

Preocupado, le pregunté: «¿No pueden protegernos?».

Casi no podía creer su respuesta: «Mi comisaría, que es la más cercana a ese pequeño pueblo, está a más de cincuenta kilómetros. Yo salgo de trabajar esta tarde a las seis, y no tengo a nadie que pueda ir porque estamos escasos de personal».

Cuando colgué no me lo podía creer; sobre todo, estaba muy preocupado. Mi mente me gritaba que recogiéramos todo inmediatamente y huyéramos, ya que estábamos viviendo en un tráiler doble, de uno de los miembros de la iglesia, que estaba estacionado en medio de un terreno, completamente vulnerables a cualquier ataque. Nos sentíamos inseguros y rechazados; ¿por qué asistir esa tarde? La junta nos echó; ¡deberíamos irnos directamente!

Sabía que esos pensamientos eran egoístas; muchas personas habían sido impactadas en aquellas dos semanas de ministerio y, si las abandonábamos antes de tiempo por una amenaza, experimentarían de nuevo el rechazo de un líder. Sabía que, si huíamos, sentaríamos un precedente de haber cedido que podría afectarnos el resto de nuestras vidas. No podía evitar pensar en las palabras de Jesús: «El que *trabaja a sueldo* sale corriendo cuando ve que se acerca un lobo; abandona las ovejas» (Juan 10:12, NTV, énfasis añadido).

Oramos durante horas. Una y otra vez, el versículo que dice que aquellos que habitan en la presencia de Dios «mantienen su palabra aunque salgan perjudicados» (Salmos 15:4, NTV) resonaba en mi corazón. Finalmente, la paz prevaleció en nuestros corazones y sentimos que estaríamos a salvo. Tuvimos una reunión preciosa aquella tarde; no hubo bombas, y pudimos despedirnos de la congregación.

Vivimos en un mundo caído que se opone y hasta es hostil a los caminos de Dios. Por eso se nos advierte: «Porque, por causa de Cristo, a ustedes les es concedido no sólo creer en él, sino también padecer por él» (Filipenses 1:29, RVC). Y no solo lo dice Pablo; Pedro escribe:

> Pues Dios los llamó a hacer lo bueno, aunque eso signifique que tengan que sufrir, tal como Cristo sufrió por ustedes. Él es su ejemplo, y deben seguir sus pasos. Él nunca pecó y jamás engañó a nadie. No respondía cuando lo insultaban ni amenazaba con vengarse cuando sufría. Dejaba su causa en manos de Dios, quien siempre juzga con justicia. (1 Pedro 2:21-23, NTV)

No debemos tomar represalias; debemos entregar en manos de Dios cualquier trato injusto que recibamos. No deberíamos ignorarlo, pero deberíamos entregárselo a Él en oración. Dios nos vengará, pero a su manera y en su tiempo.

Los héroes del reino de Dios experimentaron grandes victorias por su fe, pero por su obediencia a Dios algunos fueron acosados, encadenados, torturados, abusados, encarcelados, estuvieron en el desierto, vivieron en cuevas, y tantas otras situaciones incómodas o dolorosas. ¿Por qué? Porque vivían en un mundo caído que es hostil hacia el reino de Dios (Hebreos 11:36-39). Todos tenían una cosa en común: por casusa de su temor de Dios se negaron a dar la espalda a la obediencia, aunque doliera. Sin embargo, confiaban en esta promesa: «Los que siembran con lágrimas cosecharán con gritos de alegría [...] regresan cantando cuando traen la cosecha» (Salmos 126:5-6, NTV).

Aplicación personal

Pasaje: «El temor del Señor infunde plena confianza, y da esperanza a nuestros hijos» (Proverbios 14:26, RVC).

Punto: El temor del Señor es lo que nos arma, manteniéndonos firmes en nuestra decisión de obedecer a Dios incluso frente a la adversidad.

Piensa: ¿He ignorado la obediencia a la Palabra de Dios para protegerme? ¿Estoy dispuesto a arrepentirme y poner en práctica el temor del Señor? ¿Decidiré amar y obedecer, aunque tenga que pagar un precio financiero, social o incluso físico?

Ponte a orar: Amado Señor, perdóname por haber evitado obedecer tu Palabra para protegerme. Me doy cuenta de que esa no es la decisión más sabia; tu protección es infalible y duradera, mientras que la que yo puedo ofrecer es temporal. De ahora en adelante, escojo el temor del Señor; te pido que este me dé la convicción firme de obedecerte sin importar el precio. Gracias por las fuerzas que me das. En el nombre de Jesús, amén.

Proclama: El temor de Dios me arma para obedecerlo, aunque eso signifique sufrir en el proceso. Entrego mi vida a Aquel que juzga con justicia.

Traza un sendero recto

para tus pies; permanece

en el camino seguro.

—PROVERBIOS 4:26, NTV

27 | CONSUMADO ES

Para comenzar este capítulo, déjame hacer una pregunta: ¿es posible alcanzar el máximo potencial de cualquier proyecto sin haberlo terminado? La respuesta es un «no» muy obvio. Nuestro Señor tiene un proyecto inmenso en proceso que se centra en edificar un reino. Nos ha dado a cada uno de nosotros la responsabilidad de levantar subproyectos que completarán la obra de su glorioso reino cuando sean llevados a cabo.

Acuérdate de esta verdad mientras comenzamos a ver el último aspecto de temblar ante la Palabra de Dios. Enumeramos los cuatro primeros de nuevo, y añadimos el último:

1. Obedece inmediatamente.
2. Obedece a Dios, aunque no tenga sentido.
3. Obedece a Dios, aunque no obtengas un beneficio personal.
4. Obedece a Dios, aunque sea doloroso.
5. **Obedece a Dios hasta el final.**

Saúl, el primer rey de Israel, es un clásico ejemplo de alguien que no tiembla ante la Palabra de Dios. Él se desviaba con facilidad de la obediencia cuando no tenía sentido, el beneficio no era evidente o no se alineaba con sus propósitos. Su falta de temor de Dios causó dolor y daño a otros, como suele ocurrir con este tipo de comportamiento.

Este no fue siempre el caso. Antes de ser coronado rey, él era un hombre humilde y lleno de temor de Dios; dos virtudes que van de la mano.

Cuando Samuel, el profeta de renombre, lo buscó, no dudó en decir: «¿Por qué te has fijado en mí? Soy de la tribu más pequeña de Israel y mi familia es la menos importante de la tribu» (1 Samuel 9:21, paráfrasis del autor). Más adelante, todo el pueblo de Israel se reunió para descubrir la identidad de su primer rey. Después de un largo proceso, la selección divina escogió a Saúl; pero cuando los líderes lo llamaron, no pudieron encontrarlo; se había escondido en un lugar desconocido. No quería reconocimiento (1 Samuel 10:20-24).

Después se vería que el temor de Dios no era su tesoro. Igual que Salomón, con el tiempo lo dejó a un lado cuando experimentó el éxito, el reconocimiento y los beneficios del liderazgo. Para la mayoría, incluido el rey Saúl, los primeros indicios de estar perdiendo el temor de Dios son sutiles. Todo comienza cuando se ignora la convicción en los asuntos pequeños, lo cual hace que nuestra conciencia se insensibilice más y más. Con el tiempo, al enfrentar asuntos más importantes, no nos damos cuenta del patrón de desobediencia que hemos desarrollado.

Eso fue lo que ocurrió con el rey Saúl. Empezaron a aparecer señales de la pérdida del temor de Dios (1 Samuel 13:5-14), pero el hecho de que estuviera teniendo mucho éxito en ese momento complicaba las cosas (1 Samuel 14:47).

Después de un tiempo, al rey se le ordenó ir y destruir «por completo a toda la nación amalecita: hombres, mujeres, niños, recién nacidos, ganado, ovejas, cabras, camellos y burros» (1 Samuel 15:3, NTV). El Señor iba a vengarse por la conducta malvada de esa nación.

Saúl movilizó a 210.000 soldados. Junto con sus hombres, mató a todos los seres humanos y animales domésticos; excepto a Agag, rey de los amalecitas, y a los mejores animales domésticos (1 Samuel 15:7-9).

Pensemos en esto. Si Saúl había reunido un ejército así de grande era porque los amalecitas tenían, por lo menos, un cuarto de millón de habitantes, así que la realidad es que masacraron a 249.999 personas. El rey llevó a cabo un 99,99 % de lo que se le había encomendado hacer, pero fíjate en la respuesta de Dios ante su obediencia *casi* completa:

> «Lamento haber hecho a Saúl rey, porque no me ha sido leal y *se ha negado a obedecer* mi mandato». (1 Samuel 15:11, NTV, énfasis añadido)

Samuel le da este mensaje al rey y clasifica su comportamiento como *rebelión* (1 Samuel 15:23). No hay duda; Saúl *pecó*. Pausemos por un momento para hablar sobre el pecado. El apóstol Juan dice que pecar es infringir la ley (1 Juan 3:4). Su definición de pecado podría expresarse así: *el pecado es insubordinación a la autoridad de Dios.* Mirémoslo desde esta perspectiva: en el jardín, Adán no se acostó con una prostituta, no atracó un banco ni mató a alguien. Solo desobedeció lo que Dios había dicho. Del mismo modo, Saúl decidió no obedecer *completamente* lo que Dios le había ordenado hacer.

Profundicemos un poco más. Cuando Dios le pidió a Saúl que fuera a la batalla, él no dio un pisotón gritando: «¡Ni hablar! ¡No haré eso!». La mayoría diría que eso habría sido rebelión. No ignoró el mandamiento y se puso a hacer otras cosas. Si ese fuera el caso, la mayoría diría: «Lo hizo mal porque no priorizó la obediencia». Pero muy pocos usarían la palabra «rebelión».

De igual manera, la mayoría diría que hizo un buen trabajo porque completó el 99,99 % de la tarea, pero muy pocos dirían que lo que hizo fue rebelarse. Si nosotros estuviéramos en el lugar de Saúl y recibiéramos esta corrección, muchos protestaríamos diciendo: «¡No digas tonterías! ¿Por qué te importa tanto lo poco que no hice en lugar de fijarte en todo lo que conseguí?». A la luz de esto, podemos llegar a la siguiente conclusión: la obediencia *casi completa* no es obediencia.

Analicemos por qué se utilizan palabras tan duras. En primer lugar, en aquella época, si eras rey y conquistabas a otra nación, llevarte vivo al rey era como tener un trofeo viviente en el palacio. Era un recordatorio constante de la grandeza de tu liderazgo, no solo para tu ego, sino también para todos los que entraran en el palacio.

En segundo lugar, ¿por qué dejar con vida a los mejores animales? Antes de contestar, compliquémoslo aún más. Saúl no mató a los mejores animales domésticos para entregárselos al Señor como ofrenda. Fíjate en su respuesta a las palabras del profeta: «Es cierto que los soldados dejaron con vida lo mejor de las ovejas, las cabras y el ganado—admitió Saúl—, pero van a sacrificarlos al Señor tu Dios. Hemos destruido todo lo demás» (1 Samuel 15:15, NTV). ¿Por qué hizo eso? ¿Tal vez para ganarse el favor de su pueblo? Esta nación reconocía a Dios como Señor. Piensa desde la perspectiva de los soldados, los sacerdotes y el pueblo; seguramente se decían unos a otros: «Qué rey más piadoso tenemos; siempre pone a Dios primero; le da lo mejor a Dios». El pueblo no sabía que el mandamiento original era destruirlo absolutamente todo. En resumen, Saúl estaba asegurándose una buena reputación. La motivación que había detrás de sus acciones era el temor del hombre; Saúl era inseguro.

En nuestro mundo actual, muchos muestran empatía hacia aquellos que son inseguros. Sin embargo, lo que hay detrás de la inseguridad es nuestro deseo de ser aceptados, amados o respetados, aunque eso implique desobedecer. No nos damos cuenta de lo mucho que nuestro Creador nos ama y nos acepta. La inseguridad debe reconocerse por lo que es: una trampa peligrosa.

Saúl no obedeció la totalidad del mandamiento por su falta de temor de Dios. Volvamos al ejemplo de Jesús. Iba a enfrentarse al rechazo, la vergüenza, el odio, una oposición brutal, azotes físicos y una crucifixión terrorífica. Cuando los guardias del templo llegaron para arrestarlo, sus discípulos intentaron protegerlo, pero su respuesta fue:

> «¿No te das cuenta de que yo podría pedirle a mi Padre que enviara miles de ángeles para que nos protejan, y él los enviaría de inmediato? Pero si lo hiciera, ¿cómo se cumplirían las Escrituras, que describen lo que tiene que suceder ahora?». (Mateo 26:53-54, NTV)

La obediencia hasta el final era muy importante para Jesús.

En la secundaria yo no era creyente, pero había un póster en nuestro vestuario que me llamaba la atención. Lo veía cada tarde después del entrenamiento de básquet. Era un deportista sentado con la cabeza agachada diciendo: «Me rindo». Debajo había una imagen de Jesús colgado en la cruz diciendo: «Yo no me rendí».

Eso me impactó incluso sin ser creyente. Ahora que entiendo que Jesús podría haber evitado el trato cruel y la muerte brutal, pero en cambio decidió seguir obedeciendo hasta poder decir finalmente: «Consumado es», me doy cuenta de que esto tiene mucho más peso. Él estableció el ejemplo para que nosotros podamos obedecer completamente: terminar lo que sea que Dios nos pida hacer.

Ahora podemos entender mejor las instrucciones que Jesús dio a los discípulos cuando pidieron que su fe aumentara:

«Cuando hayan hecho *todo* lo que se les ha ordenado, digan: "Somos siervos inútiles, no hemos hecho más que cumplir con nuestro deber"». (Lucas 17:10, RVC, énfasis añadido)

La palabra «todo» ahora cobra un nuevo sentido. Obedezcamos siempre hasta el final.

Aplicación personal

Pasaje: ¡Nunca se den por vencidos! [...] Fijen sus ojos en *Jesús*, que comenzó y terminó la carrera que ahora nosotros corremos. Aprendan de cómo lo hizo, ya que Él soportó cualquier cosa que surgiera en el camino porque nunca perdió de vista hacia dónde se dirigía (el glorioso final en Dios y con Dios) [...] Cuando se encuentren flaqueando en su fe repasen esa historia, punto por punto, todas las situaciones hostiles que enfrentó. ¡*Eso* les dará un impulso llenando sus almas de adrenalina! (Hebreos 12:1-3, traducción libre AMPC).

Punto: La obediencia casi completa no es obediencia. Jesús fue el ejemplo perfecto de que debemos obedecer hasta el final en lo que sea que Dios nos encomiende.

Piensa: ¿He comenzado a obedecer la Palabra de Dios, pero permitiendo que las distracciones, el placer, las dificultades, la desaprobación de otros o cualquier otra adversidad me haga rendirme y no terminar? ¿Cómo puedo cambiar eso?

Ponte a orar: Amado Padre celestial, por favor perdóname por empezar a obedecer lo que me has pedido que haga, pero sin terminarlo, ya sea por ignorarlo o por cambiar de opinión al no verle beneficio. Me arrepiento de esta falta de temor de Dios y te pido perdón. En el nombre de Jesús, amén.

Proclama: Decido obedecer la Palabra de Dios hasta el final.

Cuando los hombres dejan de temer a Dios, quebrantan sus leyes sin dudarlo. El temor a las consecuencias no es suficiente cuando el temor de Dios ya no está presente.

—A. W. TOZER

28 | CÓMO INSENSIBILIZAR UNA CONCIENCIA

Como dije en el capítulo anterior, las primeras señales de la pérdida del temor de Dios son sutiles; tanto que tenemos que profundizar un poco más y desarrollar este punto tan importante. ¿Alguna vez has sentido que algo en tu interior te advertía cuando te encontrabas con la oportunidad de hacer algo cuestionable? La mayoría entiende que eso es nuestra *conciencia* que nos protege, pero lo que muchos no saben es que la claridad y la fuerza de nuestra conciencia puede alterarse.

Nuestra conciencia es un regalo de Dios que no deberíamos tomar a la ligera. Constituye una parte integral de nuestro *corazón*; el temor de Dios fortalece su sensibilidad y, en contrapartida, la falta de él la apaga. Se nos advierte: «Con toda diligencia guarda tu *corazón*, porque de él brotan los manantiales de la vida» (Proverbios 4:23, énfasis añadido).

Cuando tenía poco más de treinta años, un ministro bastante conocido me invitó a almorzar. Durante el transcurso de la comida me preguntó: «John, ¿cómo hago para no caer como han hecho muchos otros líderes?».

Casi me atraganto con la comida. ¿Por qué me haría una pregunta como esa a mí? Yo era joven, y él había estado en el ministerio más tiempo del que yo llevaba siendo salvo. Sin embargo, en lugar de desviar el tema miré hacia mi interior y pregunté en silencio: *Espíritu Santo, ¿qué respuesta le doy?*

Casi al instante escuché: *Dile que guarde su conciencia como su posesión más preciada.*

Dije lo que había escuchado, y repentinamente las palabras comenzaron a derramarse desde lo profundo de mi alma. Expresé algo como esto: «Te ofrecerán grandes oportunidades, pero en tu interior sabrás que eso va en contra de tu integridad, no es del todo ético, es cuestionable o podría hacer daño a otros. Escucha tu conciencia; no ignores sus advertencias. Si las ignoras, perderás tu sensibilidad a Dios».

Los siguientes días descubrí que la «conciencia» aparece a menudo en las Escrituras; algo de lo que no me había dado cuenta antes. Solo en el Nuevo Testamento se menciona unas treinta veces. Pablo le dice a Timoteo:

Aférrate a tu fe en Cristo y mantén limpia tu *conciencia*. Pues algunas personas desobedecieron a propósito lo que les dictaba su *conciencia* y, como resultado, su fe naufragó. (1 Timoteo 1:19, NTV, énfasis añadido)

La fe que naufraga no es un tema sin importancia.

El almuerzo con ese ministro de más edad me abrió los ojos al peso de la afirmación de Pablo, y me confirmó la razón por la que muchos no terminan bien.

Que las Escrituras nos amonesten a «mantener» nuestra conciencia limpia significa que inicialmente está en buen estado. La sangre de Jesús limpia y purifica nuestra conciencia (1 Timoteo 3:9; Hebreos 9:9, 14). Este es uno de los grandes beneficios del nuevo nacimiento. El profeta Jeremías hace una declaración con respecto a nuestra conciencia que a menudo se saca de contexto. Él declara: «El corazón es engañoso y perverso, más que todas las cosas. ¿Quién puede decir que lo conoce?» (17:9, RVC). No está hablando de aquellos que han nacido de nuevo y tienen una nueva naturaleza, habiendo sido hechos nuevos a imagen de Jesús. Las personas en el Antiguo Testamento no tenían un corazón nuevo, pero Dios les prometió: «Les daré un corazón nuevo, y pondré en ustedes un espíritu nuevo» (Ezequiel 36:26, RVC). Esto ocurriría cuando Jesús redimiera nuestra naturaleza y nos diera la suya.

Debido al milagro de habernos convertido en personas nuevas en Cristo, tenemos una conciencia confiable. El reto es mantenerla pura. Ahora, debemos preguntarnos: ¿cómo podemos contaminarla? La corrupción completa no ocurre en un momento; la verdad es que la mayoría de las veces comienza con asuntos menores y, con el tiempo, si estos no son confrontados, termina en un naufragio. Santiago escribe:

> Sean *hacedores* de la palabra y no solamente oidores que se engañan a sí mismos. (Santiago 1:22, énfasis añadido)

Insisto, nos encontramos cara a cara con el concepto de la obediencia. Ya hemos hablado de que la evidencia del temor de Dios es obedecer inmediatamente y por completo, aunque no tenga sentido, no haya beneficio evidente o duela. La persona que camina de este modo no puede engañarse a sí misma.

Detengámonos por un segundo y asegurémonos de no habernos perdido el impacto de esta declaración. Por supuesto que es posible engañar a conocidos, o incluso a amigos cercanos y familiares, pero engañarnos a nosotros mismos es otra cosa. La realidad es que, cuando desobedecemos, nos *engañamos a nosotros mismos*. Debilitamos la protección que la verdad nos ofrece, y nuestra brújula moral se daña. Cuando estamos en peligro, somos menos conscientes de ello.

Pongamos un ejemplo hipotético de este proceso. ¿Alguna vez has hablado mal de alguien? En el momento en que lo hiciste, tal vez sentiste como si te hubieran clavado un cuchillo; esa es la voz de tu conciencia. Con suerte la escuchaste, te arrepentiste e inmediatamente corregiste lo que habías dicho. Sin embargo, a menudo lo que ocurre es que justificamos nuestro comportamiento. El razonamiento que utilizamos puede ser algo como esto: *¡lo que dije es verdad!* Por desgracia, nuestro argumento erróneo prevalece y no retiramos nuestras declaraciones, ignorando el aviso de nuestro interior. En ese momento comienza el proceso de la contaminación, y la sensibilidad de nuestra conciencia se debilita.

La próxima vez que hablamos mal de alguien ya no sentimos como si nos clavaran un cuchillo; ahora sentimos un fuerte pellizco en nuestro interior. Nuestra conciencia ha hablado de nuevo, pero esta vez con una voz que es más difícil de reconocer. Ahora, el conflicto interno no es tan intenso, y es más fácil ignorar la advertencia y justificar nuestras palabras. Sin embargo, de nuevo hemos contaminado nuestro corazón, y la sensibilidad de nuestra conciencia se debilita aún más.

Cuando hablamos mal de alguien una vez más, no sentimos un fuerte pellizco; ahora es solo un pequeño cosquilleo casi irreconocible. Ya no necesitamos convencernos a nosotros mismos con razonamientos porque la voz de nuestra conciencia es muy débil. Resulta más fácil justificar nuestro comportamiento, y la sensibilidad de nuestra conciencia disminuye de nuevo.

Finalmente, no sentimos nada. Nuestra conciencia ha quedado insensible. Ya no nos afecta, y hemos renunciado a todo discernimiento. Ahora no tenemos una brújula moral, y el naufragio de nuestra fe es inminente. En resumen, nos hemos engañado a nosotros mismos; hemos sido autoengañados.

Todo se podría haber evitado mediante un sencillo arrepentimiento: un cambio completo de mentalidad y de corazón. Esto ocurre cuando reconocemos que nuestra sabiduría es inútil y nos aferramos con fuerza a la sabiduría de Dios. «El que encubre sus pecados no prosperará, pero el que *los* confiesa y *los* abandona hallará misericordia» (Proverbios 28:13).

La misericordia y la restauración pueden llegar en cualquier fase del proceso, pero la falta de temor de Dios retrasa nuestra respuesta. Nos la jugamos porque nuestro corazón está cada vez más insensible a la convicción de nuestra conciencia. La persona sabia siempre responde rápidamente con arrepentimiento a las advertencias de su conciencia; sabe que la demora es peligrosa.

Muchas personas, tanto en las Escrituras como en nuestros días, han demorado el escuchar a su conciencia. Podemos compararlo con jugar a la ruleta rusa. Puede que escapes del naufragio, pero ¿cómo sabes cuándo es demasiado tarde? Ya no hay una voz que te avisa diciendo: «Si me ignoras otra vez, me callaré». Pablo se lamenta:

Ahora bien, el Espíritu Santo nos dice claramente que en los últimos tiempos algunos se apartarán de la fe verdadera; seguirán espíritus engañosos y enseñanzas que provienen de demonios. Estas personas son hipócritas y mentirosas, y tienen *muerta* la conciencia. (1 Timoteo 4:1-2, NTV, énfasis añadido)

Algo que está muerto ha perdido toda sensibilidad, y lo mismo ocurre con nuestra conciencia. Ahora aparentamos ser algo completamente contrario a lo que en realidad somos sin sentir condenación. Eso es lo que ocurrió con Ananías, Safira, el rey Saúl y muchos otros.

Otra consecuencia de la muerte es que se pierde la capacidad de comunicar. Cuando alguien muere, ya no puede hablar. Pablo escribe: «Digo la verdad en Cristo, no miento. Mi *conciencia* me da testimonio en el Espíritu Santo» (Romanos 9:1, RVC, énfasis añadido). Si un creyente ha matado su conciencia, ya no puede comunicarse con el Espíritu Santo. Su testimonio ya no puede llegar a nuestra alma, igual que alguien que está muerto no puede hablar. Ya no tiene el sistema de navegación de la vida, y su camino es un camino de destrucción.

Para terminar, escuchemos algunas de las muchas declaraciones de Pablo: «Hermanos, hasta este día yo he vivido delante de Dios con una conciencia perfectamente limpia» (Hechos 23:1). De nuevo: «Me esfuerzo por conservar siempre una conciencia irreprensible delante de Dios y delante de los hombres» (Hechos 24:16). En conclusión, guardemos con diligencia nuestros corazones.

Aplicación personal

Pasaje: «Entremos directamente a la presencia de Dios con corazón sincero y con plena confianza en él. Pues nuestra conciencia culpable ha sido rociada con la sangre de Cristo a fin de purificarnos, y nuestro cuerpo ha sido lavado con agua pura» (Hebreos 10:22, NTV).

Punto: La claridad y la fortaleza de nuestra conciencia pueden ser alteradas. El temor de Dios fortalece nuestra sensibilidad y, por el contrario, la falta de temor santo la apaga.

Piensa: La sangre de Jesucristo purifica nuestra conciencia. ¿Qué disciplina espiritual puedo poner en práctica para mantener limpia mi conciencia?

Ponte a orar: Amado Padre celestial, te pido perdón por las veces que he ignorado mi conciencia y he actuado en contra de ella. Perdóname por no guardarla diligentemente. Me arrepiento y te pido perdón. Por favor, límpiame con la sangre de Jesús. Restaura mi conciencia y purifícala para que sea tierna y sensible a tu voz y a tu dirección. Que pueda ser rápido para obedecerte en todo. En el nombre de Jesús, amén.

Proclama: Guardaré diligentemente mi corazón, y seré sensible a la guía y la voz de mi conciencia.

Intimidad con Dios

SEMANA 5

Prefiero pagar el precio por oír la voz de Dios personalmente, al margen de cuán difíciles puedan ser las circunstancias, que tener que conformarme con oír siempre de Él a través de terceros.

—JOY DAWSON

29 | DONDE COMIENZA LA INTIMIDAD

A medida que el temor de Dios crece en nosotros según vamos entendiendo mejor su gloria, purifica nuestras motivaciones, nos libera del temor del hombre, y produce verdadera santidad en nuestra vida. La manifestación del temor de Dios es la obediencia inmediata y completa a Dios independientemente de si vemos o no una razón o un beneficio, o cuán doloroso sea.

Con este conocimiento, ahora podemos dirigir nuestra discusión a los beneficios de este don único y singular, y en esta sección nos enfocaremos en el que indudablemente es el más grande de todos: la intimidad con Dios.

La expresión *íntimo* viene de dos palabras latinas: *intus*, que significa «dentro de», e *intimus*, que quiere decir «muy secreto».[1] Al unir las dos, obtenemos como resultado «los secretos más internos». Esto nos da una buena imagen de la *intimidad*, una palabra que se usa para describir una conexión afectiva entre dos amigos cercanos a niveles mucho más profundos que un mero conocido, que es alguien de quien sabes algo, pero no mucho.

Tener intimidad es una calle de doble sentido, donde ambas partes tienen que conocer los deseos y pensamientos más profundos del otro. En cuanto a la intimidad con Dios, veamos tanto su perspectiva como la nuestra, comenzando con la de Él. David escribe:

Oh Señor, Tú me has *escudriñado* y *conocido*. (Salmos 139:1, énfasis añadido)

El vocablo *escudriñado* es la palabra hebrea *ḥāqar*, cuya definición es «explorar, buscar, inspeccionar». Esto describe perfectamente lo que se necesita para tener una relación cercana e íntima con alguien. Se requiere tiempo y esfuerzo, cosas que no son pesadas sino deleitosas, para explorar o escudriñar los pensamientos y los caminos más internos de la otra persona.

Yo he disfrutado de eso en mi matrimonio con Lisa. Nada más casarnos, yo no conocía muchos de sus anhelos, gustos, cosas favoritas, desagrados, o incluso lo que ella despreciaba. Fue necesario indagar por mucho tiempo, algo que he disfrutado profundamente, para llegar a conocer esos pensamientos y caminos más profundos. Dicho de forma sencilla, es necesario un esfuerzo mental, emocional y físico enfocado para tener más intimidad con tu cónyuge.

La siguiente expresión interesante en el versículo de arriba es *conocido*, la palabra hebrea *yāḍa*. En el Antiguo Testamento, su uso más frecuente es para referirse a la intimidad. Se usó en Génesis 4:1 cuando leemos: «Conoció [*yāḍa*] Adán a su mujer Eva, la cual concibió» (RVR-60). El Espíritu Santo usa *yāḍa* para identificar lo más cerca que pueden estar dos seres humanos en esta vida. En esencia, David está diciendo: «Señor, tú me conoces de un modo muy profundo».

David usa las dos palabras, *ḥāqar* y *yāḍa*, para darnos la viva imagen de Dios explorando y escudriñando los deseos más profundos y los caminos de aquellos con los que Él anhela estar cerca. De nuevo, mirando la relación entre Lisa y yo, sé mucho más sobre ella después de haber pasado años juntos. No solo conozco sus deseos internos como mencioné, sino también sus rutinas, cómo reaccionará en ciertas circunstancias, lo que disfruta hacer en su tiempo libre, en lo que le gusta trabajar, y muchas cosas más. Del mismo modo, David explica:

> Tú conoces mi sentarme y mi levantarme; desde lejos comprendes mis pensamientos. Tú escudriñas mi senda y mi descanso, y conoces bien todos mis caminos. Aun antes de que haya palabra en mi boca, Oh Señor, Tú *ya* la sabes toda. (Salmos 139:2-4)

Dios conoce nuestros detalles íntimos más allá de toda comprensión. Mediante *ḥāqar*, Dios se esforzó para explorar, buscar e inspeccionar a

David, y hace lo mismo con cada uno de nosotros; es parecido, pero en un nivel superior a lo que yo he hecho durante los últimos cuarenta años con Lisa. De hecho, solo unos versículos después nos encontramos con la asombrosa afirmación de que los pensamientos de Dios acerca de nosotros como individuos superan los granos de arena (v. 18). Si hubiera reflexionado en los gustos de Lisa, sus maneras, anhelos y desagrados cada doce segundos durante los últimos cuarenta años y hubiera puesto un grano de arena en cada pensamiento, ¡ni siquiera llenaría una caja de zapatos con dicha arena! Los pensamientos de Dios sobre cada uno de nosotros superan la cantidad de granos de arena que hay *en todo el planeta*, y Él nunca exagera, porque eso sería mentir y es imposible que Dios mienta. ¡Esto es impresionante! ¿Estás comenzando a entender la pasión de Dios por conocer todo de nosotros?

Él desea profundamente estar cerca de cada uno de nosotros. Sin embargo, permíteme reiterar que la verdadera intimidad se genera cuando *ambas* partes se conocen bien, no solo una. Así como Dios examina nuestros pensamientos más profundos, nosotros también deberíamos buscar apasionadamente crear una verdadera intimidad. Moisés persigue este nivel de relación al clamar:

> «Además has dicho: "Te he conocido [*yāḏa*] por tu nombre, y también has hallado gracia ante Mis ojos". Ahora pues, si he hallado gracia ante Tus ojos, te ruego que me hagas conocer [*yāḏa*] Tus caminos para que yo te conozca y halle gracia ante Tus ojos». (Éxodo 33:12-13)

Dios no nos *conoce* como si fuéramos un número en medio de una gran masa de gente. Él nos conoce de modo personal, individual, por nombre. En el versículo de arriba vemos que Moisés quiere que esto sea recíproco; su deseo apasionado es ahondar en su conocimiento de Dios. Quiere una relación de intimidad, no solo que Dios lo conozca a él profundamente, sino que él también conozca profundamente a Dios. ¿Y nosotros? Se nos dice: «Acérquense a Dios, y Él se acercará a ustedes» (Santiago 4:8).

Con lo que acabamos de analizar, creo que ahora escuchas un llamado, o mejor un clamor, que viene del corazón de Dios. Con cada momento que pasa se intensifica. «¿Por qué te mantienes distante cuando podrías tener

cercanía e intimidad conmigo?». En esencia, se nos dice que *somos nosotros los que determinamos el nivel de nuestra intimidad con Dios*. Permíteme
decirlo de modo sencillo: tú decides cuán cerca estás de Dios, ¡y no Dios! Por
lo tanto, ¿cómo encaja el temor del Señor en todo esto? Se nos dice:

> El temor del Señor es la base del verdadero conocimiento.
> (Proverbios 1:7, NTV)

El conocimiento ¿de qué? ¿Se refiere el autor al conocimiento médico,
científico, histórico, u otro conocimiento intelectual? Muchas de nuestras
universidades están llenas de este conocimiento, pero temen a Dios muy
poco o nada. ¿Se refiere a un conocimiento social o político? No, los caminos
del mundo son necedad para Dios. ¿Es el conocimiento de la Biblia? Claro
que no, porque los fariseos eran expertos en las Escrituras, pero no temían
a Dios y le causaron mucho desagrado. Nuestra respuesta se encuentra en
estas palabras:

> Entonces entenderás el temor del Señor y descubrirás el conocimiento
> de Dios. (Proverbios 2:5)

La palabra *conocimiento* está definida en el *Dictionary of Biblical
Languages* como «información de una persona, con una fuerte impli-
cación de relación con esa persona». El *Diccionario Expositivo Vine*
nos dice que esta palabra implica «tener un íntimo conocimiento
experiencial de él [Dios]». Para decir de forma sencilla lo que se promete: *el temor del Señor es el principio de conocer a Dios íntimamente*.

La verdad es que ni siquiera hemos empezado a conocer a Dios a un
nivel íntimo a menos que lo temamos, porque ese es el punto de inicio. Si
comienzas algo fuera del punto de inicio, no puedes terminarlo. Si comienzo
una carrera de cien metros lisos a cincuenta metros de distancia de los tacos
de apoyo, no puedo participar o terminar la carrera. Ocurre lo mismo en
nuestra relación con Dios, en la cual sin temor de Dios es imposible conocerlo íntimamente. Por fortuna, Él nos ha dado un camino para conocerlo
de forma íntima, pero ¿lo emprenderemos?

Recuerda que mediante el temor del Señor nos alejamos del mal o la *maldad*. Con este conocimiento, piensa que Jesús predice que hay un gran grupo de personas que se quedarán asombradas el día del juicio. Estos hombres y mujeres lo llaman Señor, pero oirán a Jesús decir: «Nunca los *conocí*. ¡Apártense de mí, obreros de la *maldad*!» (Mateo 7:23, RVC, énfasis añadido). La palabra para *conocí* es *ginósko*; es la palabra griega para *yāḏa*. Jesús dirá a quienes carecen de temor de Dios: «Nunca los conocí íntimamente». Esto presenta un problema importante que cubriremos en el capítulo siguiente.

Aplicación personal

Pasaje: «*Cuando dijiste*: "Busquen Mi rostro", mi corazón te respondió: "Tu rostro, SEÑOR, buscaré"» (Salmos 27:8).

Punto: La verdadera intimidad se genera cuando ambas partes se conocen bien, no solo una.

Piensa: Piensa en tu persona favorita para estar. ¿En qué medida conoces lo que está pensando o sintiendo sin que diga una sola palabra? ¿En qué medida anticipas su respuesta a diversas situaciones? ¿Fue algo instantáneo, o te tomó tiempo examinar o meditar en los caminos de tu amigo íntimo? Ahora medita en los pensamientos de Dios acerca de ti que son incontables. ¿Qué te dice esto? ¿Qué sucedería si examinaras y meditaras en el corazón y en los caminos de Dios más que en los de tu mejor amigo?

Ponte a orar: Amado Señor, me doy cuenta de que he sido negligente con la mayor invitación que he recibido, la de tener intimidad contigo. He permitido que muchas cosas me impidieran dedicar tiempo para desarrollar esta cercanía. Con gozo, decido hacer un cambio. Cuando abra mi Biblia para leer, orar y meditar, quiero conocerte a un nivel profundo e íntimo. Te lo pido en el nombre de Jesús, amén.

Proclama: Decido dedicarme a conocer a Jesús tan profundamente como Él ha decidido conocerme a mí.

Hay camino que al hombre le parece derecho, pero al final es camino de muerte.

—PROVERBIOS 16:25

30 | UN JESÚS DIFERENTE

Con frecuencia, para entender mejor un asunto es útil examinar la antítesis de lo que queremos saber. Por lo tanto, antes de continuar con la discusión sobre la intimidad con Dios, tratemos primero su contraparte, ilustrada por la siguiente historia.

Acababa de llegar a Hawái para hablar en una conferencia de liderazgo. La habitación de mi hotel no estaba lista, así que encontré un lugar donde relajarme bajo la sombrilla que había junto a una piscina. Sucedió que una mujer de negocios asistía a otra conferencia y también estaba esperando a que prepararan su habitación. Comenzamos a hablar, y cuando supo que yo era un autor y ministro cristiano, comenzó a hablar sobre su relación con Jesús.

No tardé más de dos minutos en darme cuenta de que no lo conocía. Ella seguía afirmando con mucha convicción que *creía*, pero lo que decía tenía muy poco que ver con lo que revela la Escritura. Le pedí en silencio al Espíritu Santo que me diera sabiduría, y en cuestión de momentos me dijo lo que tenía que decir.

Cuando ella terminó, le pregunté: «¿Ves al hombre que está sentado al otro lado de la piscina?».

Con expresión de sorpresa (probablemente por mi repentino cambio de tema), respondió: «¿Por qué? Sí».

Alegremente dije: «Se llama Jim, y es de Fresno, California. Vive haciendo una dieta vegana estricta. Su sueño es estar en el equipo olímpico de waterpolo de Estados Unidos. Trabaja en la piscina y en el gimnasio tres horas al día. Es aficionado al *pickleball*, el buceo y la pintura. Jim está casado con esa mujer que está allá junto al *jacuzzi*; se llama Beth y es diez años más joven que él».

Intrigada por lo bien que lo conocía, ella me preguntó: «¿Y está en la conferencia contigo?».

Enseguida respondí: «No, señora».

Ella sintió más curiosidad. «¿Y de qué lo conoces tan bien?».

Entonces me volteé, la miré a los ojos y dije: «Nunca he hablado con él».

Su expresión cambió, y en ese momento mostraba precaución e incluso quizá preocupación. Tal vez se preguntaba si yo era un acosador, un detective privado, o incluso un agente del gobierno.

Dejé que lo asimilara por un instante y después dije con convicción: «Eso es lo que *creo* acerca de él».

Ella se quedó sin palabras.

Yo proseguí: «Acabas de hablar con gran confianza de quien tú *crees* que es Jesús, pero casi todo lo que dijiste acerca de Él no es cierto; es contrario a lo que enseña la Biblia. Y lo sé porque lo conozco». Ella decidió dar por terminada nuestra conversación, pero se quedó notablemente afectada.

El apóstol Pablo hace una declaración asombrosa a una iglesia a la que ama profundamente: «Porque si alguien viene y predica a otro Jesús, a quien no hemos predicado, o reciben un espíritu diferente, que no han recibido, o aceptan un evangelio distinto, que no han aceptado, bien lo toleran» (2 Corintios 11:4). Él no identifica un dios distinto, sino a un Jesús diferente. Es obvio que *creen en* Jesús, pero en verdad no lo *conocen*. ¿Por qué? Porque creen cualquier cosa que les resulte atractiva y, por consiguiente, viven separados del Jesús real. Eso no es difícil de hacer; el Señor es invisible, así que podemos alterar su naturaleza para que se adapte a nuestros caprichos.

Los hijos de Israel hacen algo similar. Su salida de Egipto es un tipo de ser salvos del mundo. Leemos: «y todos [...] bebían de una roca espiritual que los seguía. La roca era Cristo. Sin embargo, Dios no estaba complacido con la mayor parte de ellos» (1 Corintios 10:4-5). Hay muchas razones por las que Dios no se complace, pero todo se reduce a un punto principal: su desobediencia a la Palabra de Dios, su *falta de temor de Dios*.

Cuando Moisés está en el monte durante cuarenta días, Aarón, el líder de Israel, construye allí mismo un becerro de oro. Vemos eso y decimos: «¡Idolatría!». Y, aunque es correcto, lo que muchos no entienden es que Aarón y todo el pueblo se refieren a dicho becerro como *elōhiym*. Esta palabra aparece 2.606 veces en el Antiguo Testamento. Puede referirse a dioses falsos, pero nueve de cada diez veces se refiere a *Jehová*, el único Dios verdadero. Por ejemplo, aparece cuarenta y dos veces en el primer capítulo de Génesis. El primer versículo de la Biblia dice: «En el principio *elōhiym* creó los cielos y la tierra».

Fácilmente podemos confirmar si se están refiriendo al becerro como *elōhiym*, Dios Todopoderoso, o como *elōhiym*, dios falso. La prueba se encuentra en la referencia que hace Aarón al becerro al llamarlo *Jehová* (Éxodo 32:5, RVR-60). Este es el nombre sagrado de nuestro único Dios verdadero, y nunca se usa en ningún otro lugar de la Biblia como el nombre de un dios falso excepto aquí. Aarón y el pueblo no se refieren al becerro como *osiris, baal, isis,* o cualquier otro nombre de un dios falso. Ellos proclaman: «Este es Jehová, quien nos libró de Egipto» (Éxodo 32:4, paráfrasis del autor).

¿Cómo podían estar tan equivocados? ¿Por qué no conocen al verdadero Dios viviente, como lo conoce Moisés? Ellos vieron sus milagros, siguieron su nube y su columna de fuego. La respuesta no es compleja. Meses antes, cuando Dios descendió sobre el monte para presentarse, ellos se retiraron y clamaron a Moisés: «Acércate tú, y oye lo que el SEÑOR nuestro Dios dice; entonces dinos todo lo que el SEÑOR nuestro Dios te diga, y *lo* escucharemos y *lo* haremos» (Deuteronomio 5:27).

Me puedo imaginar la profunda decepción de Moisés. No puede concebir su falta de deseo por estar en la presencia de Dios. ¿Cómo es posible? Moisés lleva esta preocupación al Señor esperando encontrar respuestas, pero es casi seguro que la respuesta de Dios sorprende a Moisés: «He oído la voz de las palabras de este pueblo, que ellos te han hablado. Han hecho bien en todo lo que han dicho» (Deuteronomio 5:28).

Moisés está asombrado. Es muy probable que estuviera pensando: *¡Espera! ¿Han hecho bien?¡Por una vez han hecho algo bien!* Me imagino que su respuesta a Dios sería algo parecido a lo siguiente: «¿Por qué no quieren venir a tu presencia y conocerte de manera íntima como yo hago?». Dios le responde, pero su respuesta es desgarradora:

«¡Oh, si ellos tuvieran tal corazón que *me temieran!*». (Deuteronomio 5:29)

Dios se lamenta de que, si lo hubieran temido, habrían sido capaces de
acudir a su presencia y experimentar una relación de intimidad. Esto, a su
vez, les empoderaría para obedecer, y así les iría bien tanto a ellos como a sus
hijos. Después, Dios le da esta instrucción a Moisés:

Ve y diles: *«Vuelvan a sus tiendas»*. Pero tú, quédate *aquí conmigo,* para
que Yo te diga todos los mandamientos, los estatutos y los decretos que
les enseñarás. (Deuteronomio 5:30-31, énfasis añadido)

Esto es desgarrador y vivificante al mismo tiempo. Primero, el sufrimiento. El momento más oscuro de Israel no fue cuando construyeron el
becerro, ni cuando dieron un reporte negativo que les impidió entrar en la
tierra prometida. No, este fue su peor momento. Dios los sacó de Egipto (el
mundo) con el propósito de atraerlos a sí mismo para que pudieran conocerlo
como Él los conocía a ellos: de forma íntima. Sin embargo, se lo perdieron
por su *falta de temor de Dios.* ¡Trágico!

Por otro lado, resultó emocionante para Moisés, porque fue invitado
a quedarse cerca de Dios y escuchar sus palabras directamente de su boca.
Fue invitado a una relación íntima con Dios, mientras que el pueblo regresó
a sus tiendas.

La señora de la piscina proclamaba a un Jesús *diferente,* los corintios
servían a un Jesús *diferente,* e Israel siguió a un Dios Todopoderoso *diferente.*
¿Estamos viendo algún patrón aquí? Es posible que creemos una deidad con
el nombre de Jesús y a la vez no conozcamos al *verdadero* Jesús que está a
la diestra de Dios. Y lo que hace que esto sea aún más desconcertante es el
hecho de que Israel y la iglesia corintia experimentaron el poder manifiesto
del Señor y sus milagros al ver sus oraciones respondidas.

Así que regresemos ahora al grupo grande de personas que declararán
a Jesús como su Señor en el día del juicio, pero que trágicamente le oirán
decir las mismas palabras que oyó Moisés de la boca de Dios con respecto
a Israel: «Apártense de mí». Esto nos debería conducir a examinar con más

atención las palabras proféticas de Jesús de lo que realmente les ocurrirá a estas multitudes. Como dije al principio de este capítulo, nos dará un mayor entendimiento de la importancia que tiene el temor de Dios con respecto a la intimidad con nuestro Señor y Dueño. Lo haremos en el siguiente capítulo.

Aplicación personal

Pasaje: «Por el cual también son salvos, si retienen la palabra que les prediqué, a no ser que hayan creído en vano» (1 Corintios 15:2).

Punto: Es posible creer con todo tu corazón en alguien o en algo que no es verdad.

Piensa: ¿Cómo sé con certeza que creo en el verdadero Jesús, en lugar de uno falso? ¿Puedo saberlo porque mis líderes enseñan sobre Él? Pero piensa: ¿acaso Aarón no enseñaba y guiaba a Israel? ¿Puedo saberlo a ciencia cierta porque leo la Biblia? Pero considera: ¿acaso los fariseos no hacían lo mismo? ¿Cómo puedo saberlo?

Ponte a orar: Padre, en el nombre de Jesús, te pido no solo conocer la verdad, sino amar la verdad. Decido aceptar tu Palabra viva como mi máxima autoridad y obedecerla, ya sea que la entienda o no. Al hacerlo, tengo tu promesa de que no seré engañado. Al leer y obedecer tu Palabra, que esta me lea a mí; que me revele quién soy y quién es mi Señor Jesús. Te lo pido en el nombre de Jesús, amén.

Proclama: Decido creer la Palabra de Dios, ya sea que la entienda o no.

Extendí Mis manos todo el día hacia un pueblo rebelde, que anda por el camino que no es bueno, en pos de sus pensamientos.

—ISAÍAS 65:2

31 | NO TE CONOZCO

Entenderemos y apreciaremos más la *intimidad con Dios* si seguimos examinando su contraparte. Nuestro tema en el último capítulo, como en este, es una píldora difícil de tragar. Sin embargo, las advertencias bíblicas de nuestra discusión en realidad son regalos de amor y protección de nuestro Padre, que nos cuida profundamente. Las palabras dichas por Jesús inculcarán un temor de Dios que nos mantendrá cerca del Dador de vida hasta el final.

Las Escrituras advierten con claridad que en los últimos días será proclamado y ampliamente aceptado un evangelio que ofrecerá una falsa salvación carente de compromiso con la obediencia incondicional a su Palabra. Es la antítesis del temor de Dios, y produce un *Jesús ficticio*, que no es distinto al que Pablo se refería cuando acusó a muchos de los corintios de aceptarlo.

Después de que Pablo confrontó a esos «creyentes» griegos por seguir a *un Jesús diferente*, habló del estado de su corazón que produjo a ese salvador imaginario. Escribe: «Temo que cuando los visite de nuevo, mi Dios me humille delante de ustedes, y yo tenga que llorar por muchos que han pecado anteriormente y no se han arrepentido de la impureza, inmoralidad y sensualidad que han practicado» (2 Corintios 12:21). Ellos profesan al Señor Jesús, pero viven contrariamente a su Palabra.

Este fue un suceso poco frecuente en la iglesia primitiva, pero está muy extendido en nuestra iglesia moderna occidental. La consecuencia de esta enseñanza reduce al «Señor» a un mero título en lugar de una posición que Él ocupa en las vidas de las personas. Jesús profetiza:

> No todo el que me dice: Señor, Señor, entrará en el reino de los cielos, sino el que hace la voluntad de mi Padre que está en los cielos. (Mateo 7:21, RVR-60)

Jesús reconoce a personas que lo declaran como su Señor, no los que veneran a Mahoma, Joseph Smith, Buda, Hare Krishna, Confucio, o cualquier otro falso profeta de nuestra era. Observemos que *Señor* se repite consecutivamente en este versículo. Insisto, si una palabra o frase se repite dos veces en las Escrituras no es algo accidental. El escritor está comunicando énfasis. Sin embargo, en casos como este, no es solo énfasis, sino también intensidad de emoción. Por ejemplo, cuando el rey David se enteró de la ejecución de su hijo a manos del ejército de Joab, su respuesta tuvo una gran carga emocional: «Y el rey con su rostro cubierto, clamaba en alta voz: «¡Oh hijo mío Absalón, oh Absalón, hijo mío, hijo mío!» (2 Samuel 19:4). Probablemente no dijera dos veces «hijo mío»; más bien, su manifestación emocional de tristeza era tan intensa, que el escritor repitió sus palabras.

Del mismo modo, el Maestro está comunicando los fuertes sentimientos que estas personas tienen hacia Él. No solo están de acuerdo con la enseñanza de Jesucristo como Hijo de Dios, sino que también están implicadas emocionalmente y son apasionadas en su creencia. Estamos hablando de personas que se emocionan por ser «cristianas», muy probablemente las que muestran emoción cuando hablan de su fe e incluso lloran durante un servicio de adoración.

No solo sienten profundamente la causa de Cristo, sino que también están involucradas en su servicio:

> En el día del juicio, muchos me dirán: «¡Señor, Señor! Profetizamos en tu nombre, expulsamos demonios en tu nombre e hicimos muchos milagros en tu nombre». (Mateo 7:22, NTV)

Uso esta versión porque expresa bien que no eran simples espectadores. O bien estaban directamente involucrados o apoyaban el trabajo de sus iglesias. También eran francos en su creencia del evangelio, «anunciamos en tu nombre el mensaje». En esencia, se ocupaban de cambiar las vidas de las personas para bien.

Esta versión usa la palabra *muchos*, como la mayoría de las versiones lo hacen. Es la palabra griega *polus*, definida como «mucho en número, cantidad, monto», y a menudo se usa en el sentido de «sobre todo». En cualquier caso, Jesús no se refiere a un pequeño grupo de personas, sino a un gran grupo que cree en las enseñanzas de los evangelios. Lo llaman Señor, están emocionados, dan voz a su mensaje, y están activos en el servicio cristiano. Fácilmente los identificaríamos como verdaderos cristianos. Entonces, ¿cuál es el factor diferenciador? ¿En qué se diferencian de los auténticos creyentes? Jesús nos lo dice:

> Pero yo les responderé: «Nunca los conocí. Aléjense de mí, ustedes, que violan las leyes de Dios». (Mateo 7:23, NTV, énfasis añadido)

La frase clave es «*hacedores de maldad*». Insisto, la conducta malvada no cumple con la autoridad de la Palabra de Dios. Estos hombres y mujeres no tropezaban *periódicamente*; más bien, cuando más les convenía, habitualmente ignoraban, menospreciaban o desobedecían la Palabra de Dios; les faltaba temor de Dios.

Es interesante notar que Jesús declaró: «*Nunca los conocí*». Como dijimos en un capítulo previo, la expresión *conocer* es la palabra griega *ginóskō*, que es igual que el término griego *yāḍa*: conocer a alguien de forma íntima. Ellos nunca habían tenido una verdadera relación de intimidad con Él. Aunque lo llamaban Señor, es solo un título porque no obedecían sus mandamientos. Juan escribe:

> Y en esto sabemos que lo hemos llegado a conocer [*ginóskō*]: si guardamos Sus mandamientos. Él que dice: «Yo lo he llegado a conocer [*ginóskō*]», y no guarda Sus mandamientos, es un mentiroso y la verdad no está en él. (1 Juan 2:3-4)

Eso está en consonancia perfectamente con la manera en que Jesús arma su discurso: «Así que, por sus frutos los conocerán» (Mateo 7:20). Los frutos no son el servicio cristiano, anunciar el mensaje o asistir a la iglesia, porque los que son rechazados tienen esas cualidades.

Permíteme decirlo así: sin duda que vas a encontrar estas cualidades en un verdadero creyente; de hecho, una persona no puede ser un verdadero creyente sin ellas. Sin embargo, poseer estas cualidades no significa que sean hijos de Dios genuinos. El factor clave es este: ¿obedecen sus palabras?

Esta discusión es el tema de cierre de Jesús en sus famosas Bienaventuranzas. Para explicar mejor sus impactantes palabras, concluye diciendo:

> Cualquiera, pues, que me oye estas palabras, *y las hace*, le compararé a un hombre prudente, que edificó su casa sobre la roca. Descendió lluvia, y vinieron ríos, y soplaron vientos, y golpearon contra aquella casa; y no cayó, porque estaba fundada sobre la roca. Pero cualquiera que me oye estas palabras *y no las hace*, le compararé a un hombre insensato, que edificó su casa sobre la arena; y descendió lluvia, y vinieron ríos, y soplaron vientos, y dieron con ímpetu contra aquella casa; y cayó, y fue grande su ruina. (Mateo 7:24-27, RVR-60, énfasis añadido)

Si examinamos los dos grupos, todo se reduce a una simple diferencia. Él dice que ambos grupos oyen sus palabras, pero el primer grupo *las hace*, mientras que el segundo grupo *no las hace*, o podríamos decir que el primer grupo *tiembla ante la Palabra de Dios* (teme a Dios) y el segundo grupo *no tiembla ante la Palabra de Dios* (no teme a Dios).

Jesús deja claro que estos dos grupos son muy similares en apariencia. En el grupo que carece de cimientos, su creencia en la doctrina del cristianismo, llamarlo fervientemente su Señor y su servicio cristiano activo representan cómo construyeron su vida, su casa. El grupo con cimientos sólidos tenía las mismas cualidades, pero obedecía sus palabras como si fueran las suyas propias. Ambas casas están hechas del mismo material, de las mismas enseñanzas. Ambos grupos parecían idénticos en adoración y servicio. La diferencia son los cimientos, lo que no se ve. Un grupo experimenta en lo privado intimidad con Dios, y el otro grupo no.

La intimidad con Dios es algo que se les promete a los que andan con temor de Dios. En los próximos capítulos veremos este magnífico privilegio al que tú y yo hemos sido invitados.

Aplicación personal

Pasaje: «Gracia y paz les sean multiplicadas [...] Pues Su divino poder [*gracia*] nos ha concedido todo cuanto concierne a la vida y a la piedad [...] Él nos ha concedido Sus preciosas y maravillosas promesas, a fin de que ustedes lleguen a ser partícipes de *la* naturaleza divina, habiendo escapado de la corrupción que hay en el mundo por causa de los malos deseos» (2 Pedro 1:2-4).

Punto: La evidencia de que alguien tiene una relación con Jesús es que está empoderado más allá de su propia habilidad para guardar su Palabra. Este empoderamiento está identificado como su gracia.

Piensa: ¿Estoy intentando obedecer las palabras de Jesús con mis propias fuerzas, o estoy confiando en su gracia, sus promesas y su naturaleza divina para hacerlo? ¿Cómo puedo confiar más en su habilidad que en la mía?

Ponte a orar: Padre, perdóname por intentar obedecer tu Palabra con mis propias fuerzas. A partir de este momento declaro que Jesús es el Señor supremo de mi vida. Todo lo que dice tu Palabra es la autoridad final en mi vida. Dependeré únicamente de tu gracia que me empodera, y de la naturaleza divina que me has impartido para andar en tus caminos. Este es un camino por el que viajaremos juntos en estrecha relación. Estoy muy agradecido por tu invitación a esta magnífica vida. En el nombre de Jesús, amén.

Proclama: Caminaré por fe en la capacidad de Él. Ya no dependeré de mi capacidad, sino que ahora cooperaré con su empoderamiento.

Nunca nos ilumina o nos sorprende lo que viene de nuestros propios pensamientos. Sin embargo, cuando Dios habla, siempre hay un elemento de asombro y respeto.

—JOY DAWSON

32 | EL SECRETO DEL SEÑOR

Los dos capítulos anteriores han sido difíciles, desafiantes y aleccionadores. Es a la vez devastador y desgarrador saber que muchos de los que esperan oír a Jesús decir: «Entra en el gozo de tu Señor», oirán «Apártate de mí». No hay mayor decepción que creer que tienes una relación con Dios cuando, en realidad, no la tienes. Esos hombres y mujeres de repente recibirán la terrible revelación de su necedad al «usar a Dios», en lugar de estar «unidos a Él». Usaron su Palabra para sus propósitos egoístas, en lugar de experimentar el magnífico amor revelado al obedecer su Palabra. Con un gran amor, Jesús advierte de esta horrible situación para protegernos de caer en un estado de tibieza o engaño.

Ahora que tenemos un entendimiento de la contraparte de la intimidad, iniciemos con alegría nuestra discusión sobre la belleza de estar genuinamente cerca de nuestro Creador. Comenzaremos examinando un escenario que tardaremos en investigar del todo en unos cuantos capítulos.

Para crearlo, permíteme plantear una pregunta: ¿Es posible ser miembro del reino (no oír las terribles palabras «apártate de mí») y a la vez no haber aprovechado la oportunidad de tener intimidad con Dios? La respuesta es sí. Pero vamos a explorarlo en las Escrituras, y para comenzar compartiré uno de mis versículos favoritos:

> Los *secretos* del SEÑOR son para los que le temen, y Él les dará a conocer
> Su pacto. (Salmos 25:14, énfasis añadido)

La palabra hebrea para *secretos* es *sôḏ* y se define como «consejo». El diccionario griego también dice: «La confidencialidad es la esencia de este término». Por lo tanto, básicamente, el salmista no está hablando sobre algunos secretos, sino más bien sobre el *consejo secreto* de Dios, o para nuestros propósitos, simplemente lo diremos en plural: *secretos*. El versículo se podría traducir así: «Dios comparte sus secretos con los que lo temen».

Ahora hazte esta pregunta: ¿Con quién compartes tus secretos, con tus conocidos o con tus amigos íntimos? Estoy seguro de que tu respuesta fue: con tus amigos íntimos. Con Dios sucede lo mismo, ya que Él comparte sus secretos con amigos cercanos e íntimos, y sus amigos cercanos son los que abrazan el temor de Dios. La NTV dice: «El SEÑOR es amigo de los que le temen».

Dios no es amigo de todos. Permíteme decirlo más específicamente: *Dios no es amigo de todos los que están en la iglesia.* Para ahondar en esto, comencemos en el Antiguo Testamento. Hay dos hombres identificados como amigos de Dios: Abraham y Moisés. ¿Hay más? Por supuesto: Noé, Daniel, Ester, José, David, Job, Enoc, Isaías, y muchos más caminaron de cerca con Dios. Sin embargo, las vidas de estos dos hombres ejemplifican el camino que conduce a una relación de amistad con el Señor.

Comencemos con Abraham. ¿Por qué se le llama amigo de Dios? Cuando tenía setenta y cinco años, Dios prometió concederle el mayor deseo de su corazón: un hijo. Sin embargo, no fue algo inmediato. Esperó otros veinticinco años hasta que Sara, su esposa, milagrosamente dio a luz a Isaac. ¿Te imaginas el profundo aprecio y la inmensa dulzura al esperar tanto tiempo hasta su cumplimiento?

Estoy seguro de que la relación entre padre e hijo se hacía más fuerte con cada año que pasaba. Su gran riqueza no era nada comparada con el deleite que le producía su hijo. Para Abraham, no había nada más importante, ni siquiera su propia vida.

Pero entonces un día, sin aviso previo alguno, Dios le dice a Abraham en oración: «Toma ahora a tu hijo, tu único, a quien amas, a Isaac, y ve a la tierra de Moriah, y ofrécelo allí en holocausto sobre uno de los montes que Yo te diré» (Génesis 22:2).

¡¿Qué!? ¡Matar a la persona o cosa más importante de tu vida, solo porque Dios lo dijera y sin darte razón alguna? ¡En serio! ¿Te imaginas el asombro de Abraham al oír esas palabras? Nunca se podría haber imaginado que Dios le pidiera hacer algo tan difícil. Le había pedido más que su propia vida, le había pedido su corazón. No tenía sentido.

Permíteme interrumpir este punto tan importante: *nosotros* sabemos que era una prueba. De hecho, las Escrituras lo dicen claramente: «Aconteció que después de estas cosas, Dios probó a Abraham» (v. 1). Pero aquí reside la desventaja de leer un relato histórico que ya ha ocurrido: nosotros conocemos el resultado; la mayoría de los creyentes lo han oído o leído varias veces, ¡pero se nos olvida que Abraham no sabía que era una prueba! Nunca sabemos cuándo nos está probando Dios hasta que no estamos al otro lado de la prueba. Se puede hacer trampa en una prueba en la escuela, pero nadie puede engañar en los exámenes que Dios da. Si no hemos hecho los deberes de permanecer en su Palabra con el propósito de santificar nuestro corazón, será complicado aprobar, ¡por muy inteligentes que seamos!

Si los descendientes de Abraham hubieran sabido cuáles eran las pruebas de Dios en el desierto, habrían respondido de otro modo. Había algo diferente en Abraham, algo que sus descendientes no tenían: temor de Dios.

Me encanta la respuesta de Abraham al mandato extremadamente difícil que Dios le dio: «Abraham se levantó muy de mañana» (Génesis 22:3). ¡Puso manos a la obra de inmediato! No le dio vueltas durante unos días o unas semanas; no llamó a sus amigos para pedirles opinión. No ignoró ni resistió el mandato de Dios. Él, Isaac y dos siervos se levantaron temprano a la mañana siguiente, aparejaron sus cosas y emprendieron el viaje.

Hubiera sido un poquito más fácil actuar después de haber oído la voz de Dios la noche antes, pero ¿qué decir de lo que ocurrió dos días y medio después, cuando Abraham no había oído una palabra del cielo desde entonces, y ahora se encuentra cara a cara con el monte sobre el que sacrificará a la persona o posesión más importante de su vida, solo porque Dios lo dijo sin darle razón alguna?

Abraham continúa hasta el pie del monte y les pide a sus siervos que esperen. Toma a Isaac consigo montaña arriba y construye el altar, escondiendo durante todo este tiempo sus turbulentas emociones y lágrimas. Ha acumulado toda la fuerza de voluntad que tenía, así como la fuerza mental para llevar a cabo lo requerido para el sacrificio. Y llega el momento crítico;

toda esperanza de que Dios cambiara de idea parece haberse perdido. Por lo tanto, con gran angustia ata a Isaac, eleva el cuchillo, y está listo para clavarlo en el corazón de su hijo, todo porque Dios se lo pidió, sin darle razón alguna.

De repente, un ángel de Dios aparece y grita: «No extiendas tu mano sobre el muchacho, ni le hagas nada; *porque ya conozco que temes a Dios*, por cuanto no me rehusaste tu hijo, tu único» (Génesis 22:12, RVR-60, énfasis añadido).

¿Cómo sabía el ángel que Abraham temía a Dios? Porque obedeció *al instante* cuando *no tenía sentido*, cuando *no veía beneficio alguno*, cuando *dolía*, y lo hizo de manera *completa*.

Entonces Abraham baja el cuchillo, desata a Isaac, alza los ojos, y ve un carnero atrapado en un arbusto. De su boca salen estas palabras: «Jehová Jiréh», que significa «el Señor Proveerá» (Génesis 22:14). ¿Qué acaba de suceder? En ese momento, Dios le reveló a Abraham una faceta de su carácter que nadie más había conocido antes ¿Por qué? Porque era amigo de Dios.

Permíteme aclararlo. Todos los que están leyendo este libro me conocen como John Bevere, autor. Algunos de los que me han escuchado hablar en conferencias o iglesias me conocen como John Bevere, conferencista. Sin embargo, hay una mujer, su nombre es Lisa, que me conoce como John Bevere, esposo; John Bevere, papá; John Bevere, abuelo; John Bevere, mejor amigo; John Bevere, amante; y podría continuar. Muy pocas personas conocen estas facetas de mi personalidad, solo los más cercanos a mí. Y la última, solo la conoce Lisa.

Abraham se convirtió en el amigo más cercano de Dios ese día; en el capítulo siguiente exploraremos las extraordinarias dinámicas entre estos dos amigos, y cómo nosotros también podemos tener una relación así.

Aplicación personal

Pasaje: «Ser amigo tuyo, oh Dios, es privilegio de quienes te honran. Sólo con ellos compartes los secretos de tu pacto» (Salmos 25:14, NBV).

Punto: Dios comparte sus secretos con amigos cercanos, y sus amigos cercanos son los que abrazan el temor de Dios.

Piensa: ¿Qué es un amigo? ¿Cómo disfrutan los amigos de la vida juntos? ¿Qué hace que una amistad se profundice? ¿Me gustaría ser amigo de Dios? ¿Qué creo que busca Él en un amigo? ¿He sido un buen amigo para Él? Si no, ¿qué debería cambiar? ¿Qué pretendo al querer ser su amigo?

Ponte a orar: Amado Señor, deseo ser uno de tus amigos íntimos. Sé que tú también lo deseas. Al meditar en lo que es un amigo íntimo, me doy cuenta de que no he sido un amigo fiel. Por favor, perdóname por no poner tus deseos por encima de todo lo demás y no cuidar nuestra relación con mi forma de vivir y responderte. Te pido gracia para ser tu amigo por toda la eternidad. En el nombre de Jesús, amén.

Proclama Procuraré ser amigo de Dios y decidiré no permitir que ninguna otra cosa sea una prioridad mayor para mí.

El temor de Dios ilumina el alma, aniquila el mal, debilita las pasiones, expulsa la oscuridad del alma y la hace pura. El temor de Dios es la cumbre de la sabiduría. Donde no está, no encontrarás nada bueno. Todo aquel que no tenga temor de Dios está expuesto a caídas diabólicas.

—EFRÉN DE SIRIA

33 | INFORMACIÓN PRIVILEGIADA

Hemos hablado sobre cómo se formó la amistad entre Dios y Abraham. Es un ejemplo de cómo podemos entrar en una relación similar de intimidad con Dios. Pero, antes de hablar de eso, sigamos con Abraham. Leemos:

> ¿No fue justificado *por las obras* Abraham nuestro padre cuando ofreció a su hijo Isaac sobre el altar? [...] y fue *llamado amigo de Dios*. (Santiago 2:21, 23, énfasis añadido)

El apóstol Santiago habla de la amistad de ellos, y no es coincidencia que sus palabras concuerden con las del ángel. Lo que fomentó esta cercanía fue que Abraham tenía temor de Dios, y se hizo evidente mediante su rápida y completa obediencia (obras). Incluso aunque la orden no tenía sentido, no tenía aparentemente ningún beneficio con ella, y era doloroso de realizar, él tembló ante la Palabra de Dios. El temor de Dios nos motiva tanto a *querer* como a *hacer* lo que Dios nos pide. Abre la puerta a la intimidad con Él.

Cierto día, Dios hizo esta pregunta a los dos ángeles que lo acompañaban en una visita a Abraham cerca del encinar que pertenecía a Mamre: «¿Ocultaré a Abraham lo que voy a hacer?» (Génesis 18:17).

El Señor entonces se dirigió a Abraham para hablar de sus intenciones, y los dos ángeles fueron a las ciudades de Sodoma y Gomorra. Voy a parafrasear lo que sucede después para una mejor comprensión pero, en esencia, el

Señor dijo: «Abraham, estoy planeando arrasar estas dos ciudades porque el clamor de sus pecados es flagrante. ¿Qué piensas?».

¿Te imaginas oír estas palabras del Creador? Perplejo, Abraham responde: «¡¿Sodoma?!».

El Señor responde: «Sí, sí, y Gomorra también. ¿Qué piensas de ello?».

Lleno de pánico, Abraham dice para sí: *Piensa, Abraham, piensa. Mi sobrino Lot vive allí, así que tengo que interceder por él y por cualquier otra persona inocente que haya.* Abraham tiene una idea:

> «¿En verdad destruirás al justo junto con el impío? Tal vez haya cincuenta justos dentro de la ciudad. ¿En verdad *la* destruirás y no perdonarás el lugar por amor a los cincuenta justos que hay en ella? Lejos de Ti hacer tal cosa: matar al justo con el impío, de modo que el justo y el impío sean *tratados* de la misma manera. ¡Lejos de Ti! El Juez de toda la tierra, ¿no hará justicia?». (Génesis 18:23-25)

¿Te imaginas el gozo y el agrado de Dios al oír la respuesta de su hombre del pacto? Probablemente respondió: «¡Un punto excelente! Está bien, no destruiré estas ciudades si hay cincuenta personas justas en ellas. Estoy muy contento de haber hablado con mi amigo Abraham».

Pero Abraham no está satisfecho, ¿qué ocurre si no hay cincuenta? Así que repite la idea, pero reduce el número a cuarenta y cinco.

El Señor responde: «¡Otro buen punto! Está bien, no destruiré las ciudades si hay cuarenta y cinco personas justas. Contento de haber hablado con mi amigo Abraham».

Abraham no se detiene; insiste con su idea, pasando de cuarenta y cinco a cuarenta, después a treinta, después a veinte y finalmente a diez justos. Entonces piensa: *Tiene que haber diez. Lot, mi sobrino es uno, solo se necesitan nueve más.*

Solo un amigo puede hablar así a un rey que tiene el poder de ejecutar juicio. Si fuera un siervo o un súbdito, una petición así sería irrespetuosa. El Señor accedió a cada petición, y después leemos: «Tan pronto como acabó de hablar con Abraham, el Señor se fue, y Abraham volvió a su lugar» (Génesis 18:33).

Recuerda que temer a Dios significa que amamos lo que Él ama y odiamos lo que Él odia. Dios me habló cierto día después de acercarme de buena fe a declarar palabras de sanidad sobre alguien que había sido duro conmigo: «Hijo, cuando te importe lo que a mí me importa: las personas, comentaré mis planes contigo». El temor de Dios en verdad nos permite amar más genuinamente y con más profundidad, no solo a Dios, sino también a las personas.

Las Escrituras dicen que los de Sodoma y Gomorra «comían, bebían, compraban, vendían, plantaban, construían» (Lucas 17:28). Digámoslo en un lenguaje más cercano: «La vida es buena, la economía está boyante, y si Dios existe, no le importa nuestro estilo de vida». Estas ciudades estaban a menos de veinticuatro horas de ser aniquiladas, y las personas no tenían ni idea. Pero esta no es la realidad más alarmante.

La aterradora realidad es esta: Lot, a quien la Biblia identifica como el «justo Lot» (2 Pedro 2:7), igualmente no tenía ni idea de lo que estaba a punto de suceder, ¡lo mismo que todas las demás personas impías! Tuvieron que ir dos ángeles de misericordia a sacarlos a él y a su familia, y todo porque Abraham oró (Génesis 19:29).

Para que esta historia sea más relevante, veámosla como si hubiera ocurrido en nuestra época. Tenemos a dos hombres *justos*, hombres cristianos nacidos de nuevo, salvos. Un hombre *justo* sabe lo que Dios va a hacer antes de que lo haga, y ayuda a Dios a decidir cómo lo va a hacer. El otro hombre justo es tan ignorante en cuanto al juicio inminente como los malvados. ¿Por qué? El primer hombre justo teme a Dios; por lo tanto, es amigo de Dios, y a su vez conoce los secretos de Dios. El segundo hombre justo no tiene temor de Dios; por lo tanto, no es amigo de Dios y no conoce los secretos de Dios.

A Lot se le llama justo, pero era mundano. Él representa al creyente que, cuando se ve entre la espada y la pared, busca primero atender sus propios intereses, algo parecido a la iglesia de los corintios, similar a muchos en nuestra iglesia occidental. El grupo de hombres y mujeres «justos» tiene una relación con Dios que no es distinta a mi relación con el presidente de Estados Unidos. Tal vez me beneficio de sus decisiones y su liderazgo, pero no conozco la información privilegiada, sus planes, sus sentimientos personales o sus decisiones antes de que las tome.

El carácter de Lot se hace evidente por el lugar que escoge para vivir, el tipo de esposa que escoge, y los hijos que tuvo mediante incesto: los moabitas y los amonitas. Lot originalmente escogió lo que le pareció más conveniente para él. Cuando se separaron, Abraham le dio el privilegio de escoger en qué tierra vivir, y acordaron ir en direcciones opuestas. Las Escrituras dicen: «Lot *miró con detenimiento* las fértiles llanuras del valle del Jordán» (Génesis 13:10, NTV, énfasis añadido). ¿Por qué miró con detenimiento? Él conocía la maldad de las ciudades de esas llanuras. Probablemente intentaba decidir cómo podría beneficiarse del sistema del mundo, pero sin ser atrapado en él. Así que trazó un plan. Escogió acampar en las llanuras, a una distancia segura del centro de la maldad (Génesis 13:12), pero su idea comprometedora no funcionó. Después, él y su familia terminaron dentro de las puertas de la ciudad; finalmente fue absorbido.

Cuando nos falta el temor de Dios, inevitablemente buscamos acercarnos al mundo todo lo posible sin caer de cabeza en él. Sin embargo, si esa es nuestra motivación, es solo cuestión de tiempo hasta que el mundo nos absorba. Debemos recordar que somos llamados al mundo para alcanzar a los perdidos, no para ser parte de ellos.

La vida de Lot sirve como un aviso para cada uno de nosotros. El día del juicio habría llegado sobre Lot como un ladrón en la noche si no hubiera sido por la intercesión de Abraham. Se produjeron unas consecuencias terribles por su mundanalidad. Como he dicho, la descendencia de Lot era muy impía. Su esposa estaba tan apegada a Sodoma, que desobedeció el mandato de los ángeles de no mirar atrás, y el resultado fue el juicio, ya que al instante se convirtió en una estatua de sal. En amor, Jesús nos advierte diciendo: «Acuérdense de la mujer de Lot» (Lucas 17:32).

Ahora bien, es sabio preguntar: ¿esta condición de amistad es cierta para los que somos hijos de Dios? Hablaremos de eso en breve, pero antes examinemos al otro amigo destacado de Dios en el Antiguo Testamento.

Aplicación personal

Pasaje: «Acérquense a Dios, y Él se acercará a ustedes. Limpien sus manos, pecadores; y ustedes de doble ánimo, purifiquen sus corazones» (Santiago 4:8).

Punto: Dios comparte sus planes con los que lo temen. Él esconde sus planes de los que tienen su lealtad dividida entre Dios y el mundo.

Piensa: Jesús dice: «Pero cuando venga el Espíritu de verdad [...] os hará saber las cosas que habrán de venir» (Juan 16:13, RVR-60) ¿Qué relación tiene esto con la manera en que Dios y Abraham interactuaban? ¿Es algo que yo deseo de Dios, que Él comparta sus planes conmigo?

Ponte a orar: Amado Señor, deseo escuchar tu consejo secreto. Me doy cuenta de que he coqueteado con el mundo como lo hizo Lot. Básicamente, yo mismo me he apartado de tu consejo íntimo. Me arrepiento de eso. Te pido que me limpies profundamente con la sangre de Jesús mi Señor. Por favor, recíbeme como alguien con quien tú compartes tu consejo. En el nombre de Jesús, amén.

Proclama: Escojo a Dios antes que al mundo.

*Solo cuando nos atrape una
incontenible sensación de asombro
y reverencia en la presencia
de Dios, comenzaremos a
adorarlo en espíritu y verdad.*

—ALISTAIR BEGG

34 | CARA A CARA

Veamos ahora al otro hombre del Antiguo Testamento considerado «amigo» en su relación con Dios.

> Dentro de la carpa de reunión, el SEÑOR hablaba con Moisés *cara a cara*, como cuando alguien habla con un *amigo*. (Éxodo 33:11, NTV, énfasis añadido)

Es casi incomprensible que las Escrituras usen la frase «cara a cara» para describir la amistad que compartían Dios y Moisés. Recuerda que este es el Dios Todopoderoso, no alguien de la calle o algún personaje famoso. ¿Estás entendiendo la magnitud de esta frase? Este término de intimidad no se usa solo una vez, sino una segunda vez cuando el Señor se enojó con Aarón y Miriam por criticar a Moisés. Él declara severamente:

> De toda mi casa, él es en quien *confío*. Yo le hablo a él *cara a cara*, ¡con claridad y no en acertijos! Él ve al SEÑOR como él es. (Números 12:7-8, NTV, énfasis añadido)

Que Dios diga «él es en quien confío» es uno de los mayores halagos que puede recibir un ser humano. Esto nos aporta más entendimiento sobre lo que es tener una amistad con Dios: el fundamento de la confianza. ¿Qué forja la confianza con Dios?

Una obediencia incondicional: hacer siempre lo que se nos pide.

Una integridad absoluta: cumplir siempre tu palabra.

Una prioridad inquebrantable: poner siempre los deseos de Él en primer lugar.

Conocer su corazón: escoger siempre la voluntad de Dios al tomar decisiones.

La coherencia en estos cuatro puntos es fundamental. Si se falla en una de las áreas, un arrepentimiento rápido y sincero nos sitúa en el camino para volver a ganar la confianza. El temor de Dios motiva esta confiabilidad en las cuatro categorías, y Moisés irradiaba un alto nivel de ello. En este capítulo nos enfocaremos en la tercera y cuarta categorías; en esencia, en conocer y escoger el corazón de Dios.

Piensa en la vida de Moisés: sus primeros cuarenta años estuvieron llenos de gran riqueza, los mejores alimentos, ropa de moda, las mejores posesiones materiales, y cualquier placer que deseara. Vivía en una casa espectacular, y nadie sobre la faz de la tierra era más rico o poderoso que su abuelo, el faraón. Sin embargo, leemos:

> *Escogiendo* [...] el oprobio de Cristo [antes] que los tesoros de Egipto, porque tenía la mirada puesta en *la recompensa*. (Hebreos 11:25-26, énfasis añadido)

Moisés *escogió* alejarse de todo ello. Pudo haber intentado servir a Dios en el palacio, pero buscaba una *recompensa* que no podía conseguir quedándose en Egipto. ¿Era la tierra prometida? No podía ser, porque ¿qué tenía que ofrecer la tierra de leche y miel que él no tuviera ya?

Para descubrir qué era lo que más buscaba, consideremos su vida después del palacio. ¿Parecía sabia su decisión de dejarlo todo? ¿Eran mejores sus condiciones de vida que ser un príncipe de Egipto? Él dejó de gobernar a la gente para cuidar ovejas en el desierto, ¡por cuarenta años! ¡Eso es mucho tiempo cuidando ovejas! Después, experimentó un proceso muy largo y estresante de liberar al pueblo de Dios de mano del faraón. Por si todo eso no fuera suficiente, se ve viviendo en una tienda y en un árido desierto lleno de grandes retos. El pueblo que está guiando está disgustado, es combativo, y está profundamente insatisfecho con su liderazgo.

En medio de todo esto, Dios le hace una oferta a Moisés que aliviará gran parte de ese estrés y agitación. Le dice a Moisés que reúna al pueblo y lo lleve a la tierra prometida. Dios asigna a un ángel escogido para guiarlos y expulsar a todas las naciones enemigas. El Señor le recuerda a Moisés que será una tierra rica y fértil, pero finalmente declara: «Sin embargo, yo no los acompañaré» (Éxodo 33:3, NTV).

Haz una pausa y medita en lo que Moisés y el pueblo enfrentaban diariamente. No tenían variedad de nada, no había valles bonitos, ríos, bosque, tierra fértil, jardines, huertos o pastos. Nadie se había dado un baño caliente, ni había dormido en una cama cómoda, ni se había puesto ropa limpia, ni había disfrutado de un supermercado durante bastante tiempo. Su menú es bastante aburrido: no contenía ni fruta ni verdura fresca, ni carne o pescado, ni postre, solo un pan que aparecía cada día en el suelo sin nada para untar en él, como crema de cacahuate, mermelada o embutidos, ¡nada más!

La esclavitud en Egipto era mala, pero vagar por el árido desierto no era mucho mejor; ambas condiciones resultaban extremadamente difíciles, aunque de distintas maneras. Sin embargo, en el desierto los israelitas tenían una esperanza: su propia tierra, una tierra rica, fértil y hermosa. ¡La habían esperado durante generaciones!

¿Te imaginas escuchar las maravillosas palabras de Dios? Seguro que Moisés aceptaría, descendería a toda prisa del monte, y anunciaría la maravillosa noticia a la asamblea nacional. Las personas celebrarían, lo elogiarían como un gran líder de nuevo, y todos comenzarían felizmente su tan ansiado viaje a la ansiada tierra prometida. No obstante, escucha la respuesta de Moisés a la oferta que le hizo Dios:

Si tú mismo no vienes con nosotros, no nos hagas salir de *este lugar*. (Éxodo 33:15, NTV, énfasis añadido)

A modo de recordatorio, ¿cuál era «este lugar»? Era el lugar de adversidad, estrés y dificultades. Moisés dio una respuesta perpleja, incluso asombrosa, para los no entendidos. En esencia, declaró: «Si tengo que escoger entre tu *presencia* y tus *bendiciones*, ¡me quedo con tu presencia!». ¿Por qué? Se puede saber algo sobre alguien en su ausencia, pero no se puede tener cercanía ni intimidad. Esta era la recompensa que Moisés ansiaba.

Quizá te preguntes: ¿por qué se agradaría Dios con que Moisés rehusara hacer lo que le había pedido? Moisés conocía el corazón de Dios. Piensa en esto: ¿alguna vez le has dado a alguien a quien amas la oportunidad de ir a hacer algo bueno o agradable solo para esa persona, y lo hiciste de corazón, pero te sorprendió diciendo: «No, prefiero estar contigo, en lugar de disfrutarlo sin ti»? Una respuesta así es poco frecuente, abrumadora y maravillosa.

Moisés temía a Dios, así que lo que era importante para Dios, constituía constantemente su prioridad; él tenía el corazón de Dios y, por lo tanto, su confianza. El pueblo al que guiaba tenía un corazón distinto. Leemos:

Dio a conocer su *carácter* a Moisés y sus *obras* al pueblo de Israel. (Salmos 103:7, NTV, énfasis añadido)

Al igual que con Abraham, Dios reveló su *carácter* a Moisés. La Nueva Versión Internacional dice que Dios dio a conocer sus caminos a Moisés; reveló sus obras al pueblo de Israel. En otras palabras, sus secretos privados le fueron revelados a Moisés, pero no a Israel. Israel solo conocía a Dios por cómo respondía a sus oraciones: sus *obras*.

¿Cuántos creyentes hoy conocen a Dios solamente por sus oraciones respondidas? Su relación con Él es transaccional, no íntima. Conocen sus palabras, pero no su corazón. Las Escrituras a menudo les parecen reglas y hechos históricos, o se usan meramente como una fuente de inspiración. Peor aún, las tuercen con el fin de encontrar permiso para practicar una conducta anárquica en lugar de ofrecer verdades transformadoras que revelan el corazón de Dios.

Tanto Moisés como Israel eran justos, al igual que Abraham y Lot. Sin embargo, solo los que temen a Dios pueden conocer su corazón; es decir, su carácter, sus secretos y sus planes. ¿Por qué confiaba Dios en Moisés, pero no en su pueblo? Porque Dios sabía que Moisés siempre escogería el corazón de Dios antes que lo que más les conviniera; eso es temor de Dios. Cuando Israel construyó el becerro en Éxodo, Dios declaró enojado:

«Ahora pues, déjame, para que se encienda Mi ira contra ellos y los consuma. Pero de ti Yo haré una gran nación». (32:10)

De nuevo, Dios hace una destacada oferta; es decir, hacer de Moisés una gran nación. Increíble. ¿Cómo respondió Moisés? De nuevo, escogió lo que era mejor para Dios, no para él mismo. Osadamente desafió esa propuesta recordándole a Dios su reputación en Egipto y el mundo que observaba, pues otros podrían decir que Dios no fue fiel con su pueblo. La interacción se intensificó tanto, que Moisés abiertamente dijo: «¡Cambia de parecer!» (v. 12, NTV). Tuvo las agallas de decirle a Dios, cuando Él estaba furioso, ¡que cambiara de parecer! Esto no puede ocurrir a menos que tengas temor de Dios y, por consiguiente, conozcas su corazón y desees lo mejor de Él.

Por eso Dios confiaba en Moisés y no confiaba en el pueblo, aunque Dios había salvado a todos y cada uno de ellos. Él liberó poderosamente al pueblo de las fuertes garras de Egipto, pero no compartiría su corazón con ellos. ¿Es aplicable esta condición de amistad a los hijos de Dios en los tiempos del Nuevo Testamento? Lo veremos en el siguiente capítulo.

Aplicación personal

Pasaje: Mi Padre me ha *confiado* todo [...] y nadie conoce verdaderamente al Padre excepto el Hijo (Mateo 11:27, NTV, énfasis añadido).

Punto: Que Dios diga «confío en ti» es uno de los mayores elogios que puede recibir un ser humano. El fundamento de la confianza es imperativo para entrar en una amistad con Dios; se encuentra en los que temen al Señor.

Piensa: Moisés temía a Dios, conocía su corazón, y Dios confiaba en él. Jesús se deleitó en el temor del Señor, conocía el corazón de su Padre, y le fueron confiadas todas las cosas. ¿Cuál es la correlación? ¿Qué ocurre cuando nos deleitamos en el temor de Dios?

Ponte a orar: Amado Señor, deseo que confíes en mí. Por favor, perdóname por las veces que no te he obedecido, no he cumplido mi palabra, no he puesto tus deseos y lo mejor para ti por delante de mis deseos. Decido cambiar eso y te pido que me llenes de un temor santo que me empodere para que esta vida cambie. Te lo pido en el nombre de Jesús, amén.

Proclama: Decido ser alguien en quien mi Señor Jesús pueda confiar.

¿No ardía nuestro corazón dentro de nosotros mientras nos hablaba en el camino, cuando nos abría las Escrituras?

—LUCAS 24:32

35 | USTEDES SON MIS AMIGOS

Las vidas de Abraham y Moisés son ejemplos de lo que se necesita para entrar en una relación de amistad con Dios. El Señor incluso llegó a decir de Moisés: «*De toda mi casa,* él es en quien confío» (Números 12:7, énfasis añadido). En esa generación, Dios declaró que no había nadie entre su pueblo en quien confiara más. Qué declaración tan impactante.

¿Alteró Jesús este criterio? ¿Abrió una relación de amistad para todos los que creen en Él? La respuesta rápida es no, pero investiguemos comenzando con una afirmación que escribe Juan casi al comienzo del ministerio de Jesús:

> Debido a las señales milagrosas que Jesús hizo en Jerusalén durante la celebración de la Pascua, muchos comenzaron a *confiar* en él; pero Jesús no *confiaba* en ellos porque conocía todo acerca de las personas. (Juan 2:23-24, NTV, énfasis añadido)

Confiar es una palabra griega interesante que se define como «creer hasta el punto de tener una confianza y dependencia completa; tener confianza en, tener fe en».[1] Es interesante que no es recíproco por parte de Jesús. Aunque la gente creía hasta el punto de tener una confianza en y dependencia completa de Él, Jesús no confiaba en ellos. Él sabía que una inmensa mayoría de los seres humanos no eran confiables. Los amaba y servía, pero no los consideraba sus amigos. La confianza que Dios le atribuyó a Moisés no la atribuyó Jesús (Dios manifestado en carne) a los que simplemente creían en Él.

Avancemos hasta la Última Cena. En los tres años previos de ministerio, la mayoría de los que creyeron en Él no eran confiables; muchos lo seguían secretamente o a la distancia, o solo cuando les resultaba beneficioso. Muchos discípulos lo abandonaron, y Judas lo traicionó.[2] ¿Te da esto un mayor entendimiento de por qué Jesús no les correspondió con su confianza?

En la cena, Jesús ahora está sentado con los más cercanos a Él. Con gratitud y afecto, dice: «Ustedes son los que han permanecido junto a Mí en Mis pruebas» (Lucas 22:28). En esencia, habían sido confiables. Pedro tendría después un traspié importante esa misma noche, pero se arrepentiría y volvería con un corazón incluso más leal, y Jesús lo sabía.

Judas se había ido para perpetrar la traición, y Jesús dice de los once restantes: «Ya no los llamo siervos» (Juan 15:15). Que Jesús diga «Ya no» significa que estos hombres en un tiempo fueron considerados siervos. No es una revelación, simplemente es lenguaje. Pablo desarrolla este principio cuando escribe:

> Digo, pues: mientras el heredero es menor de edad, en nada es diferente
> del siervo. (Gálatas 4:1)

Debemos preguntarnos: ¿por qué nos mantiene Dios a nivel de siervo cuando somos herederos del reino? La respuesta: ¡para protegernos! Él no quiere que tengamos el apuro que tuvieron Ananías y Safira; Él no se agrada con eso.

En la década de los años ochenta, Lisa y yo trabajábamos para dos ministerios globales, uno con una plantilla de personal contratada de 450 empleados y el otro con 150. Vimos en ambos problemas de liderazgo que no nos afectaban, y cuando comenzamos nuestro propio ministerio nos fuimos al otro lado del péndulo en cuanto a cómo dirigir a nuestro personal. Algunas ideas eran buenas, pero otras no. Un paradigma que iniciamos fue: «Voy a ser el mejor amigo de cada empleado». Tal vez ya hayas reconocido la estupidez de esta sabiduría.

Nuestro primer empleado fue un joven al que llamaré Justin. Me hice su mejor amigo; jugábamos básquet juntos, veíamos videos, comíamos juntos frecuentemente, y todas las demás actividades que hacen los mejores amigos. Fue genial al principio. Sin embargo, después de un año tuve que corregirlo en algunas cosas leves. Se sentó en mi despacho, e inicié la conversación diciendo amablemente: «Justin, cuando viajes conmigo tienes que tratar con amabilidad a la gente que se acerca a nuestra mesa de recursos. Por favor, sonríe e interactúa con ellos porque son preciosos para Dios».

Lo que ocurrió después me dejó perplejo. Me señaló con el dedo y comenzó a acusarme de todo tipo de conductas erróneas. Dijo cosas que yo estaba haciendo mal. Pensé: *Oh, no, ¿estoy haciendo estas cosas?* Pero, unos minutos después, reconocí que me estaba viendo con ojos críticos. Hice una pausa y le pregunté al Espíritu Santo qué hacer. Él me dijo apaciblemente: «Sácalo del ministerio».

Lo dejé que se desahogara bien y después dije: «Justin, tengo que sacarte de nuestra plantilla».

Se puso furioso y salió dando un portazo de nuestra casa. De inmediato se me llenaron los ojos de lágrimas, porque me preocupaba por él. De repente, el Espíritu Santo me susurró: «Regresará y será el doble de fiel».

Tres meses después, recibí una llamada de Justin. Me dijo: «Dios me ha hablado claramente y me ha corregido. Tengo que pedirte perdón. Ignoré la posición en la que Dios me puso en tu vida y la de Lisa, además de que perdí de vista la que Él les dio en mi vida. Los traté como personas comunes y ordinarias, como colegas y no como líderes. Lo siento».

Enseguida respondí: «Justin, te perdono». Después de algunos comentarios conciliadores más, le pedí que regresara a trabajar con nosotros. Él accedió felizmente, y nunca volvimos a tener problemas en esa área.

Ahora tengo una mentalidad diferente. Me abstengo de compartir los secretos íntimos de mi corazón con ningún empleado hasta que sepa que está bien consciente de aquello que Justin perdió de vista. No hago eso para guardar las distancias ni para ser impersonal con los miembros de nuestro equipo, sino para protegerlos. No quiero que experimenten lo que le ocurrió a Justin. Sin embargo, cuando sé que un empleado tiene claras nuestras posiciones, lo trato como a un amigo. Algunos de los miembros de nuestro equipo son mis mejores amigos.

En esencia, el Señor nos dice: «Hasta que estés bien consciente de quién soy yo en tu vida y sepas bien quién eres tú con respecto a mí (el temor del Señor), tengo que mantenerte a nivel de siervo, aunque seas un heredero: un hijo o hija de mi reino. Lo hago para protegerte, para que no experimentes un juicio similar al de Ananías y Safira».

Jesús les dice a estos hombres:

Ya no los llamo *siervos,* porque el siervo no sabe lo que hace su señor; pero los he llamado *amigos*, porque les he dado a conocer todo lo que he oído de Mi Padre. (Juan 15:15, énfasis añadido)

Jesús está diciendo básicamente: «Hasta ahora no les he dado la información privilegiada, mis planes, mi consejo secreto o áreas íntimas de mi corazón. Pero ahora puedo *confiar* en ustedes como lo hice con Moisés y Abraham». Por eso Jesús nos dice a todos nosotros:

«Ustedes son Mis amigos *si*...». (Juan 15:14)

Entonamos canciones, predicamos sermones y hablamos informalmente sobre Jesús como nuestro amigo, y algunos incluso llegan a referirse a Él como si fuera un colega. Sin embargo, raras veces terminamos su frase. La palabra «si» es una condición; no es algo automático, aunque creamos en Él. ¿Cuál es la condición para la amistad?

«Ustedes son Mis amigos *si hacen lo que Yo les mando*».

Hay una condición: *el temor del Señor*: temblar ante su Palabra, obedecer sus mandatos al instante y de manera completa, aunque no tenga sentido, aunque no veamos el beneficio o sea doloroso. Así como Abraham y Moisés fueron bienvenidos a tener una relación de amistad con el Dios todopoderoso debido a su temor de Dios, con nosotros no es distinto. Cuando el corazón y la voluntad del Señor son nuestra prioridad número uno, Él puede confiar en nosotros y nos dará la bienvenida a una relación de amistad. Qué honor, qué privilegio y qué estimulante es ser amigo del Creador del universo.

Antes de concluir, permíteme hablar de una posible pregunta persistente: ¿Nos da Jesús mandamientos? Sí, hay más de quinientos mandamientos solo en el Nuevo Testamento. No son mandamientos necesarios para la salvación, ya que es un regalo gratuito. Más bien son mandatos que glorifican a Dios, y se nos empodera para poder guardarlos mediante el temor de Dios. Las últimas palabras de Jesús antes de irse fueron: «Vayan, pues, y hagan discípulos de todas las naciones [...] enseñándoles a guardar todo lo que *les he mandado*» (Mateo 28:19-20, énfasis añadido).

El mayor beneficio del temor de Dios es ser bienvenido a una relación de amistad con Jesús. En la siguiente sección examinaremos otros beneficios del temor de Dios.

Aplicación personal

Pasaje: «Ustedes son Mis amigos si hacen lo que Yo les mando» (Juan 15:14).

Punto: No nos ganamos la confianza de Jesús simplemente por creer en Él. La amistad con el Señor está reservada para quienes lo temen.

Piensa: ¿Vale la pena obedecer a Jesús de forma inmediata y completa, aunque no tenga sentido, aunque no parezca que vayamos a tener ningún beneficio personal, aunque sea doloroso? ¿Vale la pena el beneficio de su amistad?

Ponte a orar: Amado Señor, deseo por encima de todo ser uno de tus amigos íntimos. No quiero conocerte de lejos; quiero estar cerca de ti. Escojo el temor del Señor: obedecerte incondicionalmente; amarte con todo mi corazón, con toda mi alma, con mi cuerpo y con mis fuerzas; y amar a las personas de verdad como tú lo haces. Te lo pido en el nombre de Jesús, amén.

Proclama: ¡Decido convertirme en un amigo de Jesús! Obedeceré todo lo que Él me mande.

Los beneficios del tesoro

Examina la senda de tus pies, y todos tus caminos sean rectos.

—PROVERBIOS 4:26, RVR-60

36 | ESTABLECER SUS PROMESAS

Ahora, dirijamos nuestra atención a los muchos beneficios del temor de Dios. Ya hemos tratado varios, incluyendo el mayor de todos: la intimidad con Dios. Continuemos aclarando el conocimiento de «¡Cuán grande es tu bondad, que has reservado para los que te temen» (Salmos 31:19).

Antes de comenzar esta emocionante discusión es importante aclarar un malentendido muy común. A menudo, las personas interpretan las Escrituras a través de las lentes de la experiencia, la suya o la de otros, en lugar de permitir que lo hagan las Escrituras. En esencia, las promesas de Dios se ven como «cumplidas o perdidas», con este pensamiento predominante: *Si Dios quiere esto para mí, será maravilloso. Pero si no, Él es soberano y tengo que aceptarlo.* Esta creencia pone a Dios en una postura de parcialidad hacia sus hijos, algo que no es verdad. Es muy fácil que eso cree un resentimiento oculto y no expresado contra el Señor.

La verdadera historia es bastante distinta; a menudo debemos contender por lo que Dios dice. Para explicarlo, iremos a las Escrituras con el fin de establecer esta verdad. Establezcamos una promesa bíblica que la mayoría consideraría automática. Dios le dijo a Abraham: «Por Isaac será llamada tu descendencia» (Génesis 21:12). Esta palabra de Dios, junto a otras palabras anteriores, dejó clara la promesa divina: la realidad de que Abraham era el padre de una nación y que el Mesías venidero vendría a través de la descendencia de Isaac.

Con esto en mente, veamos cómo se inició el linaje de Isaac, comenzando con la manera en que escogió Dios a la muchacha con la que casarse. El siervo de Abraham viaja hasta la tierra natal de su amo para encontrar una novia para Isaac. Tras un largo viaje, va al pozo comunitario y ora por una señal inequívoca de Dios: la mujer que le ofrezca agua a sus diez camellos sin que él se lo pida será «la que *Tú has designado* para Tu siervo Isaac» (Génesis 24:14, énfasis añadido).

Hagamos una pausa aquí para notar que, después de un largo camino por el desierto, un camello puede beber entre ciento veinte y ciento cincuenta litros de agua en quince minutos. Multipliquemos eso por diez camellos y veremos que la cantidad de agua es mucha para que una joven se ofrezca voluntariamente a sacarla. Su oración tendría que ser respondida milagrosamente, ¡pero Rebeca cumple perfectamente su petición! No cabe duda, ella es divinamente elegida para ser la esposa de Isaac.

Después de que el siervo regresa a casa con Rebeca, esta e Isaac se casan; sin embargo, hay un obstáculo enorme para el cumplimiento de la promesa: ¡ella es estéril y no puede tener hijos! ¿Cometió Dios un error? ¿No sabía Él que Rebeca no podía concebir? ¿Cómo puede cumplirse ahora la promesa? ¿Por qué la elige Dios? ¿Qué debían hacer Isaac y Rebeca? ¿Debían esperar a que se cumpliera la promesa, hasta que su vientre un día de repente se abriera milagrosamente?

En la búsqueda de nuestra respuesta, miremos a Abraham para ver nuestra primera pista. Él es un hombre de oración. Él es quien desafió a Dios a guardar su naturaleza y no destruir Sodoma y Gomorra a causa de las diez personas justas. Sabemos por la Escritura que él enseña a su hijo a hacer lo mismo (Génesis 18:19). Sabiendo eso, leemos:

> Isaac *rogó* al SEÑOR a favor de su esposa, porque ella no podía tener hijos. El SEÑOR *contestó la oración de Isaac*, y Rebeca quedó embarazada de mellizos. (Génesis 25:21, NTV, énfasis añadido)

Insisto, si había una promesa de Dios que de cierto iba a suceder sin participación humana alguna, habría sido la capacidad de Rebeca de tener hijos. Pero no fue ese el caso. Fue necesaria una acción concreta de Isaac para que se cumpliera la promesa de Dios. Él tuvo que *rogar*. El diccionario hebreo dice: «El significado fundamental de esta palabra es la de un clamor al Señor». Por lo tanto, no fue una oración informal, sino una petición ferviente, una que no aceptaría un no por respuesta. El tipo de oración que agrada a Dios. Se nos dice:

La oración ferviente de una persona justa tiene mucho poder y da resultados maravillosos. (Santiago 5:16, NTV)

El apóstol Santiago dice que una oración eficaz es una oración ferviente o apasionada. Él da el ejemplo de cuando Elías oró por lluvia. Siete veces tuvo que orar Elías apasionadamente, con la cabeza entre las rodillas, y siete veces envió a su siervo para que mirara a ver si llegaban las nubes de lluvia. Su fe rehusó rendirse hasta que la promesa de Dios se cumpliera en la tierra (1 Reyes 18:41-45).

Isaac conocía la voluntad de Dios y rogó apasionadamente que fuera establecida en la tierra. ¿Es lo mismo cierto para todos los creyentes? Se nos dice:

Para siempre, oh Jehová, *permanece* tu palabra en los cielos. (Salmos 119:89, RVR-60, énfasis añadido)

La Palabra de Dios está establecida en el cielo. No es un accidente que no se mencione la tierra, solo el cielo. ¿Por qué? El salmista dice: «Los cielos son los cielos del SEÑOR, pero la tierra la ha dado a los hijos de los hombres» (Salmos 115:16). El Señor es dueño del cielo y la tierra (1 Corintios 10:26), pero le ha alquilado la tierra a la humanidad por un periodo.

Al principio de nuestro matrimonio, Lisa y yo rentamos un apartamento. No era nuestro, pero vivíamos en él e hicimos de él nuestro hogar. Los dueños no supervisaron cómo habíamos puesto los muebles, cómo lo habíamos decorado, ni ningún otro aspecto de vivir en él. Sin embargo, si pedíamos ayuda, recibíamos la asistencia del dueño.

Es un arreglo parecido a cómo Dios posee la tierra, pero la ha alquilado a la humanidad. Esto explica por qué no fue al jardín y le dio un manotazo al fruto que tenía Adán en la mano. Él le había dado dominio a la humanidad sobre la tierra (Génesis 1:26-28). Entendiendo esto, debemos preguntarnos: ¿cómo se estableció su Palabra en la tierra? Se nos dice: «Por *boca* de dos o de tres testigos se decidirá todo asunto» (2 Corintios 13:1, RVR-60). Y, en Isaías, Dios declara:

Así será mi palabra que sale de mi *boca*; no volverá a mí vacía, sino que hará lo que yo quiero. (Isaías 55:11, RVR-60, énfasis añadido)

Es interesante ver que en ambos versículos se especifica la palabra *boca*. La boca de Dios declara su voluntad deseada, pero es necesario que un ser humano, que haya recibido autoridad en la tierra, la declare con su boca para establecerla en la tierra. Básicamente, le pedimos que Él venga y nos ayude en la tierra. Ahora, su promesa está establecida en la tierra como en el cielo. Dicho de manera sencilla, Él no forzará su voluntad en la «tierra que nos ha alquilado», a menos que pidamos que se haga su voluntad.

Dios declaró la promesa a Abraham. ¿Puedes visualizar a Isaac rogando: «Dios de mi padre, tú prometiste que de mí vendría una nación y mis descendientes serían bendecidos. Te pido que abras el vientre de mi esposa para que tenga hijos. Amén». El resultado: se estableció la voluntad de Dios.

Ahora vayamos a nuestro mayor ejemplo: Jesús.

Y Cristo, en los días de su carne, ofreciendo ruegos y súplicas con gran clamor y lágrimas al que le podía librar de la muerte, *fue oído* a causa de su temor reverente. (Hebreos 5:7, RVR-60, énfasis añadido)

Encontramos de nuevo la palabra *ruegos*, pero esta vez acompañada de *temor reverente*. Se nos da otra clave. No solo se necesita una fe implacable, que habla (clama) hasta que la promesa de Dios sea evidente en la tierra, sino también el temor del Señor para establecer las promesas que Dios ha hecho a su pueblo. Observemos que el ruego de Jesús «fue oído» por Dios. Una cosa es orar y otra cosa es *ser oído*. ¿Hay oraciones que no son escuchadas? Por supuesto. Santiago escribe: «Piden y no reciben, porque piden con malos propósitos» (Santiago 4:3). De nuevo, tenemos que revisar nuestras motivaciones, y el temor del Señor es lo que las mantiene controladas.

Cuando tememos a Dios, podemos orar osadamente y declarar que se cumplan las promesas o la voluntad de Dios en esta tierra, y será establecida, como en el cielo. ¿Podría ser esta la razón por la que el apóstol Pablo escribe casi al final de su estancia en la tierra: «Pelea la buena batalla de la fe, echa mano de la vida eterna»? (1 Timoteo 6:12, RVR-60). Es una pelea, y por fe alcanzamos lo que provee la vida eterna.

Aplicación personal

Pasaje: «Cumplirá el deseo de los que le temen, también escuchará su clamor y los salvará» (Salmos 145:19).

Punto: A menudo, las personas interpretan las Escrituras a través de las lentes de la experiencia, la suya o la de otros, en lugar de permitir que lo hagan las Escrituras.

Piensa: ¿He permitido que mis creencias se aparten de lo que declara la Biblia debido a mi propia experiencia o la de otros? ¿Hay promesas que aún no se han cumplido en mi vida, en mi familia, en mi esfera de influencia? ¿Me he conformado con vivir fuera de estas promesas divinas? ¿Estoy dispuesto a luchar por las promesas rogando que se cumplan en esta tierra?

Ponte a orar: Amado Señor, en el nombre de Jesús perdóname por mi pereza espiritual, por conformarme con promesas sin cumplir, y por no pelear por lo que declara tu Palabra. He mirado las experiencias pasadas para dar forma a mi camino en lugar de pelear porque tu voluntad sea establecida. Me arrepiento y decido pelear la buena batalla de la fe, orar para que tu voluntad se establezca en esta tierra, así como ocurre en el cielo. Amén.

Proclama Decido pelear la buena batalla de la fe, aferrarme a lo que declara la vida eterna, para ver establecida la voluntad de Dios en mi esfera de influencia.

Los hombres que temen a Dios enfrentan la vida sin temor. Los hombres que no temen a Dios terminan temiendo a todo.

—RICHARD HALVERSON

37 | EL TEMOR QUE ELIMINA LOS TEMORES

Vivimos en un mundo problemático y lleno de temor. De hecho, Jesús nos dice que eso se intensificará. Su descripción de lo que espera en el horizonte es aleccionadora: «Desfalleciendo los hombres por el temor y la expectación de las cosas que sobrevendrán en la tierra» (Lucas 21:26, RVR-60). Estos temores y ansiedades desplazan la esperanza, la paz y la tranquilidad, dejando solo inquietud, corazones cargados y tormenta persistente. ¿Cuál es el antídoto?

> El SEÑOR me dio una firme advertencia de no pensar como todos los demás. Me dijo: «No llames conspiración a todo, como hacen ellos, ni vivas aterrorizado de lo que a ellos les da miedo. Ten por santo en tu vida al SEÑOR de los Ejércitos Celestiales; él es a quien debes temer. Él es quien te debería hacer temblar. Él te mantendrá seguro. (Isaías 8:11-14, NTV)

El temor de Dios elimina los demás temores y ansiedades, porque está respaldado por la promesa de Dios de que Él nos mantendrá seguros. Detente por un instante y medita en esta realidad. Imagínate a todas las fuerzas armadas de Estados Unidos con la misión de protegerte. Todos los generales dicen a sus oficiales que tú eres la máxima prioridad, y que deben implementar lo que sea necesario para que estés a salvo. Todo el espectro de su avanzado armamento está dedicado a darte protección dondequiera que estés o que vayas. Es casi inimaginable, pero si eso ocurriera, estoy seguro de que te sentirías a salvo y seguro. Sin embargo, esto palidece en comparación con el hecho de que el Dios Todopoderoso diga: «Yo te mantendré seguro». No es de extrañar que se nos diga:

> Qué grande es la bondad que has reservado para los que *te temen*. La derramas en abundancia sobre los que acuden a ti en busca de protección, y los bendices ante la mirada del mundo. Los escondes en el refugio de tu presencia, a salvo de los que conspiran contra ellos. Los proteges en tu presencia, los alejas de las lenguas acusadoras. (Salmos 31:19-20, NTV, énfasis añadido)

La promesa de una bondad derramada, oculta en el refugio de la presencia de Dios y a salvo de los que intenten hacernos daño, no es para todos, sino para los que *temen a Dios*. Por años, Lisa y yo hemos soportado mentiras, calumnias, acusaciones y amenazas. He bromeado con amigos: «No busques mi nombre en google, porque encontrarás miles de artículos denunciándome». Pero hemos decidido guardar silencio y no defendernos. En vez de eso, hemos entregado esos ataques a Aquel que tememos, y hemos visto constantemente su protección. No ha sido fácil, porque hubo veces en las que literalmente he juntado mis manos y las he elevado al cielo como un signo exterior de entregar las acusaciones o amenazas a Dios. Clamo: «Padre, entrego esto en tus manos, por favor, protégenos». Él nunca nos ha fallado.

Hemos sido testigos de la protección del temor de Dios en las vidas de muchos de los que conocemos. Hace varios años, hablé a 1.500 personas en nuestra ciudad natal. En el servicio, muchos cambiaron sus temores por el temor del Señor. La noche siguiente, cuando una madre y su hija —que estaban entre los que habían respondido y habían sido libres del temor— regresaban a su casa después de hacer compras, se acercaron a ellas tres hombres con cuchillos y pistolas. Los hombres les ordenaron firmemente que entraran a su casa. Es muy probable que su intención fuera robar, violar, y posiblemente asesinar a las dos mujeres.

La madre después reportó: «Si no hubiera sido por la noche anterior, me habría quedado paralizada por el miedo, sin habla, y hubiera accedido a sus demandas». Pero dijo: «Ignoré su orden de entrar en la casa, y al instante comencé a orar en voz alta para que Jesús nos rescatara. Mi confianza, fortaleza y paz aumentaban mientras más gritaba».

«Los hombres comenzaron a temblar y me ordenaron con firmeza que dejara de orar. Su paciencia finalmente se agotó y con rabia comenzaron a gritar: "¡Para, para, deja de orar!"». Los tres hombres no estaban preparados para enfrentarse a unas mujeres tan confiadas. Los asaltantes estaban confusos y, mientras se enfocaban en la madre, la hija pudo entrar en la casa y pedir ayuda. Cuando de repente los hombres se dieron cuenta de que ella no estaba, salieron huyendo.

Ese mismo año, mientras ministraba en Houston (Texas), otra joven cambió sus temores por el temor de Dios. Después de una semana del servicio, tras salir de un centro comercial y meterse en su auto, se dio cuenta de que había un hombre en el asiento de atrás con un cuchillo. Este le ordenó que condujera. En lugar de llenarse de temor, ella clamó a Jesús y no se detuvo. Condujo durante horas con el hombre demandando que se callara, pero ella se negaba. Finalmente, él dijo: «¡Detente en la cuneta!», y cuando ella lo hizo, él abrió la puerta de atrás y huyó.

Una vez, el rey de Aram se enfureció con el profeta Eliseo y envió tropas para arrestarlo. El sirviente de Eliseo fue el primero en ver a los soldados, caballos y carros, y se llenó de temor.

«—¡No tengas miedo! —le dijo Eliseo—. ¡Hay *más de nuestro lado* que del lado de ellos! Entonces Eliseo oró: "Oh Señor, ¡abre los ojos de este joven para que vea!"» (2 Reyes 6:16-17, NTV, énfasis añadido). El Señor lo hizo, y el sirviente vio sobre las colinas multitudes de caballos angelicales y carros de fuego.

Jesús a menudo se encontró con multitudes que recogían piedras para lapidarlo. En otra ocasión, una turba intentó lanzarlo por un precipicio, pero en cada situación peligrosa, Él simplemente se alejó ileso (ver Lucas 4:29; Juan 8:59, 10:39).

La única vez que Dios permite que alguien que lo teme pase por sufrimientos es si se le ha concedido de lo alto para la gloria de Dios. Sin embargo, incluso en esas situaciones hay una confianza que viene del temor de Dios y que elimina todo temor humano. Pensemos en los tres jóvenes hebreos que fueron llevados ante el monarca más poderoso de la tierra, el rey Nabucodonosor de Babilonia. Él había construido un gran ídolo y había decretado que todas las personas debían postrarse delante de esa estatua siempre que sonara la música en la tierra.

Estos tres jóvenes temían a Dios y rehusaron pecar obedeciendo el decreto del líder. Así que fueron llevados ante un Nabucodonosor muy enojado, quien podía arrojarlos al instante en un horno de fuego. ¿Tenían miedo estos tres hombres? Dejaré que lo decidas tú, porque observa lo que dicen a un rey enfurecido: «Ciertamente nuestro Dios a quien servimos puede librarnos del horno de fuego ardiente. Y de su mano, oh rey, nos librará. Pero si no *lo* hace, ha de saber, oh rey, que no serviremos a sus dioses ni adoraremos la estatua de oro que ha levantado» (Daniel 3:17-18).

¡Qué confianza! Ellos permanecieron en calma y sin miedo, aunque las Escrituras dicen: «Entonces Nabucodonosor se llenó de furor, y demudó su semblante contra Sadrac, Mesac y Abed Nego» (v. 19). Estos hombres temían a Dios y, por lo tanto, sabían que Él los libraría mediante la vida o mediante la muerte. Fueron arrojados al horno, pero salieron ilesos, sin tan siquiera oler a humo. Se mantuvieron sin miedo, incluso ante la misma cara de la muerte.

El apóstol Pablo, un hombre que temía a Dios en gran manera, tuvo la misma actitud. Cuando enfrentaba una posible ejecución, dijo: «con toda confianza, aun ahora, como siempre, Cristo será exaltado en mi cuerpo, ya sea por vida o por muerte. Pues para mí, el vivir es Cristo y el morir es ganancia» (Filipenses 1:20-21). ¿Por qué morir para glorificar a Cristo es ganancia o, como dice otra traducción, «mejor» que la vida? El temor de Dios, que es el principio de la sabiduría, nos ilumina con la perspectiva adecuada sobre esta vida y la siguiente. Por eso Jesús afirma: «No teman a los que matan el cuerpo, pero no pueden matar el alma; más bien teman a Aquel que puede hacer perecer tanto el alma como el cuerpo en el infierno» (Mateo 10:28).

Hace años, mientras estaba de camino para ministrar, Dios me habló cuando temía por mis hijos. Me dijo: «John, cualquier temor en tu vida solo identifica lo que todavía no has puesto bajo la cruz; aún tienes la posesión de esa área de tu vida». Me arrepentí esa noche, le entregué a nuestros hijos por completo a Dios, y nunca más volví a preocuparme por su seguridad. El temor del Señor nos lleva a rendir todo a Jesús. Cuando lo hacemos, vivimos en lo que otros desean grandemente pero no pueden encontrar: paz, confianza y libertad del temor.

Aplicación personal

Pasaje: «El temor del Señor conduce a la vida; da seguridad y protección contra cualquier daño» (Proverbios 19:23, NTV).

Punto: Cualquier temor en tu vida que no sea beneficioso tan solo identifica lo que aún no has puesto bajo la cruz; todavía sigues en control de esa área en tu vida.

Piensa: ¿En qué áreas de la vida batallo con el temor? ¿Es mi salud, mi economía, matrimonio, hijos, trabajo, escuela, ser rechazado, persecución por mi fe, o cualquier otra faceta de mi vida? ¿He entregado por completo esta área de mi vida al señorío de Jesús, o todavía soy yo el dueño?

Ponte a orar: Amado Señor, perdóname por no entregarte a ti *(escribe lo que proceda)*. Al reflexionar en ello, veo claro que he sido el dueño de esto. Mi inseguridad ha sacado a la luz la falta de temor de Dios en esta área de mi vida. Me arrepiento y entrego *(escribe lo que proceda)*, y cada área de mi vida, al señorío de Jesús. Amén.

Proclama: Jesús es mi Señor. Le entrego la posesión de todas las áreas de mi vida. Que se haga en mí según su voluntad.

*Instruye al niño en el camino
que debe andar, y aun cuando
sea viejo no se apartará de él.*

—PROVERBIOS 22:6

38 | LEGADO

Hay otro gran beneficio en el temor de Dios: un legado piadoso. Permíteme hacerte algunas preguntas. ¿Qué viene a tu mente cuando piensas en Benedict Arnold? ¿Tu primer pensamiento es «traidor»? ¿Y la Madre Teresa? ¿Piensas en las Misioneras de la Caridad? ¿Y qué tal Adolf Hitler? ¿Piensas en «un dictador tirano que asesinó a millones»? ¿Y Albert Einstein? ¿Piensas en el que descubrió la teoría de la relatividad?

Los pensamientos que vinieron a tu mente probablemente sean los legados de estos individuos tan reconocidos. El hecho es que todos dejamos legados, así que la pregunta que debemos hacernos es esta: ¿mi legado será recordado bien o mal? No obstante, una pregunta aún más importante es cómo se verá nuestro legado en el cielo: como beneficioso o perjudicial para la edificación del reino eterno de Dios.

Una definición de la palabra *legado*, según el diccionario es «algo transmitido o recibido de un ancestro o predecesor».[1] ¿Cómo afecta el temor del Señor nuestra posteridad? Para comenzar, regresemos al padre de la fe, Abraham. En el monte, cuando el ángel le impidió que matara a Isaac con el cuchillo, el Señor le dijo:

> De cierto te *bendeciré* grandemente, y *multiplicaré* en gran manera
> tu descendencia [...] tu descendencia poseerá la puerta de sus enemi-
> gos. (Génesis 22:17, énfasis añadido)

He leído estas palabras durante años y me he preguntado por qué dice grandemente y en gran manera. Finalmente, mi curiosidad pudo conmigo, así que fui a preguntarle a un rabino, el cual me dijo: «En el entendimiento judío, cuando hay una referencia así, tiene que ver con multiplicación ... se describe como una bendición sobre el padre Abraham, pero Dios está prometiendo que habrá bendiciones para sus descendientes. En otras palabras, para bendecirte a ti, Abraham, seguiré bendiciéndote a través de tus hijos».

El temor del Señor beneficia a nuestros descendientes: «Ellos poseerán las puertas de sus enemigos». Esto es maravilloso, y hablaremos de ello en un momento, pero primero hay otra verdad que deberíamos destacar en la explicación del rabino. El temor de Dios continúa bendiciéndonos a través de nuestros descendientes, y esto es cierto no solo en esta vida sino también en la eternidad.

Nuestra eternidad es afectada por las acciones de nuestros descendientes, que generan mayor honor e influencia tanto en nuestro futuro cercano como en la siguiente vida. Para aclarar esto, permíteme poner un ejemplo. Archie Manning fue un mariscal de campo de la Liga Nacional de Fútbol Americano (NFL, por sus siglas en inglés) del equipo de los New Orleans Saints durante diez temporadas. El equipo bajo su liderazgo ofensivo solo llegó una vez a los .500; las otras nueve temporadas perdieron. La mayoría se ha olvidado de él, pero dos de sus hijos, Peyton y Eli, han ganado, entre ambos, cuatro Súper Tazones, y fueron MVP del Súper Tazón y de la liga. Ahora, hay más personas que conocen a Archie debido a sus hijos y, por consiguiente, recibe un mayor honor e influencia en el mundo de los deportes.

En la eternidad, muchos poseerán mayor honor e influencia debido a la obediencia de sus descendientes al edificar el reino. Abraham es un ejemplo excelente; su influencia eterna será mejorada por su descendencia: José, Samuel, David, Daniel, Isaías y, por supuesto, Jesús; solo por nombrar algunos. Incluso ahora, su legado continúa. Esta bendición afecta a todos los que temen al Señor; a ellos «se les recordará» y «tendrán influencia y recibirán honor» (Salmos 112:6, 9, NTV).

Ahora regresemos a la promesa de Dios de que nuestros descendientes serán vencedores; ellos «poseerán la puerta de sus enemigos». En un lenguaje más contemporáneo, se podría decir que nuestra descendencia no será vencida por los que menosprecian a Dios, sino que, en cambio, serán líderes exitosos e influyentes (Deuteronomio 28:13). Tal vez pienses que esto es solo para Abraham y sus descendientes directos. Pero se nos dice: «Mediante Cristo Jesús, Dios bendijo a los gentiles con la misma bendición que le prometió a Abraham» (Gálatas 3:14, NTV). ¡Esta es una noticia maravillosa!

> Cuán bienaventurado es el hombre que teme al SEÑOR, que mucho se deleita en Sus mandamientos. Poderosa en la tierra será su descendencia; la *generación* de los rectos será bendita. (Salmos 112:1-2, énfasis añadido)

La palabra *generación* significa «mucho tiempo»,[2] y hace referencia a nuestra posteridad.[3] Zacarías profetizó: «Y su misericordia es de generación en generación a los que *le temen*» (Lucas 1:50, RVR-60, énfasis añadido). No solo serán exitosos nuestros hijos inmediatos, sino que esta promesa habla de generaciones. Un ejemplo estupendo de esto lo vemos en las vidas de dos hombres, los cuales nacieron en el siglo dieciocho.

El primero es Max Jukes. En 1874 un sociólogo llamado Richard Dugdale visitó trece cárceles al norte del estado de Nueva York. Descubrió a seis personas con cuatro apellidos distintos que tenían lazos de sangre. Esto despertó su curiosidad y lo llevó a profundizar más en el linaje familiar. Se remontó a un antiguo colono holandés llamado Max Jukes, que nació en algún momento entre los años 1720 y 1740. Tras años de diligente investigación, Dugdale identificó a 540 descendientes de Jukes. Entre ellos había 76 criminales convictos, 18 porteros de burdeles, 120 prostitutas y más de 200 beneficiarios de ayudas gubernamentales. En resumen, había pecados generacionales que condujeron a una abundancia de conducta disfuncional que al gobierno le costó decenas de millones de dólares en valor de nuestra moneda actual.[4]

Ahora comparémoslo con Jonathan Edwards, que nació durante el mismo periodo. Fue un evangelista itinerante que escribió muchos libros e inspiró a muchos a llevar el evangelio a las naciones. Se casó con Sarah Pierpont en 1727. Esta pareja temía a Dios en gran manera. Leían la Biblia y oraban juntos todas las noches antes de acostarse. Tuvieron once hijos, y

Jonathan declaraba una bendición sobre cada uno diariamente. Decía: «Cada hogar debería ser una pequeña iglesia».

Los 1.394 descendientes conocidos de Jonathan y Sarah revelan la promesa de Dios para con los que le temen, que ellos *poseerán las puertas de sus enemigos* y *sus hijos serán exitosos*. Entre sus descendientes hay 13 presidentes de universidades, 65 profesores universitarios, 3 senadores de Estados Unidos, 30 jueces, 100 abogados, 60 médicos, 75 oficiales de la marina y el ejército, 100 ministros y misioneros, 60 escritores destacados, y un vicepresidente de Estados Unidos: Aaron Burr. Su descendencia no le costó ni un centavo al gobierno.[5]

Los temores con los que yo batallaba cuando nuestros cuatro hijos eran pequeños tenían que ver con que sus vidas terminaran temprano, ya fuera porque tuvieran resentimiento contra su padre por estar por ahí predicando a veces más de doscientas noches al año, o que tuvieran resentimiento contra Dios por llamarme a hacer eso. Una noche, justo después de ministrar en una conferencia lejos de casa, me di cuenta de que mi falta de temor de Dios me estaba impidiendo dejar la posesión de sus vidas a Jesús. Así que clamé en oración: «Padre, estos cuatro hijos ya no son míos; ahora pertenecen a Jesús. Puedes hace lo que quieras con ellos, ¡pero diablo, tú nunca los tocarás!». Desde ese día, no he vuelto a temer por sus vidas.

Poco después, Dios me reveló una importante verdad a través de su Palabra. Finees era nieto del sacerdote Aarón. Estaba apasionado por Dios y el pueblo de Israel. Su fuerte temor de Dios lo condujo a hacer lo que otros creyentes no se atrevían; él defendió valientemente lo correcto. Al hacerlo, Dios dijo: «Ahora dile que establezco con él mi especial pacto de paz, por medio del cual doy a él *y a sus descendientes* el derecho perpetuo al sacerdocio» (Números 25:12-13, NTV, énfasis añadido). En esencia, sus descendientes recibieron la promesa de una relación más cercana e íntima con Dios debido a su temor de Dios. El Espíritu Santo me mostró que la protección de nuestros hijos estaba en la ferviente obediencia de Lisa y mía a su voluntad.

Ahora, años después, cada uno de nuestros cuatro hijos ha trabajado en Messenger International al menos por nueve años. Dos son autores con libros publicados, todos son líderes, y lo más importante es que todos caminan en el temor de Dios. Las personas preguntan constantemente qué hicimos para criar unos hombres así. Honestamente, no tuvo nada que ver con nuestra sabiduría, y con nuestros muchos errores como padres se podrían llenar libros. Sin embargo, lo que sí hicimos bien fue caminar en un alto nivel de temor de Dios.

Cuando nuestros hijos se desviaban por cortos periodos durante su adolescencia, Lisa y yo clamábamos al Señor para que estableciera su promesa en nuestros hijos, y continuamos viviendo en el temor de Dios. Nunca perdimos la fe, y tú tampoco deberías perderla. La promesa de Dios para ti que temes al Señor es que tus hijos «serán poderosos en la tierra» (Salmos 112:2, RVR-60).

Aplicación personal

Pasaje: «Tus hijos como plantas de olivo alrededor de tu mesa. Así será bendecido el hombre que teme al Señor» (Salmos 128:3-4).

Punto: Cuando habitas en el temor de Dios, algo importante se transmite a tu descendencia. No solo serán influyentes, sino que seguirás siendo bendecido a través de ellos.

Piensa: ¿Cómo veo a mis hijos (o futuros hijos)? ¿Me preocupo por su futuro? ¿Los he entregado por completo al señorío de Jesús? ¿Camino en el temor de Dios delante de ellos? ¿Percibo, oro, y hablo según su actual comportamiento o según lo que promete la Palabra de Dios?

Ponte a orar: Amado Señor, tu Palabra dice que tendré un largo legado caminando en el temor de Dios. Creo en la promesa de que mis hijos serán poderosos en la tierra, que serán influyentes, exitosos, y darán honor a tu nombre y al mío. Me comprometo a seguir orando osadamente por el cumplimiento de estas promesas. Te lo pido en el nombre de Jesús, amén.

Proclama: Mis hijos son poderosos en la tierra, exitosos dondequiera que van, y poseen las puertas de sus enemigos.

Cuando tratemos de definir en qué consiste la verdadera sabiduría del hombre, la palabra más conveniente es aquella que exprese inequívocamente el temor de Dios.

—AGUSTÍN DE HIPONA

39 | LO MÁS IMPORTANTE

El tema de este capítulo es tan amplio que se podría escribir un libro entero sobre él. Sin embargo, evitarlo sería dejar este mensaje incompleto. Por lo tanto, lee este capítulo como una introducción a tan importante aspecto del temor de Dios.

Escuchemos estas palabras del corazón de nuestro Creador, palabras de vida, palabras de verdad, palabras que protegen, palabras que durarán más que el sol, la luna y las estrellas, palabras más seguras que la tierra sobre la que estamos:

> Bienaventurado el hombre que halla sabiduría y el hombre que adquiere entendimiento [...] Y *nada* de lo que deseas se compara con ella. (Proverbios 3:13, 15, énfasis añadido)

No hay *nada* en este mundo que se compare con el valor de la sabiduría divina. Es destacable, ¡nada! Por eso se nos dice: «Lo que realmente importa es que cada día seas más sabio» (Proverbios 4:7, TLA). Cuando encuentres la sabiduría, verás que «Sus caminos son caminos agradables y todas sus sendas, paz» (Proverbios 3:17).

Deberíamos buscar la sabiduría de Dios en cada decisión que tomemos, porque se nos dice: «Si valoras la sabiduría, ella te engrandecerá» (Proverbios 4:8, NTV, énfasis añadido). ¡Qué magnífica promesa! La palabra hebrea para *grande* se define como «incrementar, subir, ser exaltado». Cuando Dios promueve, ¡ninguna persona ni circunstancia puede degradar! La sabiduría, por lo tanto, es el camino hacia la trascendencia perdurable.

Debemos descubrir la sabiduría; está oculta, pero no fuera de nuestro alcance. Cuando la encontramos, produce grandes beneficios. Entonces, ¿cómo la encontramos?

El *principio* de la sabiduría es el temor de Jehová. (Salmos 111:10; Proverbios 9:10, RVR-60, énfasis añadido)

La palabra hebrea para *principio* es significativa. Se encuentra en el primer versículo de la Biblia: «En el *principio* creó Dios los cielos y la tierra». Esta palabra significa «el lugar de inicio». El temor de Dios es el *punto originador* de la sabiduría. Imagínatelo así: piensa en un almacén lleno de toda la sabiduría que necesitas para alcanzar un éxito duradero. Sin embargo, solo hay una puerta y una llave de acceso: el temor de Dios. Isaías escribe: «Él será la seguridad de tus tiempos, te dará en abundancia salvación, sabiduría y conocimiento; el temor del SEÑOR será tu tesoro» (Isaías 33:6, NVI).

En esencia, no hay sabiduría duradera fuera del temor de Dios. El temor santo es el origen de la sabiduría duradera, pero el beneficio continúa más allá de ese lugar de inicio:

El temor de Jehová es *manantial* de vida para apartarse de los *lazos* de la muerte. (Proverbios 14:27, RVR-60, énfasis añadido)

Quiero destacar aquí dos palabras clave: *manantial* y *lazos*. La palabra hebrea para *manantial* tiene el sentido de «algo que fluye» o una fuente emisora constante. Vivir bien no es el resultado de tomar buenas decisiones de forma esporádica, sino de un fluir constante de decisiones sabias que llevan un fruto duradero.

La segunda palabra, *lazos,* se refiere a trampa o cebo. «El entendimiento adecuado de esta palabra hebrea es el cebo o señuelo colocado en la trampa de un cazador».[1] Cualquier buen cazador sabe que una trampa necesita dos cosas para que dé resultado. Debe estar escondida, a la espera de que el animal no la reconozca como lo que es, y debe tener un cebo que atraiga al animal hacia las fauces mortales de la trampa. Con un buen entendimiento de las palabras clave, leamos otro pasaje que ofrece aún más claridad de la verdad que estamos tratando:

El temor de Jehová es *enseñanza de sabiduría*. (Proverbios 15:33, RVR-60, énfasis añadido)

Al combinar las verdades de estos dos versículos, descubrimos que el temor de Dios es una fuente, un fluir constante de las enseñanzas de la sabiduría de Dios. Es un consejero siempre presente que no se duerme, sino que nos entrena constantemente para que tomemos decisiones sabias en la vida.

Cuando nos movemos por nosotros mismos, separados de la sabiduría de Dios, la humanidad ha demostrado durante miles de años que toma malas decisiones aunque piensa que son buenas. ¿A qué se debe esto? Los caminos de la muerte y la destrucción están escondidos y con un cebo, algo similar a la trampa de un cazador. Lo que parece ser bueno, sabio, beneficioso y agradable, a menudo es meramente un cebo para seducirte con lo que en definitiva es malo, necio, perjudicial y doloroso. El temor del Señor nos resguarda de todo eso *alejándonos fielmente de esas trampas*.

Si miramos la sociedad de hoy, vemos hombres y mujeres magníficos e inteligentes que toman decisiones que conducen a la ruina de aquellos que están bajo su influencia. Al mismo tiempo, otros están ciegos a su necedad. La Biblia dice que, al rechazar el temor de Dios «se hicieron vanos en sus razonamientos y su necio corazón fue entenebrecido. Profesando ser sabios, se volvieron necios» (Romanos 1:21-22). Cuando el razonamiento se vuelve vano, la visión también se vuelve vana. Solo es cuestión de tiempo hasta que caigan de cabeza en el cebo de las trampas mortales que hay escondidas.

Sin embargo, el otro lado de la moneda también es cierto. Cuando nos aferramos con firmeza al temor de Dios, tenemos un consejero sabio siempre presente y fluyendo constantemente que nos da la capacidad para tomar decisiones beneficiosas. Incluso cuando no somos conscientes de las trampas mortales que acechan, la fuente nos resguarda de caer inconscientemente en sus redes.

Veamos este principio al examinar a un hombre que no tenía un pacto con Dios, aunque sí lo temía. Era el rey Abimelec de Gerar. Él había tomado a Sara, la esposa de Abraham, para su harén. Enseguida, Dios lo visitó de noche y le dijo: «Tú eres hombre muerto por razón de la mujer que has tomado, pues está casada» (Génesis 20:3).

Abimelec clamó: «Señor [...] En la integridad de mi corazón y con manos inocentes yo he hecho esto» (vv. 4-5). Con respecto a la palabra que aparece aquí para «Señor», se nos dice: «esta palabra significa literalmente "mi Señor"».[2] Su temor de Dios es bastante evidente por la forma en que se dirige a Él, así como por su respuesta. Ahora leamos lo que Dios le dice:

> «Sí, Yo sé que en la integridad de tu corazón has hecho esto. Y además, Yo *te guardé de pecar contra mí*, por eso no te dejé que la tocaras».
> (Génesis 20:6, énfasis añadido)

El temor del Señor fue un consejero, alguien ajeno para él, que tenía el objetivo de impedirle caer en la trampa de muerte. La trampa estaba escondida debido a la manera engañosa en la que ella fue presentada, como hermana de Abraham, pero el temor de Dios lo protegió. ¿Cómo es posible que este rey pagano, que no conocía el pacto de Dios, que no tenía la palabra escrita de Dios, temblara al pensar en tomar por esposa a la esposa de otro hombre? Encontramos nuestra respuesta en los textos de Pablo: «Porque cuando los gentiles, que no tienen la ley, cumplen por instinto los *dictados* de la ley, ellos, no teniendo la ley son una ley para sí mismos. Porque muestran la obra de la ley escrita en sus corazones, su conciencia dando testimonio, y sus pensamientos acusándolos unas veces y otras defendiéndolos» (Romanos 2:14-15).

Además, ¿cómo es que este rey gentil tiembla solo de pensar en tomar la esposa de otro hombre, y sin embargo un pastor experimentado o alguien que ha asistido a la iglesia por años toma la mujer de otro en adulterio, algo que estamos viendo con más frecuencia con el paso del tiempo? No es ingeniería aeroespacial. Aunque ese líder de la iglesia o asistente confiese con su boca que pertenece a Jesús, no tiene temor de Dios. Se nos dice:

Y he hallado más amarga que la muerte a la mujer cuyo corazón *es* lazos y redes, y sus manos ligaduras. El que agrada a Dios escapará de ella; mas el *pecador* quedará en ella preso. (Eclesiastés 7:26, RVR-60, énfasis añadido)

Las Escrituras no dicen que el *malvado* quedará preso, sino el *pecador*, alguien que no da en el blanco por su falta de temor de Dios. Puede ser perfectamente alguien que profesa ser cristiano. Santiago escribe a cristianos profesos: «Limpien sus manos, *pecadores*; y ustedes de doble ánimo, purifiquen sus corazones» (Santiago 4:8, énfasis añadido).

Nuestro evangelio occidental tan ampliamente aceptado ha eliminado de modo sistemático el temor de Dios de nuestro corazón al enseñar una gracia *falsa* que nos entrena de forma distinta a la sabiduría de Dios. Ello crea una fuente insana de consejo pervertido que elimina la fuerza restrictiva que nos protege del pecado. Sin embargo, la gracia auténtica no entra en conflicto con el temor de Dios.

Porque la gracia de Dios se ha manifestado para salvación a todos los hombres, *enseñándonos* que, renunciando a la impiedad y a los deseos mundanos, vivamos en este siglo sobria, justa y piadosamente. (Tito 2:11-12, RVR-60, énfasis añadido).

No podemos separar la verdadera gracia de Dios del temor de Dios. Están unidos y ambas cosas nos *enseñan*, nos aconsejan continuamente para que nos alejemos de las trampas mortales.

Esta plaga de conducta impía entre personas que profesan estar en pacto con Dios no es nada nuevo. A lo largo de la historia de Israel, y también de la iglesia, hemos visto este mismo patrón, pero se ha intensificado durante estos últimos días sobre los que Jesús dijo que estarían marcados por el engaño. La pérdida del temor de Dios abre el corazón y el alma de las personas a los malos consejos, aparentando ser verdad, cuando en realidad y sin darnos cuenta nos conducen al pecado y a la muerte.

Actualmente en nuestra sociedad, la fuerza de la anarquía va a un ritmo acelerado. Es como si estuviera en el ascenso de una curva exponencial. Si la gracia falsa tan aceptada continúa eliminando el temor de Dios del corazón de los creyentes, multitudes de los que dicen ser cristianos serán barridos por el engaño de la anarquía. Necesitamos un avivamiento del temor de Dios, porque nos resguarda continuamente de ser engañados. Mantiene nuestro corazón alineado con la verdad, incluso cuando la mayoría haya caído de cabeza en el engaño.

Abraza hoy el temor de Dios como tu gran tesoro. Guárdalo con más diligencia que un millón de dólares, la joya más cara o el hogar más hermoso. Protegemos estos bienes en bancos asegurados, cajas fuertes, o instalando sistemas de alarma, pero nuestro mayor tesoro es el temor del Señor. Por eso se nos dice: «Con toda diligencia guarda tu corazón, porque de él *brotan* los manantiales de la vida» (Proverbios 4:23).

Aplicación personal

Pasaje: «¡Escuchen cuando la Sabiduría llama! ¡Oigan cuando el entendimiento alza su voz! [...] Pues todo el que me encuentra, halla la vida y recibe el favor del Señor. Pero el que no me encuentra se perjudica a sí mismo» (Proverbios 8:1, 35-36, NTV).

Punto: Como seguidores de Cristo, obtener sabiduría es lo más importante que podemos hacer. El temor del Señor es la fuente de sabiduría; nos protege de las trampas mortales.

Piensa: ¿He trazado una línea en la arena? ¿He decidido no adherirme a la sabiduría de la sociedad que es contraria a lo que dice la Palabra de Dios? ¿Estoy dispuesto a ser perseguido por creer y obedecer la Palabra de Dios? ¿Cómo buscaré la sabiduría de Jesús con más cuidado en mis decisiones diarias?

Ponte a orar: Amado Padre, en el nombre de Jesús clamo pidiendo tu sabiduría y entendimiento. Por favor, abre mis ojos y mis oídos para percibirla. No quiero ser necio al ser sabio en mi propia opinión. Valoraré y dependeré de la sabiduría de mi Señor Jesucristo por encima de cualquier otra cosa que este mundo pueda ofrecerme. Decido obedecer incluso si soy perseguido por mis creencias o mi obediencia. Amén.

Proclama: Estoy decidido a buscar la sabiduría de mi Señor Jesús en cada decisión que tome.

*El temor de Dios le corresponde
a los humildes.*

—AGUSTÍN DE HIPONA

40 | UNA VIDA DE ÉXITO

Bien enterradas en la sabiduría del libro de Proverbios están lo que yo llamo «las gemelas poderosas». Estas dos virtudes van de la mano, a menudo complementándose la una con la otra en las Escrituras. Se identifican en el siguiente versículo:

> La *verdadera humildad* y *el temor del* Señor conducen a riquezas, a honor y a una larga vida. (Proverbios 22:4, NTV, énfasis añadido)

La verdadera humildad y el temor del Señor están conectados. Nunca encontrarás a nadie que tema a Dios y que no sea verdaderamente humilde, ni encontrarás a nadie que sea verdaderamente humilde que no tema al Señor. La palabra «verdadera» es importante, ya que hay varias formas de falsa humildad. Trataremos esto con más profundidad en el capítulo siguiente.

Veamos brevemente las tres promesas enunciadas: la riqueza, el honor y la larga vida. La palabra hebrea para «riqueza» es *'ōšer*, y se define como «riqueza, opulencia. Describe todo tipo de riqueza de tierras, posesiones, ganado y descendientes». Su significado es claro, y no es una promesa de un temor de Dios de un solo uso o para una sola vez. El salmista también escribe:

> Cuán bienaventurado es el hombre que teme al Señor, que mucho se deleita en Sus mandamientos [...] Bienes y *riquezas* hay en su casa, y su justicia permanece para siempre. (Salmos 112:1, 3, énfasis añadido)

Esto presenta una posible controversia. Hay algunos que ven el poseer riquezas como algo contrario a la piedad. Sin embargo, si eliminamos claras verdades bíblicas por causa de nuestra tradición, ¿no es eso un indicador de orgullo, que ciertamente es la antítesis del temor de Dios?

Tuve que lidiar con esto hace unos años. En nuestros primeros años de ministerio, Lisa y yo vimos a ministros que enseñaban un evangelio de la prosperidad que llevó a muchos a perseguir la opulencia decadente. El fruto fue devastador, guiando a muchos a la codicia, que es idolatría. Un buen número se alejó de la fe verdadera y causó sobre sí muchas tristezas. Al ver las bajas, respondimos yéndonos al otro lado del péndulo. Crecimos menospreciando cualquier enseñanza que mencionara las riquezas o la prosperidad. Al final, el Espíritu Santo corrigió nuestra inmadurez. Tuvimos que enfrentar la verdad de que una persona que verdaderamente teme al Señor manejará bien las riquezas y no sucumbirá a la trampa de la codicia.

¿Cuál es el propósito de la riqueza y las posesiones? Son un medio para bendecir a otros. Mientras escribo estas palabras, nuestro ministerio ha ofrendado más de 53 millones de recursos físicos (libros y cursos) para pastores y líderes en 130 naciones en 118 idiomas. También hemos creado una aplicación, llamada MessengerX, que está llena de recursos de discipulado en 122 idiomas que se ha descargado en 230 naciones; no hemos cobrado por usarla. Estos proyectos han costado decenas de millones de dólares. ¿Qué hubiera pasado si los hombres y las mujeres que han apoyado estos esfuerzos creyeran que la piedad es sinónimo de escasez o pobreza? Si así fuera, no habríamos podido fortalecer a los varios millones de personas que hemos alcanzado.

Hay una diferencia abismal entre codiciar riquezas y poseerlas para impactar vidas. Los que en verdad temen al Señor conocen la diferencia y se mantienen alejados de lo primero. En el Nuevo Testamento, después que Jesús fue crucificado, leemos:

> Cuando llegó la noche, vino un hombre *rico* de Arimatea, llamado José, que también había sido *discípulo de Jesús*. Este fue a Pilato y pidió el cuerpo de Jesús. (Mateo 27:57-58, RVR-60, énfasis añadido)

José era rico, y las Escrituras lo llaman discípulo de Jesús. Sin embargo, la ironía continúa, ya que la mayoría de los seguidores de Jesús habían huido a esconderse, pero este hombre rico tiene la osadía, que se deriva de su temor de Dios, de ignorar la intimidación de los líderes judíos y el poder de Roma, y se acerca a Pilato para pedirle el cuerpo de Jesús. ¡Qué hombre tan valiente!

Por favor, no me malentiendas. Si alguien es pobre, ¿significa que le falta el temor de Dios? ¡No! Las Escrituras están llenas de hombres y mujeres que no poseían riqueza material. ¿Les hacía eso ser menos piadosos? ¡Por supuesto que no! La verdadera riqueza no se mide por el dinero o las posesiones que tenemos, sino por nuestra capacidad de ayudar a otros. Esta es nuestra promesa:

> Teman al SEÑOR, ustedes Sus santos, pues nada les falta a aquellos que le temen. Los leoncillos pasan necesidad y tienen hambre, pero los que buscan al SEÑOR no carecerán de bien alguno. (Salmos 34:9-10)

Es un buen deseo impactar a otros para el reino, ya sea con oración, alimentos, finanzas, enseñanza, discipulado, hospitalidad o servicio. Es bueno tener abundancia de recursos para llevar a cabo lo que sea necesario para nuestra misión divina. Las personas piadosas persiguen esto y, en el proceso, se ven personalmente bendecidas. Los orgullosos, religiosos y envidiosos gastarán sus energías discutiendo por qué los creyentes deberían ser pobres e imponer en la gente convicciones que no se encuentran en las Escrituras.

El rey Salomón llevó y enseñó a las personas de su reino a temer al Señor. Durante este tiempo, «los habitantes de Judá e Israel vivieron en paz y con seguridad. Desde Dan en el norte hasta Beerseba en el sur, *cada familia* tenía su *propia casa con jardín*» (1 Reyes 4:25, NTV, énfasis añadido). Además, se nos dice que las personas tenían «*abundancia* de comida y bebida, y reinaba la alegría» (1 Reyes 4:20, DHH, énfasis añadido). Detente y piensa en esta frase: «*cada familia* tenía su propia casa con jardín». No había prestaciones sociales, desempleo o pobreza en toda la nación, ¡todos tenían abundancia! El temor del Señor da la sabiduría que beneficia a todos los que están bajo su influencia; en este caso era toda la nación. ¿Qué sucedería si todos nuestros líderes caminaran en el temor del Señor?

Como pensamiento final, esta promesa no tenemos que pelearla en oración, como tuvo que hacer Isaac para que se abriera el vientre de Rebeca. Jesús nos promete: «Busquen primero Su reino y Su justicia, y todas estas cosas les serán añadidas» (Mateo 6:33).

Vayamos a la siguiente promesa: *honor*. La palabra hebrea para «honor» en nuestro versículo de inicio es *kābôḏ* y se define como «honor, gloria, majestad, riqueza». Vimos en un capítulo previo que esta es la palabra que usó Moisés cuando pidió ver la gloria de Dios. Conlleva un peso, una autoridad no derivada de un título o puesto, sino algo asociado al carácter. Así que descubrimos ahora otro beneficio maravilloso del temor de Dios: la nobleza. Esta te transforma en una persona de dignidad y honor. Proverbios no es el único libro que habla de este beneficio; el salmista usa la misma palabra hebrea para los que temen a Dios: «Ellos tendrán influencia y recibirán *honor*» (Salmos 112:9, NTV, énfasis añadido).

Piensa en la mujer virtuosa del libro de Proverbios. Ella posee cualidades tremendas. Es confiable, sabia, diligente, enérgica, trabajadora, próspera, rica, amable, ayuda a los necesitados y defiende a los indefensos. Otro rasgo destacado que a veces se pasa por alto y es pertinente para nuestra discusión es: «Fuerza y dignidad son su vestidura» (Proverbios 31:25). En otras palabras, se pone el honor como si de una túnica se tratara, similar a nuestra ropa, algo visible y notorio para todos los que están en su presencia. Y ¿cuál es su última virtud?

Engañosa es la gracia y vana la belleza, pero la mujer que *teme al* SEÑOR, esa será alabada. (Proverbios 31:30, énfasis añadido)

¡Es el temor de Dios! Esta es la asombrosa realidad: la nobleza y la dignidad atribuidas a esta mujer están disponibles para cualquier hombre o mujer que tema a Dios. En todos mis años de viajes he conocido a destacados líderes e individuos. Muchos han influido grandemente en la sociedad, pero lo que capta mi atención más que cualquier otra cosa que hayan construido es cuando me encuentro con un hombre o una mujer vestido de dignidad. Hay un peso en su presencia. Irradian luz, amor, honor y nobleza. Sus hijos los aman y respetan, y a sus compañeros de trabajo y amigos les encanta estar a su lado. De manera interesante, un buen número de ellos no son figuras públicas. ¿Cuál es su tarjeta de presentación? ¡Temen a Dios!

La tercera promesa de nuestro versículo de inicio es *larga vida* o longevidad. Está íntimamente ligada a la verdadera humildad. Hablaremos más de esta promesa en nuestro capítulo siguiente.

Aplicación personal

Pasaje: «El temor del Señor es aborrecer el mal [...] Amo a los que me aman, y los que me buscan con diligencia me hallarán. Conmigo están las riquezas y el honor, la fortuna duradera y la justicia» (Proverbios 8:13, 17-18).

Punto: El temor de Dios y la humildad prometen riquezas, honor y larga vida. La riqueza no se mide por la cantidad de dinero o las posesiones que tengamos, sino por nuestra capacidad de ayudar a otros. La nobleza está envuelta en nuestro carácter, no en nuestro título o posición.

Piensa: ¿Veo la riqueza de una manera saludable? ¿La persigo por inseguridad, temor o codicia? ¿Estaría mejor si persiguiera el temor de Dios y creyera la promesa de tener abundancia para impactar a otros? ¿Qué significa para mí estar vestido de dignidad?

Ponte a orar: Amado Padre, por favor cumple tu promesa de que en mi búsqueda de la verdadera humildad y el temor de Dios experimentaré la riqueza, el honor y la larga vida necesaria para cumplir mi misión divina de servir a otros. En el nombre de Jesús, amén.

Proclama: Mi Padre celestial me ha prometido riqueza, honor y larga vida al perseguir el temor de Dios y la verdadera humildad.

La persona sensata permanece

en el buen camino.

—PROVERBIOS 15:21, NTV

41 | TERMINAR BIEN

No podemos discutir totalmente el tema de vivir bien a menos que incluyamos el hecho de terminar bien. En el capítulo 18 hablamos sobre la longevidad, pero en este la desarrollaremos aún más y examinaremos cómo el temor del Señor y la humildad juegan un papel importante.

> La verdadera humildad y el temor del Señor conducen a riquezas, a honor y a una *larga vida*. (Proverbios 22:4, NTV, énfasis añadido)

Un beneficio fabuloso del temor de Dios es tener largura de días. Leemos: «El temor del Señor multiplica los días» (Proverbios 10:27). ¡Vaya promesa! Y no es algo puntual, porque de nuevo se nos dice que la sabiduría del temor de Dios «multiplicará tus días, y años de vida te serán añadidos» (Proverbios 9:11). No solo se nos prometen años añadidos, sino también que nuestros días serán más productivos.

Incluso encontramos otra confirmación en uno de los Diez Mandamientos. El temor del Señor nos inspira a honrar incondicionalmente a nuestros padres y, al hacerlo, se nos promete un beneficio: «Para que te vaya bien, y para que tengas larga vida sobre la tierra» (Efesios 6:3). Una vez más, encontramos no solo longevidad, sino también productividad. Estas son promesas que podemos pedir en oración.

Dicho esto, es importante destacar que, sin calidad de vida, el placer de los años añadidos decrece. Salomón escribió en sus años pesimistas: «Mejor es [...] el día de la muerte que el día del nacimiento» (Eclesiastés 7:1). Es obvio que no debía estar disfrutando de la vida cuando escribió estas palabras. ¿Qué nos asegura una calidad de vida? La verdadera humildad y el temor de Dios.

Hace años, estaba en oración y leí:

El año en que murió el rey Uzías, vi al Señor sentado en un majestuoso trono, y el borde de su *manto* llenaba el templo. (Isaías 6:1, NTV, énfasis añadido)

Isaías vio al Señor en toda su gloria. Como dijimos en un capítulo previo, contempló al Todopoderoso en su trono, a los grandes ángeles, y las columnas del edificio temblando por sus clamores. Debido a esta experiencia, su vida fue transformada radicalmente.

Tras leer el relato, clamé: «Señor, esto es lo que yo necesito: ¡una visión nueva de Jesús!».

El Espíritu Santo susurró en mi corazón: «No es así como comencé el versículo. Retrocede y vuelve a leerlo».

Me quedé perplejo, pero hice lo que sentí que Él me decía, y esta vez las palabras «El año en que murió el rey Uzías» saltaron de la página.

Entonces oí: «Tuvo que morir Uzías para que Isaías pudiera tener una visión nueva de mí».

En ese entonces, yo no estaba familiarizado con Uzías; solo sabía que fue uno de los muchos reyes de Israel o de Judá. Sin embargo, cuando comencé a investigar su vida, descubrí algunos hechos fascinantes. Solo tenía dieciséis años cuando fue coronado rey de Judá, y reinó cincuenta y dos años. Para tener más perspectiva, al escribir estas palabras he estado bajo dieciséis presidentes de Estados Unidos en los últimos cincuenta y dos años. Uzías reinó bastante tiempo.

Al recibir el gobierno de millones de personas a la edad de dieciséis años, hizo algo sabio: buscó a Dios. Leemos: «Y en estos días en que buscó a Jehová, él le prosperó» (2 Crónicas 26:5, RVR-60). ¡Y tuvo mucho éxito! La sabiduría que Dios le dio lo impulsó hasta una sorprendente grandeza. Fortaleció la economía, restauró ciudades, construyó un poderoso ejército y recuperó territorios que sus padres habían perdido. Leemos: «Por eso su fama se extendió hasta muy lejos, porque fue ayudado en forma prodigiosa hasta que se hizo muy fuerte» (2 Crónicas 26:15).

Sin embargo, como ocurrió con Salomón, el temor del Señor no era su tesoro. Lamentablemente, leemos:

Pero cuando llegó a ser fuerte, su corazón se hizo tan *orgulloso* que obró corruptamente. (2 Crónicas 26:16, énfasis añadido)

En algún momento del camino perdió la humildad y el temor de Dios con los que comenzó. Esta es una importante verdad: estas virtudes gemelas producirán un impulso de productividad, lo cual significa que el éxito por lo general seguirá incluso cuando las virtudes que lo iniciaron e impulsaron ya no estén detrás. Lo que leemos después es bastante interesante:

Y fue infiel al Señor su Dios, pues entró al templo del Señor para quemar incienso sobre el altar del incienso. (2 Crónicas 26:16)

El Espíritu Santo me hizo una pregunta: «Hijo, ¿Uzías se volvió *más* espiritual o *menos* espiritual cuando el orgullo entró en su corazón?». Me di cuenta de inmediato de que la respuesta era ilógica. Siempre había pensado que, cuando el orgullo entra en el corazón de alguien, se vuelve menos espiritual. No obstante, Uzías entró al templo para hacer una actividad espiritual delante del Señor. No habría reconocido esto si el Espíritu Santo no me hubiera hecho la pregunta.

Impactado, dije en voz alta: «¡Se volvió *más* espiritual!».

El Espíritu santo me susurró en el corazón: «El espíritu de orgullo y el espíritu de religión van de la mano, y se fortalecen el uno al otro escondiéndose entre ambos». El orgullo impide que una persona admita que se ha vuelto religiosa, y la religión cubre el orgullo por su conducta espiritual.

Después pensé en los fariseos del tiempo de Jesús. De forma similar a Uzías, estos líderes probablemente comenzaron con un amor y temor de Jehová genuinos, pero en algún momento el orgullo entró en su corazón. Se distanciaron más de Dios; sin embargo, su participación en actividades espirituales se intensificó.

Los sacerdotes confrontaron a Uzías; le advirtieron que su conducta no había sido bíblica, y al ser confrontado con la verdad, Uzías se enfureció con ellos (también un indicador de una pérdida de humildad). De repente, contrajo lepra en la frente. El resto de la vida de este rey fue trágico; tuvo que vivir en una casa aislado. Su hijo asumió su reinado en el palacio real, y finalmente Uzías murió de lepra.

Veamos esto a través del ojo del público en general. La única realidad evidente para el pueblo de Judá y de Jerusalén era que su rey había contraído lepra. ¿Te imaginas cómo estallarían las redes sociales? Comentarios inundando las redes: «¡Oh, no! Nuestro rey tiene lepra; ¡qué tragedia!». Nadie sabía lo que había detrás de la enfermedad. Pero el Espíritu Santo nos da la información privilegiada: fue la pérdida del temor de Dios y la humildad.

Al ver esto, le pregunté más al Señor sobre nuestro tiempo. Mi corazón se ha roto por la gran cantidad de líderes en el transcurso de mi vida que han caído. La mayoría de las veces es una aventura extramatrimonial, pero a veces es el alcoholismo, la drogadicción, la avaricia u otros vicios y conductas inapropiadas. Lamentablemente, he visto a líderes caer que comenzaron en el ministerio antes que nosotros, al mismo tiempo e incluso después de nosotros. Cada uno de ellos comenzó con un gran celo por glorificar a Jesús. ¿Cómo pudieron sucumbir a una conducta tan fea? ¿Acaso no vieron a otros seguir el mismo patrón?

El Espíritu Santo de nuevo volvió a hablarme: «Hijo, esos líderes que cayeron no tenían un problema de hormonas, sino de orgullo». Lo que todos nosotros vimos fue la lepra que apareció en sus frentes: sus aventuras amorosas, vicios y otras conductas que llevaron a su caída. Lo que no vimos es el orgullo que reemplazó su temor de Dios y humildad. En qué punto ocurre eso, solo Dios lo sabe. Ni siquiera lo sabe el líder, porque el orgullo ciega a sus víctimas impidiéndoles ver con claridad.

Debido al impulso que crea el éxito, podemos perder de vista fácilmente lo que nos llevó hasta allí, es decir, buscar diligentemente a Dios con humildad y temor de Dios. Por eso es muy importante que en nuestros tiempos de éxito mantengamos frescas las palabras de Jesús: «Porque separados de Mí nada pueden hacer» (Juan 15:5).

En esencia, el Espíritu Santo me dijo ese día: «John, tendrás una nueva visión de Jesús en la misma medida en que tu orgullo muera». La transformación es imperativa, y sin una visión nueva de Él, perdemos la oportunidad de ser más como Él. Muchos grandes hombres y mujeres no han terminado bien; sin embargo, todos ellos creyeron que podían escapar a la inevitable consecuencia de una pérdida de humildad y temor de Dios. No te engañes, aférrate a la verdadera humildad, tu gran dependencia de Jesús, y haz del temor de Dios tu tesoro. Haz esto, y Dios promete riquezas, honor y larga vida.

Aplicación personal

Pasaje: «Oye, hijo mío, recibe mis palabras, y muchos serán los años de tu vida» (Proverbios 4:10).

Punto: Tendremos una nueva visión de Jesús en la misma medida en que nuestro orgullo muera. La verdadera humildad está arraigada en el temor de Dios. Es saber que, sin Jesús, no podemos hacer nada. Por lo tanto, decidimos ser totalmente dependientes de Él.

Piensa: ¿Es la humildad una realidad en mi vida? ¿Existen áreas en las que tengo la actitud: *Lo tengo todo bajo control*? ¿Hago planes sin consultar al Señor? ¿Tomo decisiones sin buscar en mi interior su confirmación? Si es así, ¿cómo puedo cambiar estas cosas? ¿De qué manera ser agradecido me mantiene tanto valiente como humilde?

Ponte a orar: Amado Padre, en el nombre de Jesús, perdóname por el orgullo en estas áreas de mi vida: *(escríbelas)*. Me arrepiento de esta autodependencia y por estimarme a mí mismo antes que a otros. Límpiame con la sangre de Jesús. Me humillo ante ti y, al hacerlo, decido ver a otros como más importantes que yo mismo. Amén.

Proclama: Decido que sean la humildad y el temor del Señor las que guíen mi vida.

A menudo hago esta oración:
«Oh Dios, envía un avivamiento
de arrepentimiento y del temor
de Dios que recorra todo el
continente, ¡para que seamos
perdonados y te honremos!».

—A. W. TOZER

42 | CÓMO ENCONTRAR EL TESORO

(Nota para el lector: Este capítulo será más largo de lo normal para terminar el mensaje adecuadamente. Si has estado leyendo a diario, he dividido este capítulo en dos lecturas: mañana y tarde).

Lectura de la mañana:
Resumen de los beneficios

Los beneficios que produce el temor de Dios son demasiado numerosos como para presentarlos en un solo libro. Se necesitarían muchos para hablar de todos ellos en profundidad. He indagado por casi tres décadas y aún me asombra lo que el Espíritu Santo despliega en las Escrituras. Por lo tanto, concluyamos este volumen examinando brevemente unas cuantas promesas más. Mira cada una como una introducción a tu propia exploración y descubrimiento. Acepta estas promesas en tu corazón. No intentes escribirlas o explicarlas para descartarlas. Devuélveselas a Dios declarándolas. Para los que temen a Dios, estas son las gemas que tienes que encontrar y hacer tuyas.

¡Qué *feliz* es el que teme al Señor, todo el que sigue sus caminos! *Gozarás* del fruto de tu trabajo; ¡qué *feliz* y próspero serás! (Salmos 128:1-2, NTV, énfasis añadido)

Observa que la palabra «feliz» ¡aparece dos veces en solo dos versículos! Una persona que en verdad teme al Señor tiene un gozo abundante. Un aspecto del gozo que se expresa específicamente es nuestro trabajo. Nunca olvidaré un incidente impactante que ocurrió cuando era ingeniero en IBM a comienzos de la década de los años ochenta. Estábamos celebrando el trigésimo octavo aniversario de un colega ingeniero, y éramos unas doce personas apiñadas en su oficina a primeras horas del día.

En un momento, el hombre al que estábamos celebrando espetó: «He aborrecido cada uno de los días que entré en estas instalaciones por treinta y ocho años». Los demás se rieron y asintieron como si mostraran acuerdo.

Yo solo llevaba en mi puesto unos meses; era joven e ignorante, pero ahora estaba confuso. Pregunté: «¿Por qué lo hiciste?».

La expresión de su rostro cambió rápidamente de una risita a disgusto mientras se volteaba hacia mí, junto a todos los demás de la oficina, y me miró con desdén: «John, ¡se llama trabajo! Tienes que trabajar para comprar comida y ropa». Por la expresión de los rostros de los demás pude ver que ellos también compartían sus sentimientos. Sabía que no debía seguir hablando, ya que no estaba entre hombres sabios.

La única razón por la que estudié ingeniería fue por temor a no tener un trabajo bien remunerado. Su comentario sacó a la luz mi temor impío. Aquel día decidí que no diría esas mismas palabras treinta y ocho años después. Ese temor no dirigiría mi vida; confiaría en Dios. Puedo decir felizmente que, desde ese momento he disfrutado del fruto de mi trabajo, y esta promesa es para todos los que temen a Dios.

El salmista continúa:

> Tu esposa será como una vid fructífera, floreciente en el hogar. Tus hijos serán como vigorosos retoños de olivo alrededor de tu mesa. *Esa es la bendición del* Señor *para los que le temen*. (Salmos 128:3-4, NTV, énfasis añadido)

Disfrutarás del fruto de tu trabajo, tu esposa será fructífera, y tus hijos llenos de entusiasmo querrán estar contigo. Hay demasiadas personas que no tienen lo que describen esos versículos; de hecho, esto identifica lo que falta en la mayor parte de nuestra sociedad. Hay demasiadas personas, incluso ganando mucho dinero, que no disfrutan de la vida. No se llevan bien con su cónyuge, y sus hijos no quieren saber nada de la familia. Sus familias se están secando en lugar de florecer, pero hay una esperanza divina.

La esperanza de esta promesa es específica y maravillosa. No es para todos los que asisten a la iglesia o incluso confiesan tener una relación con Jesús. Dice explícitamente: «Esa es la bendición del Señor para los que le temen».

Querido lector, casi has terminado tu viaje por este mensaje. Al llegar hasta este punto, escogiste el temor de Dios; por lo tanto, es una promesa que puedes pedir en oración. Clama a Dios, como lo hizo Isaac, para ver cumplidas estas promesas del temor de Dios. Nosotros experimentamos varios meses en los que estas promesas no eran una realidad en nuestro hogar; había indicadores que señalaban que quizá no se cumplirían, pero nos aferramos a la esperanza de las promesas de Dios y luchamos por ellas en oración. Ahora podemos decir que se han cumplido en nuestra familia por años.

Vayamos a otro salmo que habla en profundidad sobre los que temen a Dios:

¡Alabado sea el Señor! ¡Qué *felices* son los que temen al Señor y se deleitan en obedecer sus mandatos! Sus hijos tendrán éxito en todas partes; toda una generación de justos será bendecida. (Salmos 112:1-2, NTV, énfasis añadido)

Una vez más, vemos la palabra «felices» conectada con el temor de Dios. El gozo es una fuerza espiritual; no está fundado sobre las circunstancias, como sucede con la alegría. En cambio, la felicidad está fundada en la Palabra eterna de Dios; es nuestra fuerza. Nos hace ser más productivos y fructíferos.

También vemos en este versículo que el temor de Dios afecta en gran manera a nuestros descendientes. Nosotros no seremos los únicos que tendremos éxito, ya que a nuestros hijos también se les promete lo mismo. Continuemos:

Ellos mismos serán ricos, y sus buenas acciones durarán para siempre [...] A estas personas no las vencerá el mal; a los rectos se los
recordará por mucho tiempo. Ellos no tienen miedo de malas noticias; confían plenamente en que el Señor los cuidará. Tienen confianza
y viven sin temor, y pueden enfrentar triunfantes a sus enemigos.
(Salmos 112:3, 6-8, NTV)

Hace poco hablaba con otra creyente, y me comentaba que un día,
cuando dejemos esta vida, comenzará nuestra eternidad. Rápidamente
repliqué: «No, para los que hemos nacido de nuevo, nuestra eternidad ya
ha comenzado». Nuestra labor actual de amor continuará para siempre. Sin
embargo, los que no tienen temor de Dios no tienen esta promesa; de hecho,
tienen lo contrario: «Lo que hayan hecho en su vida— amar, odiar, envidiar—pasó ya hace mucho» (Eclesiastés 9:6, NTV).

Los que temen a Dios no tienen temor de malas noticias. En estos días
de abundantes redes sociales, canales informativos, y la gran variedad de
otras fuentes de noticias y chismes, las malas noticias están por todas partes
como nunca. Muchos tienen miedo de lo que vendrá, pero no hay temor del
futuro para los que temen a Dios; ellos están confiados y tranquilos. Insisto,
se nos dice:

En el temor de Jehová *está* la fuerte confianza; y esperanza tendrán sus
hijos. (Proverbios 14:26, RVR-60)

Hay una confianza interior que acompaña al temor de Dios. Es algo
que muchos anhelan, y que enseguida descubren que parece estar fuera de
su alcance. Tengo un amigo, John Hagee, que es un pastor muy respetado
en Texas. Teme a Dios tanto como cualquier líder que yo haya conocido.
En 1973, un hombre entró a su iglesia durante una reunión y, de algún
modo, se acercó hasta unos tres metros de él y vació seis balas de un revól-
ver calibre 38. El pastor John se mantuvo de pie confiado y no se movió.
Ninguno de los seis disparos lo alcanzó. Mientras escribo estas palabras,
ha vivido cincuenta años más, y todavía sigue predicando el evangelio. En
esa situación, la mayoría habría perdido cualquier semejanza de aplomo,

habría gritado, y se habría tirado al piso o habría intentado cubrirse. John no se movió, y mantuvo confiadamente su mirada en el tirador. Se nos dice:

> Pues el ángel del Señor es un guardián; rodea y defiende a todos los que le temen. (Salmos 34:7, NTV)

Los ángeles tienen la asignación de proteger a los que temen a Dios. El reporte forense después dictaminó que la mitad de las balas se desviaron del cuerpo del pastor John quince centímetros a su izquierda y la otra mitad de las balas se desviaron quince centímetros a la derecha de su cuerpo. ¡El tirador falló a una distancia de tres metros! Incluso las personas inexpertas en el manejo de armas habrían alcanzado su objetivo a tres metros con las seis balas. Tenemos la seguridad de que un ángel de Dios redirigió los proyectiles.

El rey Josafat, de Judá, era un hombre que «estaba profundamente consagrado a los caminos del Señor» (2 Crónicas 17:6, NTV). En el tercer año de su reinado, envió a los sacerdotes a cada ciudad de su nación para enseñar al pueblo la palabra de Dios. Leemos:

> Entonces el temor del Señor vino sobre todos los reinos vecinos para que ninguno de ellos quisiera declarar la guerra contra Josafat. (2 Crónicas 17:10, NTV)

Hay gran protección al permanecer en el temor de Dios. Otro ejemplo bíblico es Jacob, que dirigió a su familia al temor de Dios y se deshizo de sus ídolos. Al hacerlo, leemos: «Al continuar el viaje, hubo gran terror en las ciudades alrededor de ellos, y no persiguieron a los hijos de Jacob» (Génesis 35:5).

Los que están consagrados al temor del Señor tienen grandes promesas. Leamos estas palabras:

> En cambio, teme siempre al Señor. Si lo haces, serás *recompensado*; tu *esperanza* no se frustrará. (Proverbios 23:17-18, NTV, énfasis añadido)

Observa las dos palabras en cursiva. Primero, en un tiempo en el que la *esperanza* escasea, muchos líderes espirituales están haciendo de la inspiración su principal enfoque y, por consiguiente, tratan la Palabra de Dios como si fuera algo secundario. Se menciona un versículo o dos para apaciguar a los creyentes serios, pero el tema principal es su historia inspiradora. Aunque esas historias beneficiarán y conmoverán a las personas a corto plazo, algo parecido a lo que puede producir una película de Hollywood inspiradora, no tendrán las prolongadas *recompensas* prometidas por el temor de Dios.

El temor del Señor nos recompensa de muchas maneras: deseos cumplidos (ver Salmos 145:19), amigos fieles (Salmos 119:63, 74, 79), sanidad para nuestro cuerpo (Proverbios 3:7-8), identidad (Salmos 60:4), y la dirección en la vida que muchos anhelan.

> ¿Quiénes son los que temen al Señor? Él les mostrará el sendero que deben elegir. Vivirán en prosperidad, y sus hijos heredarán la tierra. (Salmos 25:12-13, NTV)

Es incomprensible que alguien no valore el temor del Señor como un tesoro insuperable. Es mi deseo más ferviente que veas su valor y no te lo guardes para ti, sino que seas como el rey Josafat, que enseñó a todas las personas que tenía bajo su influencia a temer a Dios.

Lectura de la tarde:
Cómo encontrar el temor de Dios

El Señor me habló hace más de treinta años, diciéndome que el último mover de Dios en esta era enfatizaría el temor santo. El gran beneficio de este despertar sería el cumplimiento de la única descripción que dan las Escrituras de la novia a la que Jesús viene a buscar. No es una iglesia «relevante», aunque la relevancia es importante para alcanzar a los perdidos. No es una iglesia «con liderazgo», aunque el liderazgo es crucial para edificar una iglesia fuerte. No es una «iglesia comunitaria», aunque la comunidad es vital porque no es bueno que el hombre esté solo. Esta es la única descripción de la novia que Él viene a buscar:

> A fin de presentársela a sí mismo, una iglesia en toda su gloria, sin que tenga mancha ni arruga ni cosa semejante, sino que fuera *santa* e inmaculada. (Efesios 5:27, énfasis añadido)

¡Es una iglesia santa! Querido lector, ya que la santidad se perfecciona en el temor de Dios, el deseo más ferviente de nuestro Señor es que seas una influencia en este gran despertar. Por lo tanto, es importante terminar nuestra discusión sobre cómo aumentar nuestro temor santo.

Permíteme llevarte de nuevo al asombroso y fascinante retiro en Malasia. Durante la manifestación de su majestuosa y poderosa presencia, yo temblaba de asombro y pensaba: *John Bevere, no digas una palabra errónea ni hagas ningún movimiento en falso.*

Mientras caminaba de un lado a otro sobre la plataforma pensando eso, algo salió de mi boca que mis oídos oyeron por primera vez después de decirlo. No lo había pensado ni considerado antes hasta ese momento. Dije con osadía: «¡Este es el Espíritu del temor del Señor!».

De repente, las luces se encendieron en mi mente. Grité dentro de mí: *Eso es, eso es, ¡es una de las manifestaciones del Espíritu Santo!* Nunca lo había relacionado, pero en las Escrituras se nos dice de Jesús:

> Y el Espíritu del Señor reposará sobre él: el Espíritu de sabiduría y [el Espíritu] de entendimiento, el Espíritu de consejo y [el Espíritu] de poder, el Espíritu de conocimiento y [el Espíritu] de temor del Señor. Él se deleitará en obedecer al Señor. (Isaías 11:2-3, NTV)

Se enumeran siete maneras en las que el Espíritu Santo se manifiesta, y Jesús caminó en la plenitud de todas ellas, pero su deleite estaba en obedecer al Señor. Por lo tanto, la pregunta es: ¿cómo recibimos el *Espíritu del temor del Señor?* Jesús nos dice: «Pues si vosotros, siendo malos, sabéis dar buenas dádivas a vuestros hijos, ¿cuánto más vuestro Padre celestial dará el Espíritu Santo a los que se lo pidan?» (Lucas 11:13, RVR-60).

Simplemente tenemos que pedírselo a nuestro Padre celestial. Sin embargo, no es una petición informal, sino un clamor de nuestro corazón que rehúsa aceptar un no por respuesta. Justo antes de estas palabras, Jesús nos dice: «Sigan pidiendo y recibirán lo que piden; sigan buscando y encontrarán» (Lucas 11:9, NTV). Aquí se destaca claramente una persistencia al pedir.

Regresemos a 1994, a la conferencia donde el pastor me corrigió por hablar sobre el temor del Señor. A la mañana siguiente en el lugar de la construcción, comencé a orar para saber «qué había hecho mal», pero terminé clamando apasionadamente y en voz alta por temor de Dios. Era una petición decidida, una que no aceptaría un no por respuesta. En ese entonces no era consciente de la importancia del momento, pero ahora lo veo como uno de los sucesos más cruciales y transformadores de mi vida. Incluso ahora, casi diariamente pido con pasión a mi Padre celestial una llenura fresca del Espíritu Santo del temor del Señor. Veamos otra parte de las Escrituras que aportará gran relevancia a nuestra discusión:

Hijo mío, presta atención a lo que digo y atesora mis mandatos. Afina tus oídos a la sabiduría y concéntrate en el entendimiento. Clama por inteligencia y pide entendimiento. Búscalos como si fueran plata, como si fueran tesoros escondidos. Entonces comprenderás lo que significa temer al SEÑOR y obtendrás conocimiento de Dios. (Proverbios 2:1-5, NTV)

Debe haber un profundo clamor unido a una búsqueda diligente del temor de Dios, igual que buscarías un anillo de compromiso de diamantes que se hubiera perdido o una joya de oro. Estoy seguro de que has visto programas o películas que tratan sobre búsqueda de tesoros, que siempre conlleva un sentimiento de incesante persistencia por parte del buscador. Una destacada es la película de ficción *National Treasure*[1] [Tesoro nacional]. Creada en 2004, trata sobre un hombre, Benjamin Gates —en los años 1700— que pasó su vida buscando un tesoro escondido. Dedicó todo su tiempo y energías, incluso hasta el punto de arriesgar su reputación y su libertad, para encontrarlo. Aunque lo que él buscaba perecerá un día no muy lejano, su incesante persistencia es lo que debería inspirarnos.

Si nos acercáramos a la Palabra de Dios, a la sabiduría de Dios, a su consejo divino y a su temor santo con esa misma decisión, seríamos los más bendecidos. Estamos pidiendo algo que nunca perecerá: el tesoro de Dios. Él no lo ha escondido *de* nosotros, sino *para* nosotros. Nos anima a encontrarlo y se alegra cuando lo hacemos. Él también lo celebra cuando experimentamos sus recompensas.

Es mi ardiente deseo que, con la ayuda del Espíritu Santo, lo que nació en mí esa mañana en el lugar de construcción haya nacido también en ti: un hambre insaciable del temor del Señor. Valóralo y aférrate a él como si fuera tu mayor bien. Si lo haces, amarás lo que Dios ama y odiarás lo que Él odia; lo que es importante para Él será importante también para ti. Amarás profundamente a las personas y aborrecerás profundamente el pecado que los destruye. Cambiarás tu mundo de influencia y te alegrarás de haberlo hecho por toda la eternidad.

Por favor, recuerda que *lo importante no es cómo comenzamos esta carrera, sino cómo la terminamos*. Dos versículos que dan gran esperanza y fuerza con respecto a esto son los siguientes:

Y a Aquel que es poderoso para *guardarlos a ustedes sin caída* y para presentarlos sin mancha en presencia de Su gloria con gran alegría. (Judas 1:24, énfasis añadido)

Él los mantendrá *firmes hasta el final*, para que estén libres de toda culpa el día que nuestro Señor Jesucristo vuelva. (1 Corintios 1:8, NTV, énfasis añadido)

Terminar bien es lo más importante de vivir bien, y Dios nos ha dado el temor santo para lograrlo. Ha sido un honor presentarte este tesoro. Por favor, no lo guardes para ti solo; hay suficiente para compartir. Difunde este mensaje en tu esfera de influencia. Si lo haces, verás menos pérdidas en los días venideros y una iglesia más saludable.

Escoge ahora ser parte del poderoso mover transformador del temor de Dios que preparará a la novia para el regreso de nuestro Novio. No te quedes afuera mirando. Al aceptar el temor de Dios, encontrarás una profunda cercanía e intimidad con nuestro Novio, tu salvación madurará, serás muy productivo, y edificarás un legado eterno.

Aplicación personal

Pasaje: «Y a aquel que es poderoso para guardaros sin caída, y presentaros sin mancha delante de su gloria con gran alegría, al único y sabio Dios, nuestro Salvador, sea gloria y majestad, imperio y potencia, ahora y por todos los siglos. Amén» (Judas 1:24-25, RVR-60).

Punto: Terminar bien es lo más importante de vivir bien. Dios, a través de su regalo del temor santo, te mantendrá firme y sin tacha hasta el final.

Piensa: ¿Qué tengo que hacer para aumentar el temor de Dios en mi vida? ¿Anhelo y, por lo tanto, persigo implacablemente el temor del Señor como un tesoro? ¿Me aferraré a él como una de mis posesiones más preciadas? ¿Qué debería hacer regularmente para mantenerlo?

Ponte a orar: Amado Padre, clamo a ti para que me llenes con el Espíritu del Señor, el Espíritu de sabiduría, el Espíritu de entendimiento, el Espíritu de consejo, el Espíritu de poder, el Espíritu de conocimiento y el Espíritu del temor del Señor. Mantenme firme hasta el final para que sea hallado sin mancha el día de mi Señor Jesucristo. Te lo pido en el nombre de Jesús, amén.

Proclama: El temor del Señor es mi tesoro.

UN DESTELLO DE LA GRANDEZA DE DIOS

En cierto momento de la historia de Israel, Dios busca renovar el temor santo de su pueblo haciendo esta pregunta:

«¿A quién, pues, ustedes me harán semejante para que Yo sea *su* igual?». (Isaías 40:25)

Si alguna vez hubo un tiempo en la historia en el que se debería meditar profundamente en esta pregunta y no pasarla por alto, es ahora. En esta época, la «grandeza» de la humanidad se está lanzando continuamente en las redes sociales, en los medios de comunicación populares, en televisión y en otras plataformas. Los elogios de atletas famosos, hermosas estrellas de Hollywood, talentosos artistas musicales, gurús empresariales, líderes carismáticos y otras personas importantes se exhiben constantemente. Su fama es laureada, y aunque es en apariencia inofensivo, esta constante alimentación de la gloria del hombre nos desvía de considerar y meditar en la realidad de la gloria de Dios.[1]

Lisa y yo caímos en esto de cabeza hace aproximadamente veinticinco años al criar a nuestros cuatro hijos. En esos días, el flujo de información no estaba tan extendido porque no teníamos aplicaciones y redes sociales. Incluso entonces, habíamos observado que nuestros hijos estaban demasiado interesados en cierto jugador de básquet profesional. En ese momento era el deportista más popular en Estados Unidos y muchos lo idolatraban, e incluso décadas después su fama sigue intacta.

Nuestra familia estaba ministrando en la costa este, y nos alojábamos en un hotel a orillas del océano. Acabábamos de regresar a nuestra habitación tras pasar unas horas en la playa. Los muchachos habían sido sacudidos de un lado a otro por un fuerte Océano Atlántico, por lo que estaban contentos y asombrados de su poder.

Me senté a hablar con nuestros tres hijos mayores. Señalando a las puertas de cristal entreabiertas, les pregunté: «Muchachos, ese océano es gigante, ¿no?».

Al unísono, respondieron: «Sí, papá».

Continué: «Solo podemos ver un par de kilómetros, pero el océano en verdad se extiende miles de kilómetros».

Envueltos en la comodidad de sus toallas, los chicos respondieron: «¡Vaya!».

«Y este no es el océano más grande; hay otro, incluso mayor, llamado Océano Pacífico. Además, hay dos más aparte de estos».

Todos asintieron en silencio, asombrados, mientras seguíamos escuchando el poder del oleaje que se oía al tener la puerta abierta.

En el momento de nuestro viaje se jugaban los *playoffs* de la NBA. La prensa, la ESPN, nuestros hijos y sus amigos, todos hablaban constantemente de los logros de esa superestrella del básquet. Mis hijos se habían quedado impresionados de la facilidad con la que podía sostener con una mano un balón de básquet. Sabiendo que, hasta cierto punto, mis hijos habían entendido la abrumadora cantidad de agua que les acababa de describir, les pregunté: «Muchachos, ¿saben que Dios pesó toda el agua que ven, además de toda la que les he dicho que existe, en la palma de su mano?» (Isaías 40:12). Sus rostros registraron un asombro genuino.

Después, con los términos más sencillos posibles, les hablé no solo del tamaño, sino también del poder del océano. Compartí con nuestros hijos que, si un meteorito de un kilómetro de ancho golpeara el Océano Atlántico a cientos de kilómetros de la costa de la ciudad de Nueva York, crearía una ola gigante capaz de barrer la estructura de cada ciudad de toda la costa este de Estados Unidos, el Caribe y gran parte de la costa atlántica de Sudamérica.[2]

No solo eso, sino que continuaría por todo el océano creando el caos en varias ciudades costeras de Europa y África también. Sin embargo, esa ola no sería ni de cerca tan alta como la profundidad del Atlántico. Así que pregunté: «¿Qué pasaría si todo el peso de las aguas del océano se soltara contra la humanidad? Hay mucho poder en los océanos del mundo, y Dios pesó cada gota de esa agua en la palma de su mano».

Después pasé a hablar del cielo nocturno. Pregunté a los chicos, que ya estaban fascinados: «¿Saben qué más dice la Biblia sobre la grandeza de Dios?».

«¿Qué, papá?».

«Dice que Dios puede medir el universo con la palma de su mano» (Isaías 40:12). Poniendo mi mano delante de ellos, demostré que un palmo es la distancia que hay desde la punta del dedo pulgar hasta la punta del meñique. Lo que les pregunté a mis hijos ese día es lo que ahora te preguntaré a ti: «¿Has meditado en el tamaño del universo?». Supera nuestra capacidad mental. Tal vez, si intentamos obtener un destello de la grandeza del universo, nos acercaremos más a ver un poquito de su gloria.

Lo que estoy a punto de escribir es un tanto técnico, pero te animo a que continúes mientras intento hacerlo sencillo, como hice con mis hijos. Cuando pensamos en estos hechos, surge un sentimiento de asombro en nosotros de su grandeza, porque se nos dice: «Los cielos proclaman la gloria de Dios, y el firmamento anuncia la obra de Sus manos» (Salmos 19:1)

Los científicos estiman que hay miles de millones de galaxias en el universo, y cada una contiene aproximadamente cien millones de estrellas. El tamaño de esas galaxias es bastante pequeño comparado con el espacio existente entre ellas.

El sol está ubicado en una de esas galaxias. La nuestra es tan vasta, que cuando miras al cielo en la noche no ves un cuadro del universo, solo ves la minúscula galaxia (comparada con el universo) en la que vivimos, que se llama la Vía Láctea. Para avanzar un paso más, ni siquiera estás viendo toda la Vía Láctea, sino solo una parte de esta, porque la mayoría de las estrellas de nuestra galaxia están demasiado lejos como para que el ojo humano pueda verlas.

Así que sigamos hablando sobre las estrellas que *podemos ver* con nuestros ojos cada noche. La más cercana a nuestra tierra, aparte del sol, es una estrella que está solamente a 4,3 años luz de distancia. Ahora bien, para la mayoría eso significa muy poco, así que expliquemos algo más. La luz viaja a una velocidad de 300.000 kilómetros por segundo; no por hora sino por *segundo*. Eso supone casi 1.079.252.820 kilómetros por hora. Nuestros aviones vuelan aproximadamente a 800 kilómetros por hora. Por lo tanto, como puedes ver, ¡la luz es inimaginablemente rápida!

Para que tengas una idea de esa rapidez, supongamos que pudieras volar en un avión hasta el sol. Cuando vuelo a Asia, que está al otro lado de la tierra desde donde yo vivo, tardo aproximadamente veintitrés horas. Si fuera en ese mismo avión en un vuelo directo hasta el sol, tardaría aproximadamente ¡veintiún años! Piensa en dónde estabas hace veintiún años, y después imagina haber empleado todo ese tiempo desde entonces hasta ahora sentado en un avión (con suerte de estar en un asiento al lado de la ventanilla). Para los que prefieren manejar... bueno, no se podría hacer, porque se tardarían aproximadamente doscientos años, sin incluir paradas para repostar ni descansos. Ahora, preguntémonos cuánto tarda la luz en viajar hasta la tierra. La respuesta es esta: ¡solo 8 minutos y 20 segundos!

Dejemos el sol y vayamos a la estrella más cercana. Ya sabemos que está a 4,3 años luz de la tierra. Si construimos una maqueta a escala de la tierra, el sol y la estrella más cercana, sería como lo voy a describir. En proporción, la tierra se reduciría al tamaño de un grano de pimienta, y el sol sería del tamaño de una pelota de veinte centímetros. Según esta escala, la distancia desde la tierra hasta el sol sería de veinticinco metros, un cuarto de la distancia de un campo de fútbol. Pero recuerda que un avión a escala que recorriera esos veinticinco metros de distancia tardaría más de veintiún años.

Por lo tanto, si esos son los modelos de la tierra y el sol, ¿te imaginas a qué distancia estaría la estrella más cercana de nuestro grano de pimienta que es la tierra? ¿Crees que, a mil metros, dos mil metros, o quizá a kilómetro y medio? Ni siquiera te acercas. Nuestra estrella más cercana estaría a seis mil cuatrocientos kilómetros de distancia del grano de pimienta. Eso significa que, si ponemos nuestro grano de pimienta en la ciudad de Nueva York, el sol (al que se tarda veintiún años en llegar volando) estaría a veinticinco metros de distancia en la ciudad de Nueva York, y la estrella más cercana en nuestra maqueta a escala estaría situada más allá de Los Ángeles, ¡a 1.600 kilómetros de distancia en el Océano Pacífico! Para llegar a la estrella más cercana en avión, tardaríamos aproximadamente 51.000 *millones* de años, ¡sin parar! ¡Eso sería 51.000.000.000 de años! ¡Pero la luz desde esa estrella llega a la tierra en solo 4,3 años!

Sigamos profundizando más. La mayoría de las estrellas que vemos en la noche a simple vista están a cien o mil años luz de distancia. Sin embargo, hay algunas que puedes ver a simple vista que están a cuatro mil años luz (recuerda que esas no son las estrellas más lejanas en nuestra diminuta galaxia). Ni siquiera intentaría calcular la cantidad de tiempo que tardaría un avión en llegar solo a una de esas estrellas. Pero piénsalo: cuando salgas en la noche y mires a una de esas estrellas que están a 4.000 años luz de distancia, en realidad estás viendo la luz que dejó esa estrella cuando Abraham se casó con Sara, y ha estado viajando a la velocidad de 1.079.252.820 kilómetros por hora sin reducir desde entones; y justamente ahora está llegando a la tierra.

Recuerda que esas son solo estrellas que hay en nuestra diminuta galaxia llamada la Vía Láctea. ¡Ni siquiera nos hemos aventurado a considerar los otros miles de millones de galaxias! Y no olvides que hay un espacio aún mayor entre las galaxias. Por ejemplo, tenemos una galaxia vecina muy cercana que se llama Andrómeda. Su distancia de nosotros es aproximadamente de dos millones trescientos mil años luz. Piénsalo: la luz tarda en viajar a 1.079.252.820 kilómetros por hora más de un millón de años para llegar a nuestra tierra desde esa galaxia y es la más cercana. ¡Hay miles de millones de otras galaxias! ¿Hemos sobrepasado ya nuestra capacidad de comprensión?

Permíteme recordarte de nuevo que Isaías declara que Dios midió este vasto universo ¡con la palma de su mano! De hecho, Salomón declara por el Espíritu de Dios: «Pero ¿es verdad que Dios morará sobre la tierra? He aquí que los cielos, los cielos de los cielos, no te pueden contener» (1 Reyes 8:27, RVR-60). ¿Puedes ver ya un destello de quién es Aquel de quien hablamos?

Tras compartir todo esto con nuestros hijos, el estatus de la superestrella de la NBA se situó en la perspectiva correcta. Ya no tenían un asombro insano por sus talentos después de meditar en la grandeza de nuestro Creador.

Pero para ti, el lector, me gustaría llevar esto un paso más lejos. No solo nuestro Padre celestial ha hecho obras asombrosas en el cielo de gran tamaño y proporción, sino que sus detalles declaran también su gloria. La ciencia ha pasado años y ha gastado enormes cantidades de dinero para estudiar las obras de este mundo natural. Solo tiene una pequeña porción de la sabiduría que hay en la creación de Dios. Todavía hay muchas preguntas sin respuestas. Sus diseños y ladrillos siguen siendo un misterio.

Todas las formas de vida creadas se basan en las células. Las células son los ladrillos del cuerpo humano, de las plantas, los animales y de todo ser viviente. El cuerpo humano, que en sí mismo es una maravilla de ingeniería, contiene aproximadamente 100.000.000.000.000 de células (¿puedes entender ese número?), de las cuales hay una vasta variedad. En su sabiduría, Dios diseñó estas células para realizar tareas concretas. Crecen, se multiplican, y finalmente mueren, justo a tiempo.

Aunque invisibles para el ojo humano, las células no son las partículas más pequeñas que el hombre conoce. Las células están compuestas por numerosas estructuras diminutas llamadas moléculas, y las moléculas están compuestas por estructuras incluso más pequeñas llamadas elementos, y dentro de los elementos podemos encontrar incluso estructuras aún más pequeñas llamadas átomos.

Los átomos son tan pequeños, que el punto al final de esta frase contiene más de mil millones de ellos. A pesar de cuán diminuto es un átomo, está compuesto casi en su totalidad por espacio vacío. El resto del átomo está compuesto por protones, neutrones y electrones. Los protones y los neutrones se encuentran agrupados en un núcleo minúsculo y extremadamente denso en el centro del átomo. Pequeños grupos de energía llamados electrones zumban alrededor de este núcleo a la velocidad de la luz. Estos son los ladrillos que mantienen todo unido.

Y ¿de dónde recibe el átomo su energía? ¿Y qué fuerza mantiene unidas sus partículas de energía? Los científicos lo llaman *electromagnética* y *fuerzas nucleares*. Estos son solo términos científicos elocuentes para describir lo que aún no podemos explicar del todo. Porque Dios ya ha dicho que Él es «quien sustenta todas las cosas con la palabra de su poder» (Hebreos 1:3, RVR-60). Y Colosenses 1:17 dice: «que por medio de él forman un todo coherente» (NVI).

Detente y piensa bien esto. Aquí está este glorioso Creador a quien llamamos Padre, a quien ni siquiera el universo puede contener. Puede medir el universo con la palma de su mano, pero es tan detallista en su diseño de la diminuta tierra y las criaturas que hay en ella, que deja a la ciencia moderna con muchas preguntas sin responder después de años de estudio. No es de extrañar que el salmista diga:

> Cuando miro el cielo de noche y veo la obra de tus dedos —la luna y las estrellas que pusiste en su lugar—, me pregunto: ¿qué son los simples mortales para que pienses en ellos, los seres humanos para que de ellos te ocupes? (Salmos 8:3-4, NTV)

Creo que eso lo resume todo. Si yo tuviera que adivinar, el salmista probablemente está expresando los pensamientos de uno de los ángeles gigantescos que rodean el trono de Dios. Ellos siguen clamando «santo» debido a la enormidad y la expansión de su maravilla. Estos seres lo vieron crear el vasto universo y sus complejidades, y después vieron su creación de seres humanos y clamaron: «¿Qué es esto? ¿Por qué Dios presta tanta atención a estas diminutas criaturas sobre este diminuto planeta?».

Después de la charla con mis hijos, ya no se dejaron atraer tanto por la gloria de las celebridades de nuestros tiempos modernos. Entendieron que cualquier cosa grande de nuestro planeta palidece en comparación con la grandeza de nuestro Dios. Espero que este Apéndice haya producido lo mismo en ti. Medita en lo que has leído a la luz de la pregunta que Dios hace a su pueblo a través del profeta Isaías: «¿A quién, pues, ustedes me harán semejante para que Yo sea *su* igual?» (Isaías 40:25).

Por supuesto, se pueden escribir muchos libros sobre las maravillas y la sabiduría de su creación, pero esa no es mi intención aquí. Mi propósito es despertar el asombro al ver las obras de sus manos, ¡porque ellas declaran su gran gloria!

NOTAS

Nota del autor

1. Tú y tu iglesia pueden mirar el video del estudio bíblico GranDIOSo. Con John Bevere como tu guía, profundiza en lo que dice la Palabra de Dios acerca del temor del Señor y aprende a poner en práctica esta virtud sana y sagrada. *The Awe of God Bible Study Guide and Streaming Video. (Este recurso solo está disponible en inglés).*

Introducción

1. Charles Spurgeon, «Charles H. Spurgeon Quote», Quotefancy. Consultado en línea 15 noviembre 2022, https://quotefancy.com/quote/786372/Charles-H-Spurgeon-The-fear-of-God-is-the-death-of-every-other-fear-like-a-mighty-lion-it.

Capítulo 3

1. Real Academia Española, Diccionario de la lengua española, 23ª edición, s. v. «reverencia», http://dle.rae.es/reverencia?m=form.
2. Real Academia Española, Diccionario de la lengua española, 23ª edición, s. v. «asombro», http://dle.rae.es/asombro?m=form.

Capítulo 5

1. Hebreos 12:29 nos dice que Dios es «un fuego consumidor»; Romanos 8:15 nos dice que Él es Abba Padre.

Capítulo 6

1. *Butler's Lives of the Saints: Concise Edition Revised & Updated*, Michael Walsh, ed. (Nueva York: HarperSanFrancisco, 1991), pp. 29–30.

Capítulo 8

1. «How Many Grains of Sand Are in One Square Inch?», WikiAnswers, consultado en línea 10, septiembre 2022, https://math.answers.com/othermath/How_many_grains_of_sand_are_in_one_square_inch.

Capítulo 11

1. Johannes P. Louw y Eugene Albert Nida, *Greek-English Lexicon of the New Testament: Based on Semantic Domains* (Nueva York: United Bible Societies, 1996), p. 684.
2. Ibíd., p. 540.
3. «Signs of Decline & Hope among Key Metrics of Faith: Barna Access». barna. gloo.us, 2021. https://barna.gloo.us/articles/signs-of-decline-and-hope.

Capítulo 12

1. Johannes P. Louw y Eugene Albert Nida, *Greek-English Lexicon of the New Testament: Based on Semantic Domains* (Nueva York: United Bible Societies, 1996), p. 756.

Capítulo 13

1. Ver Lucas 5:14; Juan 6:15; Filipenses 2:7; Hebreos 5:4; Isaías 42:2.

Capítulo 15

1. Spiros Zodhiates, *The Complete Word Study Dictionary: New Testament* (Chattanooga, TN: AMG Publishers, 2000).
2. Johannes P. Louw y Eugene Albert Nida, *Greek-English Lexicon of the New Testament: Based on Semantic Domains* (Nueva York: United Bible Societies, 1996), p. 433.

Capítulo 16

1. Johannes P. Louw y Eugene Albert Nida, *Greek-English Lexicon of the New Testament: Based on Semantic Domains* (Nueva York: United Bible Societies, 1996), p. 429.
2. Leon Morris, *The Gospel according to Matthew*, The Pillar New Testament Commentary (Grand Rapids, MI; Leicester, Inglaterra: W.B. Eerdmans; Inter-Varsity Press, 1992), p. 175.

Capítulo 19

1. C. S. Lewis y Clyde S. Kilby, *C.S. Lewis: Letters to an American Lady* (Grand Rapids, MI: Eerdmans, 1997).

Capítulo 20

1. Johannes P. Louw y Eugene Albert Nida, *Greek-English Lexicon of the New Testament: Based on Semantic Domains* (Nueva York: United Bible Societies, 1996), p. 662.

Capítulo 29

1. «Intimate Definition and Meaning: Collins English Dictionary». Definición y significado de «íntimo» | Collins English Dictionary (HarperCollins Publishers Ltd), consultado en línea 15 noviembre 2022, https://www.collinsdictionary .com/us/dictionary/english/intimate; "*intimus*"–WordSense Online Dictionary (15 de noviembre de 2022) URL: https://www.wordsense.eu/intimus/

Capítulo 35

1. Johannes P. Louw y Eugene Albert Nida, *Greek-English Lexicon of the New Testament: Based on Semantic Domains* (Nueva York: United Bible Societies, 1996), p. 375.
2. Ver Juan 3:1–2; 6:26, 66; 12:42; 19:38; Mateo 26:14–16.

Capítulo 38

1. Merriam-Webster.com Dictionary, s.v. «legacy», consultado en línea 1 noviembre 2022, https://www.merriam-webster.com/dictionary/legacy.
2. Ludwig Koehler et al., *The Hebrew and Aramaic Lexicon of the Old Testament* (Leiden: E. J. Brill, 1994–2000), p. 217.
3. Warren Baker y Eugene E. Carpenter, *The Complete Word Study Dictionary: Old Testament* (Chattanooga, TN: AMG Publishers, 2003), p. 231.
4. Richard Louis Dugdale, *The Jukes: A Study of Crime, Pauperism, Disease and Heredity*, Georgia State University College of Law Reading Room, 1 enero 1969, https://readingroom.law.gsu.edu/cgi/viewcontent.cgi?article=1000&context=buckvbell.

5. Robert Alan Ward, «The Descendants of Jonathan Edwards», White Mountain Independent, 27 de septiembre de 2019, https://www.wmicentral .com/community_beat/religion/the-descendants-of-jonathan-edwards/article_9e54e16d-59c5–5cf2-a99f-dea187da978a.html.

Capítulo 39

1. Warren Baker y Eugene E. Carpenter, *The Complete Word Study Dictionary: Old Testament* (Chattanooga, TN: AMG Publishers, 2003), p. 585.
2. Ibíd., p. 18.

Capítulo 42

1. Jon Turteltaub, dir., *National Treasure*, (2005; Burbank, CA: Walt Disney Entertainment), 2005, DVD.

Apéndice

1. Los datos y las cifras son tomados de un libro que escribí hace años, *Un corazón de fuego,* cap. 4 (Miami, FL: Casa Creación, 2023).
2. Desde que lo escribí por primera vez, se han creado mejores modelos científicos. Según la investigación, las ciudades costeras saldrían bien paradas si un meteorito golpeara en mitad del océano, pero nadie sabe con certeza lo que sucedería. A continuación hay algunos artículos interesantes sobre la especulación: https://www.nytimes.com/1998/01/08/us/what-if-huge-asteroid-hits-atlantic-you-don-t-want-to-know.html and https://www.space.com/35081-asteroid-impact-ocean-computer-simulations-solar-system.html.

ACERCA DEL AUTOR

John Bevere es un ministro conocido por su enfoque valiente y sin concesiones de la Palabra de Dios. Es también un autor internacional *best seller* que ha escrito más de 20 libros, los cuales, en conjunto, han vendido millones de ejemplares y se han traducido a 129 idiomas. Junto con su esposa Lisa, John es el cofundador de Messenger International, un ministerio comprometido a revolucionar el discipulado global. Motivado por una pasión por desarrollar seguidores de Cristo que no hacen concesiones, Messenger ha entregado más de 56 millones de recursos traducidos a líderes en todo el planeta. Para ampliar esos esfuerzos se desarrolló la app MessengerX, que proporciona recursos de liderazgo digitales y traducidos sin ningún costo para los usuarios en 121 idiomas. MessengerX tiene usuarios actualmente en más de 20.000 ciudades y 230 naciones. Cuando John está en su hogar en Franklin, Tennessee, puedes encontrarlo con sus nietos, jugando *pickleball*, o intentando convencer a Lisa para que juegue golf.

¿HAS LEÍDO ALGO BRILLANTE Y QUIERES CONTÁRSELO AL MUNDO?

Ayuda a otros lectores a encontrar este libro:

- Publica una reseña en nuestra página de Facebook @GrupoNelson

- Publica una foto en tu cuenta de redes sociales y comparte por qué te agradó.

- Manda un mensaje a un amigo a quien también le gustaría, o mejor, regálale una copia.

¡Déjanos una reseña si te gustó el libro! ¡Es una buena manera de ayudar a los autores y de mostrar tu aprecio!

Visítanos en GrupoNelson.com y síguenos en nuestras redes sociales.